다니엘서를 선교적으로 읽으면
깊고 은밀한 일이 보인다

죠이선교회는 예수님을 첫째로(Jesus First)
이웃을 둘째로(Others Second)
나 자신을 마지막으로(You Third) 둘 때
참 기쁨(JOY)이 있다는 죠이 정신(JOY Spirit)을 토대로
하나님 나라의 확장을 위해 지역 교회와 협력, 보완하는
선교 단체로서 지상 명령을 성취한다는 사명으로 일합니다.

죠이선교회 출판부는 그리스도를 대신한 사신으로
문서를 통한 지상 명령 성취와 하나님 나라 확장을 위해 노력합니다.

다니엘서를 선교적으로 읽으면 깊고 은밀한 일이 보인다
Copyright © 2020 손창남

이 책의 저작권은 저자와 독점 계약한 죠이선교회에 있습니다. 신 저작권법에
의하여 한국 내에서 보호받는 저작물이므로 무단 전재와 무단 복제를 금합니다.

다니엘서를 선교적으로 읽으면
깊고 은밀한 일이 보인다

손창남 지음

죠이선교회 omf

차 례

추천의 글   6
프롤로그   15

PART ONE
선교적 성경 읽기

1장   선교적 트라이앵글   23
2장   예수님이 읽으신 다니엘서   33
3장   네 제국과 이스라엘의 역사   45
4장   두 가지 언어로 기록된 책   59
5장   비자발적으로 간 이방 땅_ 다니엘 1장   67

PART TWO
하나님 나라의 비밀

6장   깊고 은밀한 일_ 다니엘 2장   85
7장   열방에 알리라_ 다니엘 3장   95
8장   누가 참 하나님인가_ 다니엘 4장   107
9장   교만은 패망의 지름길_ 다니엘 5장   121
10장   가만히 계시지 않는 하나님_ 다니엘 6장   131
11장   영원한 나라_ 다니엘 7장   139

PART THREE
종말에 관한 비밀

- 12장 종말의 트라이앵글_ 다니엘 7장   159
- 13장 교만한 뿔_ 다니엘 8장   171
- 14장 일흔 이레_ 다니엘 9장   187
- 15장 큰 은총을 받은 사람_ 다니엘 10장   205
- 16장 남왕국과 북왕국_ 다니엘 11장   213
- 17장 자기 일에 충실하며_ 다니엘 12장   227

PART FOUR
드러난 비밀

- 18장 여명을 기다리며   243
- 19장 하나님 나라의 시작   255
- 20장 명예인가 멍에인가   267
- 21장 마음이 뜨거워지다   283

에필로그   296

---- 추천의 글 ----

선교적 성경 읽기의 선구자적 열매!

권성찬 선교사(GMF 대표)

세상은 변하고 있다. 그 변화는 속도와 방향을 가늠하기 어려울 정도다. 이러한 변화는 표면적으로 선교 전략의 변화를 요구한다. 그러나 좀 더 깊은 차원에서는 우리가 진실로 삼위 하나님께서 성경을 통해 계시한 성경적 선교를 하고 있는지를 묻는다. 그 깊은 물음 앞에 겸손하게 응답하는 실천가들이 '성경의 선교적 읽기'라는 골방 작업을 시작하였다. 우선은 성경 전체를 일관되고 선교적 방향이 있는 하나의 이야기로 보는 작업이 선행되었고, 이제 서서히 성경 각 권을 선교적으로 읽는 작업이 시작되고 있는 것이다. 손창남 선교사님이 다니엘서를 선교적으로 읽은 이 열매는 그런 면에서 선구자적이다.

이 선구자적 열매를 통해 독자들은 다니엘서를 하나의 스케치처럼 볼 수 있는 것과, 그 속에서 선교적으로 굵은 뼈대들을 보게 되는 것, 그리고 우리가 소홀히 한 역사를 다시 살펴보는 것 등 다양한 유익을 얻을 수 있다. 게다가 이러한 읽기를 손창남 선교사님의 유쾌한 스토리텔링으로 그려 냈기에 읽는 이마다 얼굴에 감동과 웃음이 가득할 것으로 믿는다.

성경을 선교적으로 읽기란 단번에 끝낼 수 있는 일이 아니다. 손창남 선교사님이 시작한 이 작업이 여러 선교 실천가를 자극하여 성경을 선교적으로 읽는 일이 여기저기서 일어나기를 소망하며, 성도들의 서재에 창세기부터 요한계시록까지 선교적 주석이 꽂힐 날을 기대해 본다.

--- 추천의 글 ---

선교의 교과서, 다니엘서를 쉽게 풀어 쓴
탁월한 가이드북

이현모 교수(침례신학대학교 선교학)

다니엘서는 흥미로운 책이다. 이스라엘 역사 가운데 가장 비참하고 낮아진 포로 시기에 쓰였지만, 열방을 자신의 섭리대로 통치하시는 광대한 하나님을 보여 주기 때문이다. 느부갓네살의 공격으로 예루살렘 성이 함락되고 성전이 훼손된 사건은 이스라엘 백성에게 엄청난 충격이었다. 이스라엘 백성은 이전에도 애굽에서 포로 생활을 경험했지만 그 사건과 바벨론의 포로 생활은 전혀 차원이 달랐다. 애굽에서의 포로 생활은 민족적으로 여호와 신앙이 확립되기 전의 사건인 데다, 그들이 애굽으로 간 것은 패전 때문이 아니라 안정을 위해 자발적으로 이주한 것이었다. 그러나 바벨론 포로 사건은 하나님의 백성이라고 자부하던 이스라엘이 이방인에게 완전히 패배하여 여호와 신앙의 상징인 성전과 예루살렘 성이 훼파되고 약속의 땅에서 강제로 쫓겨난 엄청난 사건이었다. 바벨론에서 포로로 사는 이스라엘 백성의 좌절과, 여호와에 대한 실망은 말할 수 없이 컸을 것이다. 에스겔서나 에스더서 등에서 이런 모습을 잘 볼 수 있다.

그런데 이런 시기에 다니엘서는 전혀 다른 사건을 보여 주고 있다. 현실적으로 당시 이스라엘의 최대 소망은 포로기가 끝나 예루살렘으로 복귀하고 이전 다윗 왕조의 영화를 회복하는 것이었는데, 다니엘서는 그 정도가 아니라 온 열방을 통치하시고 과거와 미래의 모든 역사를 주관하시는 엄청난 스케일의 하나님을 보여 준다. 구약 시대에 신의 개념은 민족 신, 지역 신을 의미했다. 그런데 여호와 하나님은 그 시대에 스스로를 열방의 하나님, 만군의 주로 선포하셨다. 이러한 하나님의 모습을 가장 광대하고 극적으로 보여 준 책이 바로 다니엘서다. 다니엘서는 하나님 통치의 절정을 "손대지 아니한 돌", 즉 예수 그리스도의 통치로 맞추고 있다.

한마디로 다니엘서는 선교적인 책이다. 개인적인 차원에서 구원은 자신의 죄에 대한 용서와 하나님과의 관계를 회복하는 것이지만, 선교적인 차원에서 생각해야 할 넓은 의미의 구원은 하나님의 통치가 실현되는 것이다. 다니엘서는 여호와 하나님이 이 세상을 다스리시며, 하나님 나라가 이 땅에 실현될 것이고, 그 중심이 예수 그리스도임을 보여 주는 선교의 교과서 같은 책이다. 다니엘서는 책 전체가 상징이고 비유라 할 수 있다. 인간 권력의 최고봉을 상징하는 바벨론과, 하나님의 사람을 상징하는 다니엘과 그의 친구들을 통해 이 세상에 나타날 사건들을 비유적 수법으로 보여 주는 묵시다.

이번에 손창남 선교사님이 다니엘서를 선교적 차원에서 해석한 이 책을 출판하는 것은 큰 공헌이다. 손 선교사님은 쉽지 않은 개념들을 독자의 관점에서 이해하기 쉽게 기술하는 탁월한 은사를 지녔는데, 이 책에 그 은사가 두드러지게 나타나 있다. 손 선교사님은 다니엘서를 학문적으로도 탁월하게 해석하였다. 크리스토퍼 라이트(Christopher Wright) 이후 선교의 개념을 '하나님, 백성, 세상'이라는 삼중 구조로 설명하는 것이 복음주의 선교학의 흐름인데, 이 흐름을 다니엘서 해석에 적절하게 사용하면서 다니엘서에 나타난 선교적 의도를 명확하게 보여 주고 있다. 다니엘서에 등장하는 예언의 상당 부분은 이미 역사 가운데 성취되었다. 이 책은 그 성취를 실제 역사의 현장과 대비하면서 독자들이 이해하기 쉽게 보여 주고 있다. 선교에 관심이 있는 독자뿐 아니라 성경에 나타난 하나님의 선교적 목적을 제대로 이해하기 원하는 모든 분에게 강력히 추천하고 싶은 책이다. 이 책이 한국 교회의 올바른 성경 이해에 크게 공헌하기를 간절히 바란다.

―― 추천의 글 ――

"읽는 자는 깨달을진저!"

이상훈 목사(화음교회 담임, 전 한국학중앙연구원 교수)

다니엘서를 이렇듯 우리 깨달음 안에 덥석 안겨 줄 책이 있을까? 풀무 불에 던져진 세 친구, 사자 굴의 다니엘 등 단편적인 이야기들을 제외하고는 난해한 내용들로 채워진 구약의 계시록 다니엘서는 읽을 때마다 제대로 그 뜻을 파악하고 있는지 몇 번이고 되짚는 과정을 거쳐야 하는 난공불락의 비서(秘書)였다. 그런데 이 비서가 지금 정감어린 언어와 눈높이로 독자들에게 다가왔다.

"다니엘서를 선교적으로 읽으면 깊고 은밀한 일이 보인다"라는 제목에서 알 수 있듯이 이 책은 손창남 선교사님의 과거 저술들이 독자들에게 선사한 예의 그 신선한 이끌림의 세계로 우리를 안내한다. 좋은 선생님은 어렵고 난해한 내용들을 쉽고 재미있게 풀어 주는 길라잡이가 되어 준다. 그러나 진지한 독자라면 이 유쾌한 저술이 단지 '쉽고 재미있지'만은 않다는 사실을 곧 알아차릴 것이다. "깊고 은밀한 일"에 대한 깨달음으로 혜안이 생긴 독자들은 그 깨달음의 대가로 자신을 성찰하는 물음 앞에 서게 될 것이다. "나는 지금 그리스도인으로서 세상을 향한 선교적 소명 속에 그 온전한 뜻이 있다는 사실을 진지하게 받아들이고 있는가?" "그 실천을 위해 나는 지금 어떤 구체적 결단을 하고 있는가?" "진정 그 일은 내 생명과 바꾸어야 할지라도 기꺼이 나설 만한 가치가 있는 것(something to die for)인가?"

나는 고등학교 학창 시절부터 자랑스럽게 여겨 온 친구의 삶을 옆에서 지켜보는 특권을 누리고 있다. 그러는 중에 이렇듯 이 시대에 꼭 필요한 하나님의 계시와 말씀을 전해 듣는 즐거움은 더욱 특별하게 다가온다. 그런 즐거움을 다니엘 옆에 늘 함께 있으면서 다니엘을 통해 살아 역사하시는 하나님의 크신 권능을 함께 체험한 세 친구의 감격과 조금이나마 비교할 수 있지 않을까? 그렇다. 다니엘과 세 친구의 하나님은 오늘 우리의 하나님이기도 하다. 그리하여 우리 주님도 "그러므로 너희가 선지자 다니엘이 말한 바 멸망의 가증한 것이 거룩한 곳에 선 것을 보거든 (읽는 자는 깨달을진저)"(마 24:15)라고 말씀하시지 않았을까? "이와 같이 너희도 이 모든 일을 보거든 인자가 가까이 곧 문 앞에 이른 줄 알라"(마 24:33). "천지는 없어질지언정 내 말은 없어지지 아니하리라"(마 24:35). 이제 우리는 주님의 변치 않는 이 말씀의 성취를 손창남 선교사님의 안내를 통해 다시금 생생하게 체험하는 경이로움을 누리게 된다. "읽는 자는 깨달을진저!"

---- 추천의 글 ----

삼위일체적 선교적 성경 읽기를 위한 발판

한철호 선교사(미션파트너스 대표)

구약의 계시록인 다니엘서와 신약의 요한계시록은 모두 마지막 날에 이르기까지 세상에서 일어날 일들에 대한 계시와 예언을 기록한 책들이다. 이 두 책은 '선교'라는 다리로 연결되어 있다. 따라서 신약의 요한계시록도 그렇지만 구약의 계시록에 해당하는 다니엘서를 선교적 관점으로 읽어 내는 일은 중요한 과제다. 동시에 선교는 진공 상태에서 이뤄지는 것이 아니라 바로 세상 안에서 일어나는 일이므로 저자가 말한 선교적 트라이앵글, 즉 하나님과 세상, 그리고 세상을 연결하는 통로로서 하나님 백성의 위치와 역할에 대한 논의가 계속되고 있다.

지금까지 다니엘서를 세상 속에서 우리가 그리스도인으로 어떻게 살아야 할 것인가라는 관점으로만 읽는 해석이 많았다. 그러나 이제는 한 걸음 더 나아가 세상 속의 그리스도인들이 어떻게 반응하며 나아가야 하나님의 목적에 이를 것인가라는 관점으로 다니엘서를 읽어야 한다. 저자의 이런 시도가 선교적 성경 읽기라고 볼 수 있다. 또한 선교적 성경 읽기는 예수님의 관점에서 성경을 읽는 것이고, 동시에 성령님의 관점에서 성경을 읽는 것이다. 이렇게 될 때 삼위일체적 선교적 성경 읽기가 완성된다고 볼 수 있다. 선교를 삼위일체 하나님의 일하심으로 정의한다면, 선교적 성경 읽기 또한 성부, 성자, 성령의 시각에서 성경을 읽는 것을 말하기 때문이다.

이런 점에서 이 책을 통해 저자가 시도한 '예수님이 읽으신 다니엘서'라는 관점은 탁월하며, 더 발전시켜야 할 시도다. 한 걸음 더 나아가 성령님의 관점에서 다니엘서를 어떻게 볼 것인가도 시도해 보면 좋을 것이다. 다니엘과 그의 친구들은 바벨론이라는 특정 지역에서 살았지만, 하나님의 영을 통하여 다니엘에게 보인 환상은 전 세계적이었다. 특정된 지역에 살지만 전 세계적인 것들을 보는 영적 능력이 지구촌(Glocal) 시대를 사는 우리가 갖추어야 할 중요한 선교적 자질이다.

저자가 말한 대로 다니엘서의 다양한 환상은 해석하기 쉽지 않고 복잡해 보이지만, 저자는 이미 여러 책에서 보여 준 탁월한 은사를 발휘하여 이를 독자들이 쉽게 이해할 수 있도록 도식화하고 분류하여 제시하였다. 저자의 이 은사가 많은 독자를 더 깊은 선교의 세계로 이끌어 갈 것이다. 일단 읽어 보면 저자가 가진 은사가 어떻게 교회 공동체 전체를 선교적으로 섬기고 있는지 확인할 수 있을 것이다.

프롤로그
prologue

어린 시절 교회학교에서 들은 다니엘서의 이야기들을 떠올려 보라. 다니엘이 사자 굴에 들어가도 두려워하지 않았고, 다니엘의 세 친구가 풀무 불에 들어갈 때도 용기를 잃지 않았다는 이야기를 들으며 자란 독자들에게 다니엘서는 친근한 책처럼 보인다. 그런데 다른 한편으로 다니엘서는 우리에게 그다지 친근한 책으로 다가오지 않는다. 특별히 다니엘서 후반부에 나오는 여러 환상은 소설이나 공상 영화처럼 느껴져 현실감이 떨어지고, 그 부분에 등장하는 낯선 상징이나 숫자들을 잘못 해석했다가 이단에 빠질지도 모른다는 두려움을 느끼기도 한다.

하지만 다니엘서는 단순히 교훈을 담은 책도, 낯선 상징과 비유가 가득한 어려운 책도 아니다. 다니엘서는 선교적인 책이다. 다니엘서에는 모든 나라와 모든 백성과 모든 언어를 말하는 사람들을 위한 하나님의 구원 계획이 들어 있다. 또한 하나님이 구주 예수 그리스도를 보내시기 전 어떤 일들이 일어날 것인가를 매우 상세히 예언한 기록이기도 하다.

'선교적으로 다니엘서 읽기'에 관한 책을 쓰기로 마음먹고 다니엘서에 대해 다른 분들이 쓴 책을 몇 권 읽어 보았다. 그 책들은 대부분 다니엘서를 훌륭한 신앙인에 관한 이야기, 우리의 신앙생활에 적용할 수 있는 좋은 교훈으로 설명하고 있었다. 다니엘서에 관한 선교적 관점의 책을 찾던 나에게는 조금 실망스러웠지만, 곧 그 실망은 오히려 내게 소망이 되었다. 일반 성도들이 선교적 관점에서 다니엘서를 읽을 수 있도록 도울 새로운 책을 쓸 이유가 생긴 것이다.

이 책은 다니엘서에 대한 주석이 아니다. 다니엘서에 대한 강해 설교집도 아니다. 물론 이 책 역시 다니엘서를 이해하도록 돕는 것은 사실이다. 이 책은 독자들로 하여금 다니엘서를 선교적으로 읽을 수 있도록 도와주는 일종의 가이드북이다. 따라서 필자는 이 책을 통해 독자들이 다니엘서를 잘 이해할 수 있기보다는 하나님의 선교를 잘 이해할 수 있기를 바란다.

다니엘서를 옆에 두고 관련 구절을 찾아가며 이 책을 읽는다면 더욱 유익할 것이다. 이 책을 통해 독자들이 선교를 더 분명하게 이해하게 된다면 글 쓰는 과정에서 쏟은 모든 수고가 보상받고도 남을 것이다.

바쁜 시간을 내어 원고를 읽고 좋은 피드백과 추천사를 써 주신 권성찬 선교사님, 이상훈 박사님, 이현모 교수님, 한철호 선교사님께 감사를 드리고 싶다. 3개월 동안 매일 조금씩 내 개인 홈페이지에 원고를 올렸는데, 때때로 들러 글을 읽어 주신 모든 분에게도 감사를 드리고 싶다. 아무도 없는 책상에 앉아 글을 쓰는 것은 힘든 작업이지만 내 글을 매일 읽어 주는 분들이 있다는 생각에 힘든 시간을 잘 버틸 수 있었다. 제대로 정리되지 않은 원고를 읽고 코멘트를 해주신 임후부 선교사님, 장미영 간사님, 김덕종 형제님, 남은경 자매님, 오정호 선교사님, 김수억 대표님, 제승도 간사님, 장규석 목사님께도 감사를 드리고 싶다.

늘 곁에서 사랑과 격려를 아끼지 않는 아내와 가족에게 감사한다. 원고를 잘 마치도록 기도해 준 OMF 사무실의 식구들에게 감사하고 싶다. 부족한 원고를 기꺼이 책으로 출간하겠다고 결정한 죠이선교회 출판부에 감사드린다.

프롤로그

PART **ONE**

1

선교적 성경 읽기

이 책은 다니엘서를 선교적으로 읽도록 안내하는 일종의 가이드북이다. 1부에서는 선교적 성경 읽기가 무엇인지 설명하고, 구체적으로 다니엘서를 선교적으로 읽기 전에 전제가 되는 몇 가지를 다룰 것이다.

1장에서는 선교의 핵심을 설명하는 '선교적 트라이앵글'에 대해 설명하려고 한다. 성경에 나오는 많은 이야기 속에는 선교의 주체이신 '하나님', 하나님의 복을 세상 가운데 흘려보내기 위해 부름받은 '하나님의 백성', 그리고 그 하나님의 백성이 하나님의 복을 흘려보내야 할 '세상'이라는 세 가지 요소가 들어 있다. 성경을 선교적으로 이해하기 위해서는 이 세 요소 사이의 관계를 잘 이해해야 한다.

2장에서는 '다니엘서를 선교적으로 읽는다'는 의미를 더 분명히 하려고 한다. '다니엘서를 선교적으로 읽는다'는 것은 다른 말로 하면 예수님이 다니엘서를 읽으신 방식을 말하며 동시에 예수님이 제자들에게 다니엘서를 가르쳐 주신 방식을 말한다. 특별히 누가복음 마지막 장에 등장하는 예수님과 제자들의 만남을 통해 예수님이 다니엘서를 포함하여 구약 성경을 어떻게 읽으시고 어떻게 가르치셨는지를 살펴볼 것이다.

다니엘서는 바벨론 시대부터 바사(페르시아), 그 후 등장하는 헬라 제국과 로마 제국에 이르기까지 400년이 넘는 광범위한 시간을 다룬다. 3장에서는 다니엘서 내용을 본격적으로 다루기 전, 이스라엘과 유대의 운명을 좌우하게 될 네 제국의 역사를 개괄적으로 살펴볼 것이다.

다니엘서를 선교적으로 읽기 위해서는 다니엘서가 두 개의 언어로 구성된 독특한 책이라는 사실에 주목해야 한다. 다니엘 1장, 그리고 다니엘 8장부터 마지막 12장까지는 히브리어로 기록되어 있지만, 다니엘 2-7장은 아람어로 기록되어 있다. 4장에서는 이런 언어의 차이를 통해 다니엘서의 구조를 더 명확하게 설명할 것이다.

히브리어로 기록되어 있는 다니엘 1장은 다니엘서 전체의 이야기를 이끌어 가는 도입부에 해당한다. 다니엘서가 말하려는 본격적인 내용에 해당되는 다니엘 2-12장은 2부와 3부에서 다룰 것이지만, 다니엘서의 도입부인 다니엘 1장은 1부 5장에서 다룰 것이다.

1장
선교적 트라이앵글

메소포타미아 지방에 한 사내가 살고 있었다. 사내의 이름은 아브람. 그는 나이가 꽤 들었고 슬하에 자녀가 없었지만 어여쁜 아내와 단란하게 살고 있었다. 처음에는 부모를 모시고 살았던 것 같다. 하지만 부모가 죽고 나서 그에게 커다란 변화가 일어났다. 어느 날 하나님이 나타나셔서 아브람에게 편하게 지내던 곳을 떠나 이제까지 들어 본 적 없는 낯선 곳으로 가라고 말씀하신 것이다.

세상을 바꾼 가장 위대한 결정

이 이야기는 지금으로부터 4,500년 전에 일어난 일이다. 그 당시 사람들에게 멀리 여행하는 일은 매우 위험했다. 사람들은 외부에서 오는 이들이 자기가 사는 땅으로 들어오는 것을 허락하지 않았기 때문이다. 상황이 이렇다 보니 큰 죄를 지은 사람이 아닌 한 자기가 살던 고향을 떠나 타향에서 사는 일은 거의 없었다. 그러니 아브람에게 고향을 떠나 멀리 가라고 하신 하나님의 명령은 쉽게 따르기 어려운 일이었다. 게다가 하나님은 아브람에게 장소를 알려 주지도 않으신 채 '내가 지시할 테니 너는 잠자코 따라오라'고만 하셨다. 이것만큼 위험한 제안이 세상에 또 어디 있을까? 그런데 아브람은 하나님이 지시하는 대로 따르기로 결정했다. 이것은 세상을 바꾼 가장 위대한 결정이기도 했다.

그렇다면 하나님은 무엇 때문에 아브람에게 자신이 지시하는 곳으로 가라고 하신 것일까? 다행히도 그 이유가 성경에 나와 있다. 창세기 12장에서 하나님은 아브람에게 이렇게 말씀하신다.

여호와께서 아브람에게 이르시되 너는 너의 고향과 친척과 아버지의 집을 떠나 내가 네게 보여 줄 땅으로 가라 내가 너로 큰 민족을 이루고 네게 복을 주어 네 이름을 창대하게 하리니 너는 복이 될지라 너를 축복하는 자에게는 내가 복을 내리고 너를 저주하는 자에게는 내가 저주하리니 땅의 모든 족속이 너로 말미암아 복을 얻을 것이라 하신지라 (창 12:1-3).

아브람이 살던 우르라는 곳은 당시 최고의 문명을 자랑하는, 사람들이 살기 편한 도시였다. 하지만 아브람은 그 편안한 곳을 떠나기로 한 것이다. 다음 구절은 아브람이 가나안에 들어간 여정을 간단히 정리해서 우리에게 알려 준다.

> 이에 아브람이 여호와의 말씀을 따라갔고 롯도 그와 함께 갔으며 아브람이 하란을 떠날 때에 칠십오 세였더라 아브람이 그의 아내 사래와 조카 롯과 하란에서 모은 모든 소유와 얻은 사람들을 이끌고 가나안 땅으로 가려고 떠나서 마침내 가나안 땅에 들어갔더라(창 12:4-5).

선교적 트라이앵글

새로운 땅에서 하나님은 아브람의 이름을 '열국의 아버지'라는 의미의 '아브라함'으로 고쳐 주신다. 아브라함이 고향을 떠나 하나님이 지시한 땅으로 갔다는 이야기가 우리에게 왜 중요한가? 그것은 모든 민족이 아브라함을 통해 복을 받게 될 것이라는 하나님의 약속 때문이다. 우리는 성경의 이야기를 '착하게 살아야 한다', '잘 믿으면 복 받는다' 등, 개인의 삶에 윤리적 교훈을 주거나 종교적 축복을 전하는 것으로 이해하기 쉽다. 하지만 66권으로 된 두꺼운 성경을 하나로 묶을 수 있는 것은 그 안에 담긴 일관된 주제 때문이다. 그 주제는 바로 하나님이 아브라함에게 하신 것처럼 '하나님은 우리를 통해 모든 민족이 복을 받고 하나님께 영광 돌리길 원하신다'는 것이다. 이것이 하나님이 우리를 통해 이루고자 하시는 하나님의 목적이다.

이것을 '선교적 트라이앵글'로 표현할 수 있다('선교적 트라이앵글'은 퍼스펙티브 스터디 프로그램에서 통찰을 얻었음을 밝혀 둔다).

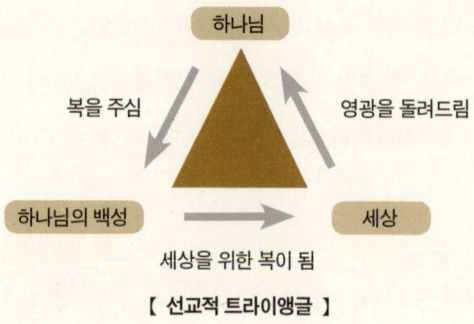

【 선교적 트라이앵글 】

이 다이어그램은 우리에게 선교가 무엇인지를 잘 보여 준다. 하나님은 아브라함에게 복을 주겠다고 약속하셨다. 하나님께 복을 받은 아브라함은 하나님이 부르신 곳에서 세상을 향해 복이 되어야 한다. 이를 다르게 표현하면, 아브라함은 하나님께 받은 복을 세상에 흘려보내야 한다는 것이다. 그렇게 할 때 세상은 아브라함을 통해 하나님이 누구신지 알게 되고, 하나님께 영광을 돌리게 된다.

선교란 '하나님을 알지 못하던 이방 민족들이 하나님을 알고 예배하게 하는 것'인데, 이때 예배란 곧 '하나님께 영광을 돌리는 것'이다. 그러므로 하나님이 아브라함을 부르신 것은 선교를 위한 부르심이라고 할 수 있다. 4,500년 전에 하나님이 아브라함을 통해 자신의 계획을 이루신 것처럼 이제는 우리를 통해 여전히 그 일을 이루기 원하신다.

아브라함에서 이스라엘이 나뉘기까지

구약의 첫 번째 책인 창세기에는 고향 땅 메소포타미아를 떠나 가나안에 정착한 아브라함의 가족 이야기가 길게 이어진다. 아브라함이 낳은 이삭과 이스마엘에 관한 이야기, 이삭에게서 나온 매우 다른 쌍둥이 형제 에서와 야곱의 이야기, 그리고 야곱이 네 명의 부인에게서 낳은 열두 아들 이야기가 창세기 전체를 차지한다. 어떤 이야기는 흥미롭고, 어떤 이야기는 '흠, 이런 이야기가 왜 성경에 있어야 하지?' 하며 고개를 갸우뚱하게 만들지만, 이야기는 대하처럼 흘러 한곳으로 모인다.

창세기 마지막 부분에는 애굽으로 팔려 간 요셉의 이야기가 나온다. 요셉은 형들에게 미움을 받아 애굽에 종으로 팔려 가고, 그곳에서 다시 모함을 받아 감옥에 갇힌다. 하지만 요셉은 천신만고 끝에 바로의 2인자, 곧 애굽의 총리대신이 된다. 요셉은 현명하게 국가를 운영하며 많은 곡식을 비축하는데, 마침 기근으로 고생하던 주변 여러 민족이 곡식을 사기 위해 애굽으로 몰려온다. 그 가운데는 자신을 상인들에게 팔아 버린 형제들도 있었다. 요셉은 그들을 용서하고 아버지 야곱과 70명이 넘는 가족을 모두 애굽에 정착시킨다. 이것이 갈대아 우르 지역을 떠난 아브라함 가족의 이야기다.

구약의 두 번째 책인 출애굽기는 창세기의 마지막 부분과 연결된다. 애굽에서 아브라함의 자손들이 지낸 기간은 400년이 조금 넘는다. 요셉이 총리로 있는 동안에는 히브리인들도 비교적 잘 살았던 것 같다. 하지만 요셉을 모르는 바로가 등장하자 상황은 달라진다. 시간이 지나면서 애굽 사람들 사이에서는 히브리인들에 대한 경계심이 높아졌다. 애굽 사람들은 히브리인들에게 노역을 강요했다. 당시 애굽 왕조는 피라미드를 포함한 거대한 건축물을 만드는 등 많은 공사를 일으키며 히브리인들을 노예로 혹사시켰다. 이로 인해 히브리인들은 애굽에서 타민족으로서 점점 극심한 설움을 느끼고 있었다.

아마도 애굽 사람들에 비해 히브리인들은 힘도 세고 우세했던 모양이다. 이런 이유로 애굽 사람들 가운데 큰 두려움이 생겨나기 시작했다. 이민족이 애굽에 쳐들어온다면 히브리인들이 자신들 편에 서지 않고 이민족과 합세하여 공격할지도 모른다는 두려움이었다. 결국 애굽의 통치자 바로는 히브리인들이 낳은 신생아들 가운데 남자 아기를 모두 죽이라는 명령을 내린다.

이런 절박한 상황에서 히브리인들은 하나님을 찾았고, 하나님께서 그들이 부르짖는 소리를 들으시고 모세를 보내신다. 모세는 양을 치던 지팡이 하나만 의지한 채 히브리인들이 애굽에서 나갈 수 있게 해달라고 바로에게 요구한다. 바로가 허락하지 않자 하나님이 열 가지 재앙을 내리셔서 결국 히브리 노예들은 애굽을 떠나게 된다. 이 출애굽 이야기의 절정은 홍해 사건이다. 하나님은 바다를 갈라 히브리인들을 건너게 하신 그 자리에 애굽 군대를 수장시키신다. 어떤 전쟁 이야기보다 드라마틱한 이 이야기의 주인공은 바로 하나님이다.

그런데 출애굽 사건 가운데서 우리가 반드시 기억해야 할 내용이 출애굽기 19장에 기록되어 있다.

> 세계가 다 내게 속하였나니 너희가 내 말을 잘 듣고 내 언약을 지키면 너희는 모든 민족 중에서 내 소유가 되겠고 너희가 내게 대하여 제사장 나라가 되며 거룩한 백성이 되리라 너는 이 말을 이스라엘 자손에게 전할지니라(출 19:5-6).

하나님께서 이스라엘 자손들에게 하신 말씀은 아브라함을 우르에서 부르실 때 하신 말씀과 다르지 않다. 출애굽기 19장 말씀은 '이스라엘은 이제 하나님의 제사장 나라가 된다'는 것이다. 그것은 애굽에서 종살이하던 이스라엘을 다른 민족들을 위해 사용하시겠다는 하나님의 계획이다. 하나님은 이스라엘만의 하나님이 아니시다. "세계가 다 내게 속하였[다]"고 하신 하나님의 말씀은 다른 민족들도 하나님의 소유며, 하나님의 백성이라는 뜻이다.

앞에서 언급한 선교적 트라이앵글로 돌아가서 출애굽의 의미를 다시 살펴보자. 하나님은 하나님의 백성인 이스라엘을 애굽에서 구해 내셨다. 그것은 이스라엘로 하여금 주변 나라들에 복의 통로가 되게 하기 위함이다. 그리고 그 주변 나라들이 이스라엘을 통해 하나님을 알고 예배하게 하기 위해서다.

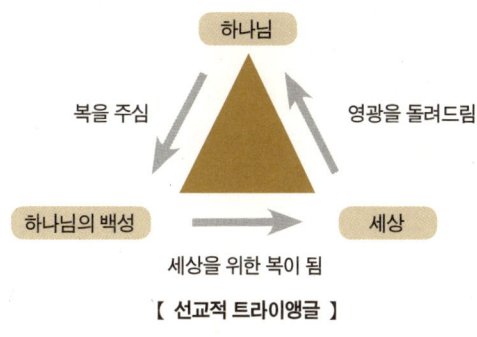

【 선교적 트라이앵글 】

하지만 이스라엘 백성에게는 이런 말이 제대로 들리지 않았다. 애굽에서 나온 이스라엘 백성은 40년이라는 세월을 광야에서 보낸다. 하나님이 약속하신 땅에 대한 불신앙 때문에 받은 벌이었다. 모세는 므리바에서 물을 달라며 불평하는 이스라엘 백성들 앞에서 지팡이로 두 번 반석을 치는 바람에 하나님이 약속하신 땅을 멀리서 바라보고 들어가지 못하게 된다(민 20:2-13 참조).

모세 밑에서 착실하게 리더십 훈련을 받은 여호수아가 새로운 세대를 데리고 가나안으로 들어가게 된다. 모세와 함께 애굽에서 나온 백성과 마찬가지로 새로운 세대 역시 하나님이 구원을 베풀기 위해서 얼마나 위대한 일을 하시는지를 여호수아의 리더십 아래 목도한다. 그들이 건너가야 할 요단강을 하나님이 마르게 하시고 맨발로 걸어가도록 하신 것이다. 마른 요단강을 건너며 이스라엘 백성은 어떤 생각을 했을까? 아마 '우리 조상들이 이렇게 홍해를 건넜겠구나' 하며 마음을 다졌을 것이다.

드디어 그들은 여리고 성 앞에 이른다. 여리고 성은 약속의 땅으로 들어가는 관문이었다. 그 성 안에 있는 사람들은 이미 이스라엘과, 그 뒤에 계신 하나님에 대한 소문을 들어 알고 있었다. 그들은 두려움 가운데 성문을 굳게 걸어 잠그고 성을 지키고 있었다. 이번에도 하나님이 멋진 일을 행하신다. 이스라엘 백성이 7일 동안 성을 돈 후 외치기만 했는데, 성벽이 무너져 버린 것이다. 여리고 성이 무너지고 난 후 가나안의 나머지 지역들이 저항하긴 했지만 결국 하나둘씩 이스라엘 백성의 수중으로 들어왔다.

당시 이스라엘에는 왕이 없었다. 이스라엘은 하나님이 지명하신 사사가 외부와의 전쟁을 담당하고 백성을 위해 재판도 관장하는 신정 국가였다. 하지만 백성들이 왕을 달라고 조르자 당시 사사인 사무엘이 이스라엘을 다스릴 왕으로 사울을 세운다. 하지만 이스라엘의 첫 번째 왕 사울은 하나님의 마음에 들지 않았다. 하나님은 다윗을 다시 이스라엘의 왕으로 세우셨고, 다윗 왕은 주변 나라들을 정복하여 이스라엘을 든든한 왕국으로 만들었다.

그 후 다윗의 아들 솔로몬은 성전을 지어 하나님께 봉헌했으며, 이스라엘은 많은 주변국이 견학할 정도로 대단한 나라로 부상한다. 하지만 오래지 않아 이스라엘은 열 지파를 중심으로 하는 북이스라엘과, 유다와 베냐민 지파로 이루어진 남유다로 나뉜다. 불행하게도 두 나라 모두 하나님을 진심으로 섬기는 데 실패한다. 그때마다 하나님은 선지자들을 보내어 이스라엘의 불순종을 경고하신다.

부르심의 목적을 잊은 이스라엘

우리는 이스라엘이 어떤 면에서 하나님께 불순종했는지를 살펴야 한다. 그들은 일차적으로 주변 민족들이 섬기는 우상을 하나님과 더불어 섬기려 했다. 그들 안에는 부정과 부패, 불공정이 있었다. 그들은 음란한 죄를 범했다. 모세가 전해 준 계명은 이 모든 것을 분명하게 금했지만 이스라엘 백성은 불순종의 길을 걸었다.

하지만 이스라엘 백성이 하나님 앞에서 실패한 것은 여기서 그치지 않았다. 이스라엘 백성은 근본적으로 하나님이 자신들을 애굽에서 불러내신 목적이 무엇인지를 생각해야 했다. 앞에서 본 것처럼 하란 땅에서 아브라함을 부르셨을 때부터 하나님은 그의 후손들이 타민족들에게 복이 될 것이라고 말씀하셨다. 이스라엘을 애굽에서 인도하실 때도 하나님의 제사장 나라가 되어 다른 나라들을 하나님께 돌아오게 하고 다른 민족들과 함께 하나님을 경배할 것에 대해 말씀하셨다. 하지만 이스라엘의 모습은 이런 하나님의 계획에서 멀리 떨어져 있었다.

예레미야 선지자를 통해 하나님은 계속 이스라엘이 순종하지 않으면 결국 바벨론의 포로가 될 것이라고 예언하셨다.

> 여호와의 말씀이니라 그 후에 내가 유다의 왕 시드기야와 그의 신하들과 백성과 및 이 성읍에서 전염병과 칼과 기근에서 남은 자를 바벨론의 느부갓네살 왕의 손과 그들의 원수의 손과 그들의 생명을 찾는 자들의 손에 넘기리니 그가 칼날로 그들을 치되 측은히 여기지 아니하며 긍휼히 여기지 아니하며 불쌍히 여기지 아니하리라 하셨느니라(렘 21:7).

위대한 하나님의 말씀은 결국 이루어진다. 슬프게도 북왕국 이스라엘의 타락을 징벌하기 위해 하나님은 앗수르를 사용하셨고, 남왕국 유다를 징벌하기 위해 바벨론을 사용하셨다. 이런 과정에서 우리의 주인공 다니엘과 세 친구가 바벨론으로 끌려가게 된 것이다.

하나님은 그저 유다 민족의 죄를 벌하기 위해 사람들을 바벨론에 포로로 가게 하신 것이 아니다. 하나님은 포로로 잡혀간 이들을 통해 하나님의 복을 다시 흘려보내기를 원하셨다. 즉 그들을 통해 이방인들 가운데 하나님의 이름이 알려지고, 예배받길 원하신 것이다.

2장
예수님이 읽으신 다니엘서

예루살렘 도심에 있는 어느 다락방. 제자들이 모여 있는 방의 분위기는 어수선했다. 제자들은 깊은 혼란에 빠져 있었다. 사랑하는 선생님이 로마 군병들에 의해 잔인하게 돌아가시고 장사되신 것은 분명한데, 그 이후가 분명치 않다. 어떤 이들은 사흘 전에 돌아가신 선생님이 부활하셨다고 하고, 어떤 이들은 그럴 리가 없다고 했다. 어떤 제자들은 예수님이 부활하셨다고 하는 말을 전해 들었다고 하고, 또 어떤 제자들은 자기가 길 가다가 부활하신 예수님을 직접 만났다고도 했다.

그때 선생님이 제자들이 모여 있는 방으로 들어오셨다. 어떤 이들은 죽었다고 생각한 선생님을 다시 만난 기쁨으로 어쩔 줄 몰라 하고, 또 어떤 이들은 예수님을 눈으로 보면서도 자기 눈을 의심했다. 그 가운데는 예수님의 손과 발, 그리고 허리에 난 못 자국과 창 자국을 보기 전에는 믿지 못하겠다고 의심하던 제자도 있었다.

예수님은 이런 제자들에게 성경을 펼쳐서 가르치셨다. 예수님이 제자들에게 성경을 가르치시는 광경은 낯선 것이 아니었다. 예수님은 3년 동안 제자들과 늘 함께하셨는데, 상당히 많은 시간을 제자들과 성경을 공부하며 보내셨기 때문이다.

    그렇다면 예수님은 제자들과 어떻게 성경을 읽으셨을까? 예수님이 인도하신 성경 공부의 결론은 무엇이었을까? 이 질문에 대한 답이 누가복음 24장에 나와 있다.

> 또 이르시되 내가 너희와 함께 있을 때에 너희에게 말한 바 곧 모세의 율법과 선지자의 글과 시편에 나를 가리켜 기록된 모든 것이 이루어져야 하리라 한 말이 이것이라 하시고 이에 그들의 마음을 열어 성경을 깨닫게 하시고 또 이르시되 이같이 그리스도가 고난을 받고 제 삼일에 죽은 자 가운데서 살아날 것과 또 그의 이름으로 죄 사함을 받게 하는 회개가 예루살렘에서 시작하여 모든 족속에게 전파될 것이 기록되었으니 너희는 이 모든 일의 증인이라(눅 24:44-48).

누가가 전한 복음을 살펴보면 부활하신 예수님은 제자들에게 상당히 긴 시간 동안 성경 말씀을 풀어 주셨을 것으로 추측된다. 여기서 예수님이 읽으신 성경은 구약 성경을 말한다.

누가복음 24장 46-47절에서 예수님은 매우 중요한 두 가지 요점을 말씀하신다. 하나는 그분의 죽으심과 부활, 즉 복음의 핵심이고, 또 하나는 선교에 관한 내용이다.

다니엘서의 핵심 주제, 선교

구약 성경이 선교에 대해 이야기한다면 의아해하는 독자가 있을지 모르겠다. 하지만 구약에는 선교에 대해 언급하는 부분이 놀랄 정도로 많다. 북이스라엘과 남유다가 공존하던 시기에 활동한 이사야 선지자는 이렇게 예언하였다.

> 그날에 애굽 땅 중앙에는 여호와를 위하여 제단이 있겠고 그 변경에는 여호와를 위하여 기둥이 있을 것이요 이것이 애굽 땅에서 만군의 여호와를 위하여 징조와 증거가 되리니 이는 그들이 그 압박하는 자들로 말미암아 여호와께 부르짖겠고 여호와께서는 그들에게 한 구원자이자 보호자를 보내사 그들을 건지실 것임이라 여호와께서 자기를 애굽에 알게 하시리니 그날에 애굽이 여호와를 알고 제물과 예물을 그에게 드리고 경배할 것이요 여호와께 서원하고 그대로 행하리라 여호와께서 애굽을 치실지라도 치시고는 고치실 것이므로 그들이 여호와께로 돌아올 것이라 여호와께서 그들의 간구함을 들으시고 그들을 고쳐 주시리라 그날에 애굽에서 앗수르로 통하는 대로가 있어 앗수르 사람은 애굽으로 가겠고 애굽

> 사람은 앗수르로 갈 것이며 애굽 사람이 앗수르 사람과 함께 경배하리라 그날에 이스라엘이 애굽 및 앗수르와 더불어 셋이 세계 중에 복이 되리니 이는 만군의 여호와께서 복 주시며 이르시되 내 백성 애굽이여, 내 손으로 지은 앗수르여, 나의 기업 이스라엘이여, 복이 있을지어다 하실 것임이라 (사 19:19-25).

이사야 선지자는 이스라엘만이 아니라 애굽과 앗수르가 함께 하나님을 섬기게 될 것을 예언하고 있다. 이스라엘 백성에게 애굽이나 앗수르는 자신들을 괴롭혀 온 이방 민족이다. 그런데 이사야 선지자는 애굽과 앗수르 백성도 이스라엘처럼 하나님을 섬기며 하나님의 복을 받을 것이라고 예언하였다. 아마도 많은 이스라엘 사람이 이 말씀을 대할 때 혼란스러웠을 것이다.

누가는 예수님이 제자들과 함께 어떤 성경을 공부했는지를 구체적으로 언급하고 있지 않다. 하지만 우리의 상상력을 동원해 보면 예수님은 이사야 선지자의 글을 포함하여 성경 여러 곳을 읽으셨을 것이고, 그 가운데는 분명히 다니엘서도 들어 있었을 것이다. 마태가 기록한 복음서에는 예수님이 다니엘서에 기록된 부분을 언급하셨다는 기록이 나온다.

> 그러므로 너희가 선지자 다니엘이 말한 바 멸망의 가증한 것이 거룩한 곳에 선 것을 보거든 (읽는 자는 깨달을진저) (마 24:15).

앞으로 다니엘서 본문을 살펴보면서 더 설명하겠지만 다니엘서에는 선교에 대해 직접 언급하거나 암시하는 내용이 놀랄 정도로 많다. 다니엘 2장에는 느부갓네살 왕이 꾼 꿈 이야기가 나온다. 꿈에 커다란 신상이 등장하고, 갑자기 공중에서 나타난 돌이 그 거대한 신상을 쳐서 타작마당의 겨처럼 만들어 버린다. 그리고 그 작은 돌은 큰 산을 이루는데, 그 부분을 다니엘은 이렇게 해석한다. "하나님이 한 나라를 세우시리니 이것은 영원히 망하지도 아니할 것이요 그 국권이 다른 백성에게로 돌아가지도 아니할 것이요 도리어 이 모든 나라를 쳐서 멸망시키고 영원히 설 것이라"(단 2:44). 다니엘이 해석한 이 '하나님의 나라'는 예수 그리스도로 시작되는 하나님 나라를 의미한다.

다니엘 3장에는 느부갓네살 왕이 세운 금 신상에 관한 이야기가 나오는데, 금 신상에 절하라며 다니엘의 친구들을 위협할 때만 해도 느부갓네살 왕은 자신이 가장 위대한 왕이라고 자신만만했다. 하지만 풀무 불 속에서 다니엘의 친구들을 건져 주시는 하나님의 위대함을 보고 그는 "모든 백성들과 나라들과 각 언어를 말하는 자들에게 조서를 내리노라 …… 지극히 높으신 하나님이 내게 행하신 이적과 놀라운 일을 내가 알게 하기를 즐겨 하노라 참으로 크도다 그의 이적이여, 참으로 능하도다 그의 놀라운 일이여, 그의 나라는 영원한 나라요 그의 통치는 대대에 이르리로다"(단 4:1-3)라고 공표한다. 이처럼 하나님의 위대하심이 모든 민족에게 전파되는 것, 곧 선교가 다니엘서의 핵심 주제다.

이방의 빛이 되어 눈먼 자들의 눈을 뜨게 하는 것

부활하신 후 예수님이 제자들에게 성경을 가르쳐 주시던 장면으로 다시 돌아가 보자. 누가복음 24장 44절에서 예수님은 분명히 "내가 너희와 함께 있을 때에"라고 말씀하신다. 그렇다면 예수님이 부활하신 후에 선교에 대해 제자들에게 새롭게 가르치셨다는 의미가 아니라 평소에도 반복해서 가르치셨다는 의미일 것이다. 하지만 제자들은 예수님이 가르치신 내용을 제대로 깨닫지 못한 것 같다. 그런 제자들을 대하시는 예수님의 마음이 어땠을까?

제자들과 함께하실 때 예수님이 보이신 행동을 보면 예수님의 마음을 조금 이해할 수 있을 것 같다. 요한복음 9장에는 태어날 때부터 시각 장애인으로 살아온 한 사람의 이야기가 나온다. 그 사람에 대해 제자들이 예수님께 물었다.

> 예수께서 길을 가실 때에 날 때부터 맹인 된 사람을 보신지라 제자들이 물어 이르되 랍비여 이 사람이 맹인으로 난 것이 누구의 죄로 인함이니이까 자기니이까 그의 부모니이까 (요 9:1-2).

제자들이 예수님께 드린 질문은 결코 엉뚱한 것이 아니었다. 당시 유대인들은 어떤 사람이 장애를 가지고 태어난 것은 그 부모의 죄 때문이라는 세계관을 가지고 있었다. 제자들은 자신들이 알고 있는 세계관을 통해 예수님의 확답을 받으려는 것이었다. 하지만 예수님은 제자들이 기대하지 않은 엉뚱한 대답을 하신다.

> 예수께서 대답하시되 이 사람이나 그 부모의 죄로 인한 것이 아니라 그에게서 하나님이 하시는 일을 나타내고자 하심이라 때가 아직 낮이매 나를 보내신 이의 일을 우리가 하여야 하리라 밤이 오리니 그때는 아무도 일할 수 없느니라 (요 9:3-4).

예수님은 제자들이 기대하던 유대인의 세계관을 통해 말씀하시는 대신

'하나님의 일'에 대해서 말씀하신다. 그렇다면 예수님이 언급하신 하나님의 일이란 무엇일까? 그 하나님의 일은 이미 구약에 여러 번 언급되어 있다. 이것을 이사야서에서 분명하게 볼 수 있다.

> 나 여호와가 의로 너를 불렀은즉 내가 네 손을 잡아 너를 보호하며 너를 세워 백성의 언약과 이방의 빛이 되게 하리니 네가 눈먼 자들의 눈을 밝히며 갇힌 자를 감옥에서 이끌어 내며 흑암에 앉은 자를 감방에서 나오게 하리라(사 42:6-7).

하나님의 일이란 하나님의 백성이 '이방의 빛이 되어 눈먼 자들의 눈을 밝히는 것'이다. 1장에서 이야기한 것처럼 아브라함을 부르신 4,500년 전부터 하나님은 아브라함으로 그분을 알지 못하는 자들에게 이방의 빛이 되도록 하셨다. 예수님이 날 때부터 시각 장애를 지닌 사람을 볼 수 있게 하신 것은 바로 어둠에 살고 있는 이방 민족들이 빛 가운데로 나오는 것을 상징하신 것이다.

하지만 예수님이 제자들에게 가르치고 싶으신 것은 그것만이 아니었다. 시각 장애인의 눈을 뜨게 하는 요한복음 9장의 사건에서 정작 앞을 보지 못하는 사람이 있다면 바로 제자들이 아닐까? 예수님은 이런 제자들을 볼 때 무척이나 답답하셨을 것이다. 예수님이 그토록 오랫동안 성경이 무엇을 말하는지, 하나님의 일이 무엇인지를 가르치셨지만 제자들은 선생님이 가르치는 내용을 제대로 이해하지 못하고 있었던 것이다.

제자들을 포함한 동시대의 유대인들은 수백 년 동안 강대국들의 압제에 시달려 오면서도 한 가지 희망을 잃지 않았다. 바벨론으로 시작해서 바사, 헬라, 그리고 로마에 이르기까지 이스라엘 백성은 자신들에 대한 압제는 물론 하나님에 대한 신성모독이 자행되는 현실 속에서도 하나님이 살아 계시다면 분명히 어느 날 그들에게 메시아를 보내셔서 이스라엘 백성을 해방시키실 것이라고 믿고 있었다. 하지만 이스라엘 백성은 하나님이 보내실 메시아가 이스라엘만을 위한 메시아가 아니라 모든 민족을 위한 메시아라고는 꿈에도 생각하지 못했다.

예수님은 이스라엘만을 위해 오신 것이 아니다

예수님이 대중 앞에 나타나 사역을 시작하셨을 때 많은 이스라엘 사람은 예수님이야말로 이스라엘을 구원하실 메시아라고 믿었다. 그럴 만한 증거는 다분했다. 그분은 앉은뱅이를 걷게 하셨고, 눈먼 자의 눈을 뜨게 하셨으며, 심지어 죽은 자를 살리기까지 하셨다. 떡 다섯 덩이로 수천 명을 배부르게 하셨고, 물 위를 걸으셨으며, 사나운 폭풍을 잠잠케 하셨다.

예수님의 가르침은 당시 유대의 종교 지도자들이 놀랄 정도로 권위가 있었으며, 듣는 모든 사람에게 참 하나님의 말씀으로 전달되었다. 그분의 말씀은 무식한 이들도 알아들을 만큼 쉬웠으며 그것을 깨달은 사람들의 삶을 변화시켰다.

하지만 제자들의 눈에 예수님은 종종 이상한 행동을 하는 분처럼 보였다. 동족인 유대인의 구원을 우선시하는 것이 아니라 자신들에게 고통을 안겨 준 이방인에게도 사랑과 관심을 갖는 예수님의 행동이 제자들로서는 쉽게 이해되지 않았을 것이다. 가장 대표적인 것은 아마도 예수님이 수로보니게 여인의 딸을 고치신 사건일 것이다.

예수께서 일어나사 거기를 떠나 두로 지방으로 가서 한 집에 들어가 아무도 모르게 하시려 하나 숨길 수 없더라 이에 더러운 귀신 들린 어린 딸을 둔 한 여자가 예수의 소문을 듣고 곧 와서 그 발아래에 엎드리니 그 여자는 헬라인이요 수로보니게 족속이라 자기 딸에게서 귀신 쫓아내 주시기를 간구하거늘 예수께서 이르시되 자녀로 먼저 배불리 먹게 할지니 자녀의 떡을 취하여 개들에게 던짐이 마땅치 아니하니라 여자가 대답하여 이르되 주여 옳소이다마는 상 아래 개들도 아이들이 먹던 부스러기를 먹나이다 예수께서 이르시되 이 말을 하였으니 돌아가라 귀신이 네 딸에게서 나갔느니라 하시매 여자가 집에 돌아가 본즉 아이가 침상에 누웠고 귀신이 나갔더라(막 7:24-30).

이 이야기에 등장하는 여인이 헬라인이라는 사실을 눈여겨보아야 한다. 본문에서 자기 딸을 구해 달라는 여인의 말에 예수님이 '누가 개들에게 자녀의 떡을 주느냐'며 까칠하게 되묻는 것을 보면 이 여인이 예수님에게 모욕을 당하는 것처럼 보인다. 즉 예수님이 여인에게 하신 말씀은 '나는 유대인을 구원하기 위해서 왔기 때문에 유대인에게만 관심이 있다'는 뜻으로 들리는 것이다.

하지만 이어지는 이야기를 보면 예수님은 진정한 믿음을 보기 위해 의도적으로 이 헬라 여인을 도발하신 것 같다. 여인의 대답이 지혜롭다. "상 아래 개들도 아이들이 먹던 부스러기를 먹나이다." 유대인이라는 긍지를 가지고 있던 제자들은 이 여인의 겸손함에 놀랐을 것이다. 예수님은 헬라 여인의 믿음을 칭찬하시며 자신은 유대인만을 구원하기 위해 오신 것이 아님을 드러내셨다.

마태복음에는 또 다른 이방인인 로마 백부장의 이야기가 나온다. 그는 자기 집에서 일하는 하인의 병을 고쳐 주고 싶었다. 그래서 예수님께 나아가 간청을 드린다. 그의 간청을 듣고 백부장의 집으로 가겠다는 예수님께 백부장은 집까지 오시지 않아도 된다고 대답한다. 그럴 필요 없이 말씀만으로 병을 고치실 수 있으니 그렇게 해달라고 부탁드린다.

> 예수께서 가버나움에 들어가시니 한 백부장이 나아와 간구하여 이르되 주여 내 하인이 중풍병으로 집에 누워 몹시 괴로워하나이다 이르시되 내가 가서 고쳐 주리라 백부장이 대답하여 이르되 주여 내 집에 들어오심을 나는 감당하지 못하겠사오니 다만 말씀으로만 하옵소서 그러면 내 하인이 낫겠사옵나이다 나도 남의 수하에 있는 사람이요 내 아래에도 군사가 있으니 이더러 가라 하면 가고 저더러 오라 하면 오고 내 종더러 이것을 하라 하면 하나이다 예수께서 들으시고 놀랍게 여겨 따르는 자들에게 이르시되 내가 진실로 너희에게 이르노니 이스라엘 중 아무에게서도 이만한 믿음을 보지 못하였노라 또 너희에게 이르노니 동서로부터 많은 사람이 이르러 아브라함과 이삭과 야곱과 함께 천국에 앉으려니와 그 나라의 본 자손들은 바깥 어두운 데 쫓겨나 거기서 울며 이를 갈게 되리라 예수께서 백부장에게 이르시되 가라 네 믿은 대로 될지어다 하시니 그 즉시 하인이 나으니라 (마 8:5-13).

로마 백부장이 하인을 고쳐 달라며 예수님께 보인 태도는 이스라엘 사람들을 부끄럽게 할 만했다. 예수님은 로마 백부장이 보인 믿음을 언급하시며 이스라엘 백성들은 바깥 어두운 데로 쫓겨나 울며 이를 갈게 될 것이라고 말씀하셨다.

예수님은 공적인 사역을 시작하실 때부터 이방인들에게 관심을 보이셨다. 마태복음은 예수님의 초기 사역을 이렇게 요약한다.

> 예수께서 온 갈릴리에 두루 다니사 그들의 회당에서 가르치시며 천국 복음을 전파하시며 백성 중의 모든 병과 모든 약한 것을 고치시니 그의 소문이 온 수리아에 퍼진지라 사람들이 모든 앓는 자 곧 각종 병에 걸려서 고통당하는 자, 귀신 들린 자, 간질하는 자, 중풍병자들을 데려오니 그들을 고치시더라 (마 4:23-24).

마태복음은 예수님에 대한 명성이 온 수리아에 퍼졌다고 기록하고 있다. 이런 기록은 초기부터 예수님이 하고자 하신 사역의 방향이 유대인만을 위한 것이 아님을 분명히 보여 준다. 이처럼 예수님이 이스라엘뿐 아니라 이방인들을 위해서도 사역하셨다는 점은 이사야를 포함해 구약의 여러 선지자가 전하려 한 하나님의 마음과 일맥상통하며, 예수님이 제자들에게 전하시려 한 메시지이기도 하다.

성경 안에는 선교에 관한 이야기가 수없이 많이 등장하는데도 우리가 성경을 선교적으로 읽지 않는 것이 오히려 더 신기하지 않은가? 많은 성도가 성경을 읽지만 선교적으로 읽지 못하는 이유가 있다. 바로 거듭난 경험이 한 번밖에 없기 때문이다.

모든 성도는 두 번 거듭나야 한다. 첫 번째 거듭나는 것은 그리스도 안에서 은혜로 구원을 얻게 된다는 사실을 깨닫는 것이고, 두 번째 거듭나는 것은 그 구원의 복음이 모든 민족에게 전해져야 한다는 사실을 깨닫는 것이다. 거듭난다는 말은 영적으로 눈뜨는 경험을 의미한다. 우리가 선교에 눈뜨지 못한다면 성경을 선교적으로 읽는 것은 불가능하다.

성경을 선교적으로 읽는 것은 성경을 읽는 특별한 방법이 아니다. 그것은 예수님이 성경을 읽으신 방법이며, 제자들에게 성경을 가르쳐 주신 방법이었다. 예수님이 선교적으로 다니엘서를 읽으셨다면, 그리고 제자들에게 선교적으로 다니엘서를 가르치셨다면 우리가 다니엘서를 선교적으로 읽는 것은 극히 상식적이고 당연한 것 아닐까?

3장
네 제국과 이스라엘의 역사

다니엘서에 등장하는 이야기와 환상의 무대는 바빌로니아(바벨론) 제국, 페르시아(바사), 메디아(메대) 제국, 그리스(헬라) 제국, 그리고 로마 제국이다. 그렇기 때문에 다니엘서를 이해하려면 이 네 제국의 역사에 대한 지식이 충분해야 한다. 다니엘서의 배경이 되는 이 네 제국의 역사를 제대로 알지 못한다면, 다니엘서는 우리에게 다니엘과 세 친구의 모험담과 성공담 정도를 알려 주는 교훈 서적으로만 이해될 것이다.

다니엘 1-6장에 등장하는 여섯 개의 이야기와, 7-12장에 나오는 네 개의 환상은 바빌로니아 제국을 시작으로 이어 등장하는 세 제국과 관련이 있다. 관련되는 장에서 더 상세히 설명하겠지만 일단 앞서 언급한 네 제국의 역사를 개괄적으로 소개하고자 한다.

독자들 가운데 역사에 관심이 적은 분은 아마 이 장이 매우 지루하게 느껴지실 것이다. 그런 분들은 이 장을 건너뛰고 다음 장인 4장으로 넘어가도 된다. 하지만 인내를 가지고 이 장을 읽어 둔다면 앞으로 전개되는 다니엘서를 이해하는 데 매우 유익할 것이다.

바빌로니아 제국

바빌로니아(바벨론)는 창세기에도 등장하는, 역사가 아주 오래된 나라다. 그런데 이 바빌로니아라는 이름은 우리의 뇌리에서 오랫동안 사라졌다가 갑자기 다시 나타나 유다를 멸망시키고 다니엘과 그의 친구들을 잡아간 나라로 등장하면서 성경을 읽는 독자들에게 혼란을 준다.

바빌로니아가 처음 세워진 때는 주전 4000년경으로 추정된다. 하지만 그 후 바빌로니아는 아카드 제국의 사르곤 왕에 의해 주전 2400년경에 파괴되고, 주전 2000년대 후반에 우르의 슐기 왕에게 점령된 뒤로는 계속 타민족의 지배를 받았다. 그 후 셈족 계열의 아모리 왕조가 침입해 도시를 정복하고 바빌로니아 제1왕조를 열었는데, 이 시대를 '고대 바빌로니아'라 부른다.

바빌로니아 제1왕조에서 가장 유명한 왕이 바로 '함무라비 법전'으로 잘 알려진 제6대 함무라비 왕이다. 그는 중앙 집권적인 국가를 건설하고, 국가 행정 조직을 정비하였으며, 종교적 봉건제를 실시하고, 운하를 개통하는 등 고대 바빌로니아 문화의 황금시대를 이루었다. 그 후 히타이트(헷) 족속에 의해 바빌로니아가 함락되고 계속해서 아시리아(앗수르), 엘람 등에 지배당한 후, 네부카드네자르(느부갓네살) 1세의 치세를 시작으로 '중기 바빌로니아' 시대를 열게 된다.

중기 바빌로니아는 독립 국가 형태를 유지하기는 했지만 주변에 있던 강대국 아시리아의 속국으로 존속했다. 아시리아는 바빌로니아에 대해 유화 정책을 시도했지만 바빌로니아의 독립 의지를 꺾지는 못했다. 바빌로니아는 나보폴라사르가 중심이 되어 아시리아를 물리치고 다시 제국의 중심 도시가 되는데, 이때를 '신 바빌로니아'라고 부른다.

【 바빌로니아 제국 】

바빌로니아는 나보폴라사르와 그의 아들 네부카드네자르(느부갓네살) 2세 때 전성기를 누리게 되는데, 이때 다니엘을 포함한 유다 백성이 나라를 잃고 바빌로니아에 포로로 끌려간다. 바빌로니아는 벨사자르(벨사살) 왕 때에 페르시아(바사)의 키루스(고레스) 2세에 의해 멸망당한다.

페르시아 제국

다니엘서에서 바사라 불리는 나라는 페르시아를 말한다. 고대 그리스인들이 이란 남서부 해안 지역에 살던 사람들을 '파르스'라고 불렀는데, 라틴어로 '페르시아'라고 불리면서 그 이름으로 굳어졌다고 한다. 페르시아의 역사에서 가장 주목할 것은 테이스페스에 의해 시작되는 아케메네스 왕조다.

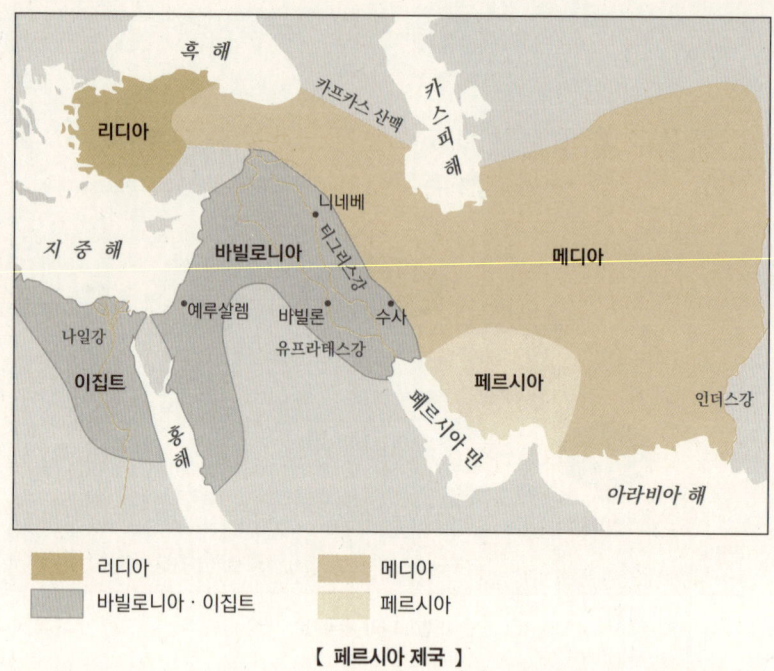

【 페르시아 제국 】

테이스페스의 아들 키루스 1세는 흩어져 있던 페르시아인들을 통합하여 국가의 틀을 다시 갖춘다. 그 후 키루스의 아들 캄비세스가 메디아 왕국의 공주와 혼인하면서 페르시아와 메디아는 한 나라로 통합된다. 캄비세스의 장남 키루스 2세는 주변국들을 점령하면서 페르시아 제국의 초석을 마련한다.

키루스 2세는 주전 550년 메디아의 수도를 점령하여 새롭게 페르시아 제국을 일으키는 데 성공한 후, 주전 539년 바빌로니아의 수도를 피 흘리지 않고 점령하여 페르시아를 명실상부한 제국으로 만든다. 키루스 2세는 유대인들을 본국으로 돌려보냈으며, 유대교 신앙과 여호와 하나님께 드리는 성전 제사를 허락한다. 성경에서는 이 키루스 2세를 '고레스'라고 부른다.

키루스 2세는 주전 529년 아랄 해 연안을 정벌하기 위해 원정길에 나섰다가 전쟁 중 사망한다. 그 후 키루스 2세의 아들 캄비세스 2세가 왕위에 올라 아버지의 꿈인 이집트 원정을 이루려 한다. 그러나 그가 원정으로 자리를 비운 동안, 멸망한 메디아의 종교 지도자가 캄비세스 2세의 동생임을 자처하며 왕권을 차지하려 한다. 이 소식을 듣고 이집트에서 돌아오던 캄비세스 2세는 고국에 돌아오지 못하고 사망한다.

캄비세스 2세가 죽은 후 페르시아 제국은 잠시 혼란에 빠졌으나, 페르시아의 군인으로 이집트 원정에 참가한 아케메네스의 왕족인 다리우스(다리오) 1세가 이집트에서 돌아와 종교 지도자들을 죽이고 반란을 진압한다. 이후 다리우스는 제국 전역에서 일어난 반란을 모두 진압하고 왕위에 오른다. 다리우스 1세와 그를 계승한 크세르크세스(아하수에로) 1세의 통치 기간 중 아케메네스 왕조는 전성기를 맞는다.

다리우스 1세는 주전 490년 당시 이오니아 지역의 그리스 식민지들이 페르시아에 반발한 것을 징벌하기 위해 그리스를 공격한다. 페르시아의 군사력은 그리스보다 월등하게 우세했지만 마라톤 평야에서 벌어진 전투에서 아테네의 방어로 페르시아의 공격은 실패로 끝나고 만다. 그의 아들 크세르크세스 1세는 주전 480년 선왕의 뜻을 따라 대군을 일으켜 그리스와 전쟁을 재시도하였으나 살라미스 해전에서 크게 패하고 만다. 페르시아의 패배를 목격한 후 크세르크세스 1세는 서둘러 귀국했지만 얼마 후 부하들에 의해 살해된다. 2차 페르시아 전쟁에서 패한 크세르크세스가 에스더서에 등장하는 아하수에로 왕이다.

그로부터 150여 년이 지난 뒤, 구약 성경에서 '아닥사스다'라고 불리는 아르타크세르크세스 3세의 아들 다리우스 3세가 페르시아 왕으로 즉위할 무렵 마케도니아의 알렉산드로스 대왕이 그리스 대군을 이끌고 페르시아 제국 깊숙이 쳐들어와 페르시아 군대를 무찌르며 연전연승한다. 전쟁이 진행되면서 알렉산드로스에게 쫓겨 도망 다니던 다리우스 3세는 결국 자신의 부하에게 암살당하고 페르시아 제국은 멸망한다.

그리스 제국

다니엘서에서 헬라로 불리는 그리스의 역사는 주전 3000년경까지 올라갈 수 있지만 당시에는 문자가 없던 관계로 이들의 상황에 대해 역사적으로 알려진 것이 별로 없다. 그리스의 역사 시대는 초기 아카이아계 그리스에서 시작되는데, 이 시기에 일어난 트로이 전쟁은 그리스 작가 호메로스의 「일리아스」와 「오디세이아」를 통해 우리에게 잘 알려져 있다. 트로이 전쟁 이후 아카이아계 그리스는 세력이 약해져 북쪽에서 남하해 온 도리스인들을 막지 못했다.

도리스인들은 펠로폰네소스 반도와 그 북쪽 일대의 그리스 본토를 지배했는데, 그전 원주민들은 도리스인들의 지배를 피해 에게해의 섬들과 이오니아 지방의 섬들, 소아시아 지방, 이탈리아 반도, 시칠리아 등의 서쪽 지역, 그리고 흑해 연안으로 퍼져 식민지를 만들어 생활했다.

그리스는 지형이 산악 지대인 본토와 주변 섬들로 이루어져 있어 큰 왕국으로 유지되지 못하고 작은 도시 국가 형태로 오랫동안 머물러 왔다. 그리스인들이 이처럼 서로 떨어져 살면서도 하나의 민족이라는 정체성을 지닌 것은 그들이 사용하는 그리스 언어와 신화 때문이었다. 또한 4년에 한 번씩 올림피아에서 열리는 운동 경기인 올림픽 제전은 그들을 하나의 민족으로 결속시키는 가장 강력한 동인이었다. 하지만 그리스의 도시 국가들이 군사적으로 단결하게 된 것은 주전 5세기에 두 차례에 걸쳐 벌어진 페르시아 전쟁 때문이다. 앞서 언급한 것처럼 페르시아는 다리우스 왕 때와 그의

[알렉산드로스 대왕의 헬라 제국]

아들 크세르크세스 왕 때에 수십만의 대군으로 그리스를 공격하지만 모두 실패하고 만다. 아테네를 중심으로 하는 그리스의 도시들은 페르시아의 공격에 필사적으로 저항하여 페르시아 전쟁에서 승리한다.

페르시아 전쟁 이후 아테네는 에게해 일대에 영향력을 넓혀 가지만 아테네와 라이벌 관계인 스파르타를 중심으로 하는 펠로폰네소스 동맹과의 전쟁에서 패하고 만다. 하지만 스파르타도 연이어 벌어진 내전으로 국력을 소진하고, 결국 신흥국 테베에 패하면서 몰락한다. 테베 또한 패권을 잡은 지 3년 만에 스파르타와 아테네 연합군에 패배한다. 이때 테베에 와서 밀집 대형으로 공격하는 군사 기술을 배운 이가 바로 알렉산드로스(알렉산더) 대왕의 아버지 필리포스(필립) 2세인데, 그는 테베에서 배운 이 군사 전술을 더욱 발전시켜 그리스 전체를 자신의 휘하에 두게 된다.

이후 '알렉산더 대왕'으로 알려진 알렉산드로스 3세가 그리스 전역을 석

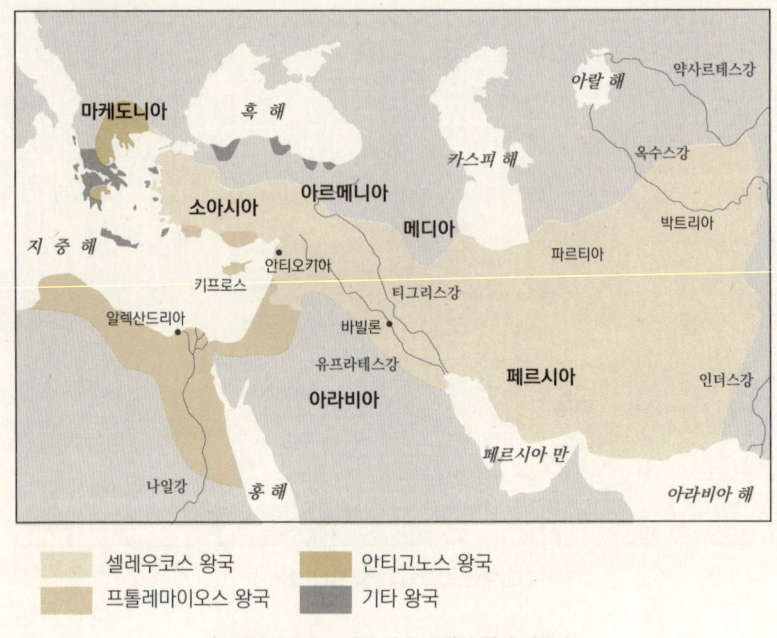

【 알렉산드로스 대왕 사후 분열된 헬라 제국 】

권하고 모든 오리엔트 지역을 자신의 영향권 아래 두면서 헬레니즘의 원류가 되는 새로운 제국을 만든다. 알렉산드로스는 무인이지만 자기 스승 아리스토텔레스의 영향으로 그리스 문화를 좋아했으며, 자신이 지배하는 곳에서는 그리스어를 사용하고 그리스 문화를 받아들이도록 강요했다.

알렉산드로스는 10년에 걸쳐 헬라 제국을 확장시켰지만 후계자를 정하지 않은 채 갑자기 병으로 죽게 된다. 이후 헬라 제국은 알렉산드로스의 장군들에 의해 분열되어 아시아의 리시마코스 왕국, 오리엔트 지역의 셀레우코스 왕국, 그리스와 마케도니아의 안티고노스 왕국, 이집트의 프톨레마이오스 왕국이 생겨났다. 이때부터 로마가 이집트의 프톨레마이오스 왕국을 정복할 때까지를 '헬레니즘 시대'라고 부른다. 다니엘서와 관련해 가장 주목해야 할 나라가 바로 알렉산드로스 대왕 사후 분열된 네 왕국 가운데 두 왕국, 즉 프톨레마이오스라는 남왕국과 셀레우코스라는 북왕국이다.

프톨레마이오스 왕국은 알렉산드로스의 뒤를 잇는 헬라의 정통 왕국으로 행세하고 싶었다. 그래서 심지어 알렉산드로스 대왕의 시신을 이집트로 가져다가 장사를 지내기도 했다. 하지만 북쪽에 있는 셀레우코스 왕국이 세력을 키우면서 프톨레마이오스 왕국과 셀레우코스 왕국은 수없는 전쟁을 치르고, 결국 서쪽에서 세력을 키운 로마 제국에 의해 두 나라는 멸망한다. 이 두 나라에 대해서는 3부에서 더 자세히 설명할 것이다.

로마 제국

로마 제국의 역사는 주전 8세기 무렵부터 시작되는데 그리스에서 지중해를 건너 이주해 간 집단이 테베레 강 근처에 정착하면서 시작되었다고 전해진다. 설화에 따르면 로물루스와 레무스라는 쌍둥이 사내아이들이 테베레강에 버려졌는데 늑대가 젖을 먹여 키웠다. 성장한 두 형제가 크게 다투게 되었는데, 로물루스가 레무스를 죽인 후 세력을 넓혀 약 3,000명의 주민으로 로마(Roma)라는 작은 도시 국가를 건설했다고 한다.

일곱 개의 언덕으로 이루어진 초기 로마 지역에서는 목축업과 농업을 주업으로 삼았는데, 이들을 규합하여 왕으로 선출된 로물루스는 최고 의결 기구인 원로원을 세운다. 로마는 로물루스 이후 왕정기를 거치게 되는데, 일곱 명의 왕이 로마를 통치하면서 국가의 기초를 다진다. 하지만 로마인들은 독재적인 왕정을 거부하고 공화정으로 이동한다.

로마를 강력한 국가로 만든 것은 주전 260년과 216년에 있었던 카르타고와의 전쟁이다. 카르타고는 아프리카 북안에 있던 페니키아인들의 식민지였는데, 시칠리아 섬을 사이에 두고 이탈리아와 매우 가까이 있었기 때

【 로마 제국 】

문에 팽창하는 로마와 카르타고 사이의 전쟁은 피할 수 없었다.

일명 '포에니 전쟁'이라고도 부르는 카르타고와의 전쟁에서 승리하면서 로마는 지중해의 패권을 쥐게 된다. 결과적으로 로마는 페니키아인들이 차지하고 있던 지중해 연안의 모든 지역을 지배하게 되었고, 북아프리카와 아시아까지 확장했으며, 북유럽과 브리타니아까지 지배하는 큰 제국으로 발전한다. 하지만 로마가 비대해지고 정복지인 속주에서 군사력을 가진 지도자의 권력이 커지면서 국가의 권력이 몇 사람에게 집중되기 시작한다.

이런 상황에서 주전 50년경 로마의 막강한 지도자로 율리우스 카이사르(시저)가 등장한다. 그는 뛰어난 군사 전략가로 갈리아와 게르마니아, 브리타니아를 정복한 후 아시아와 북아프리카, 북유럽 등을 정복하면서 로마의 속주에 대한 막강한 영향력을 가지게 된다. 로마인들은 카이사르의 영광스러운 업적에는 열광하였지만 로마가 왕정으로 복귀하는 것은 부담스러워

했다. 결국 카이사르가 파르티아 지역으로 원정을 떠나기 몇 달 전 원로원 회원들이 카이사르를 암살한다.

카이사르가 갑자기 죽자 그가 가진 권력의 향배에 많은 사람의 이목이 집중되었다. 카이사르의 유언이 발표되었는데, 놀랍게도 약관 20세의 '옥타비아누스'라는 카이사르의 양아들이 모든 권리를 상속받는 후계자로 지목되었다. 하지만 옥타비아누스는 카이사르의 충실한 부하였던 안토니우스와 권력 다툼을 벌여야만 했다. 이집트에 군사적 지원을 받는 안토니우스를 악티움 해전에서 무찌른 후 옥타비아누스는 원로원으로부터 '아우구스투스'라는 칭호를 받으며 로마의 초대 황제가 된다.

제정 초기에 혼란스러운 때도 있었지만 영토를 더욱 확장하고 마르쿠스 아우렐리우스를 포함한 훌륭한 황제 다섯 명이 통치하는 오현제 시대를 거치면서 로마는 가장 평화로운 시대를 의미하는 '팍스 로마나'(Pax Romana)를 누리게 된다.

그 후 무력을 가진 군인들이 황제가 되면서 내부 권력 다툼으로 로마 제국은 쇠퇴기를 맞는다. 설상가상으로 프랑크족, 알라만족, 고트족 등의 게르만족들이 로마 제국의 국경을 넘어 침입해 왔고, 이를 감당할 수 없던 로마 제국은 약해지기 시작한다. 주후 293년, 가이우스 디오클레티아누스 황제 때에는 제국이 매우 광활하여 한 명의 황제가 통치하기 힘들다는 이유로 로마 제국은 4등분된다. 그 후 로마 제국은 다시 동·서로 분열되는데, 이탈리아, 이베리아 반도, 북아프리카를 지배하던 서로마 제국은 주후 476년 게르만족에 멸망하고, 소아시아 지역을 지배하던 동로마 제국(비잔티움 제국)은 주후 1453년까지 존속해 오다가 오스만 튀르크에 멸망당하고 만다.

앞에서 언급한 네 제국의 흥망성쇠는 앞으로 다룰 다니엘서를 이해하는 데 필수적이다. 다니엘과 관련해서 주목해 보아야 할 주요 사건들의 연표를 따로 작성해 보았다.

【 다니엘서 관련 연표 】

연도	사건	개요
주전 612	니네베(니느웨)와 아시리아의 패망	니네베와 아시리아가 메디아와 바빌로니아에 멸망함.
605	1차 바빌로니아 포로	이집트가 갈그미스에서 네부카드네자르에게 패함. 다니엘이 바빌로니아로 잡혀 간 시점으로 추정됨.
603	네부카드네자르의 통치 확립	네부카드네자르가 시리아-팔레스타인에 대한 통치를 확립함.
600	유다가 바빌로니아를 배신	네부카드네자르가 이집트에 거절당하고 유다가 이집트 측에 가담함.
599	네부카드네자르의 예루살렘 공격	예루살렘이 완전히 함락됨.
597	2차 바빌로니아 포로	여호야김이 죽음. 여호야긴이 3개월 동안 통치함. 많은 유대인이 포로로 끌려 감.
586	3차 바빌로니아 포로	예루살렘이 완전히 훼파되고 많은 사람이 바빌로니아로 끌려 감.
559	키루스 왕의 통치	키루스가 메디아를 통합한 페르시아의 왕이 됨.
554-539	벨사자르의 통치	벨사자르가 아버지 나보니두스 밑에서 바빌로니아를 통치함.
550	키루스의 메디아 정복	키루스가 메디아-페르시아 제국을 형성하려고 메디아를 정복함.
539	바빌로니아의 멸망	바빌로니아가 키루스에게 멸망당함.
537	유대인의 1차 귀환	키루스가 유대인들을 돌아가게 허락함. 스룹바벨을 중심으로 귀환.

516	예루살렘 성전 재건	예루살렘 성전이 재건됨. 멸망한 지 70년 후 다시 봉헌됨.
510	로마 공화정 수립	로마가 왕정에서 공화정으로 변화됨.
499	이오니아 지방의 반란	이오니아 지방의 그리스 식민지들이 페르시아의 통치에 반발하여, 다리우스 왕에게 그리스를 침공할 빌미를 제공함.
490	1차 페르시아 전쟁	다리우스 왕이 그리스를 공격하지만 마라톤 평야에서 패함.
480	2차 페르시아 전쟁	다리우스 왕의 아들 크세르크세스가 대군을 이끌고 그리스를 침공하지만 살라미스 해전에서 패하고 돌아옴.
458	유대인의 2차 귀환	아르타크세르크세스 왕의 칙령에 의해 에스라를 중심으로 귀환함.
444	유대인의 3차 귀환	느헤미야를 중심으로 귀환함.
336	알렉산드로스 대왕의 즉위	알렉산드로스 대왕이 마케도니아의 왕이 됨.
331	알렉산드로스의 페르시아 정복	페르시아 제국이 알렉산드로스에 의해 멸망함.
323	알렉산드로스 대왕 죽음	이후 나라가 네 장군에 의해 분할 통치됨.
323	프톨레마이오스 왕국의 시작	프톨레마이오스는 알렉산드로스의 후계자임을 자칭하고 이집트에서 통치를 시작함.
312	셀레우코스 왕국의 시작	프톨레마이오스 휘하에 있다가 후에 오리엔트 지역을 장악하여 네 나라 가운데 가장 넓은 영역을 차지함.
260	1차 포에니 전쟁	카르타고와 로마의 전쟁.
223	안티오코스 3세의 통치	셀레우코스 왕국의 왕으로 확장 정책을 폈으나 로마에 의해 제지당함.

216	2차 포에니 전쟁	한니발이 로마로 쳐들어가지만 스키피오 장군에 의해 패배하고 안티오코스 3세의 보호를 받음.
175	안티오코스 4세의 통치	가장 악랄한 군주로 성경에 표시됨. 다니엘서에 나오는 거만한 뿔의 실제 인물로 추정.
167	예루살렘 성전 모독	안티오코스 에피파네스의 성전 훼손.
164	마카베오 가문의 봉기	유다의 회복을 위해서 제사장들을 중심으로 봉기가 일어나고 셀레우코스에게서 잠시 독립함. 예루살렘 성전을 다시 봉헌함.
27	아우구스투스가 제위에 오름	율리우스 카이사르의 양아들 옥타비아누스가 정적들을 모두 제거하고 1인자로 통치를 시작.
주후 30	예수님의 십자가 사건	그리스도께서 죽으셨다가 부활하심.
70	예루살렘의 파괴	로마의 베스파시아누스와 그의 아들 티투스에 의해 예루살렘이 완전히 파괴됨.

4장
두 가지 언어로 기록된 책

3장에서 앞으로 전개될 다니엘서의 시공간을 충분히 이해하였다면, 이제 본격적으로 다니엘서에 대한 이야기로 들어가야 할 것 같다. 다니엘서의 개별 장을 설명하기에 앞서 다니엘서 전체를 개관하고자 한다.

    다니엘서 전반부 여섯 장은 역사의 흐름과 맥을 같이하는 여섯 가지 사건으로 이루어져 있고, 후반부 여섯 장은 다니엘이 본 네 가지 환상으로 되어 있다. 전반부인 다니엘 1-6장에 나오는 여섯 가지 사건의 개요는 다음과 같다.

1장	다니엘과 친구들이 바벨론에 포로로 잡혀감.
2장	느부갓네살 왕이 꿈에서 본 신상을 다니엘이 해석함.
3장	느부갓네살 왕이 세운 신상에 절하지 않아 다니엘의 친구들이 풀무 불에 들어가지만 구원을 받음.
4장	느부갓네살 왕이 교만해서 짐승처럼 되어 들에서 살다가 다시 궁으로 돌아옴.
5장	벨사살 왕의 교만을 경고하는 글씨가 벽에 나타나고 그날 바사에 나라를 빼앗김.
6장	다니엘이 왕의 금령을 어기고 기도하다가 사자 굴에 들어가지만 구원을 받음.

후반부인 다니엘 7-12장에 나오는 네 가지 환상은 다음과 같다.

7장	다니엘이 바다에서 올라오는 네 짐승의 환상을 봄.
8장	다니엘이 두 뿔 가진 숫양과 숫염소의 환상을 봄.
9장	다니엘이 일흔 이레에 대한 환상을 봄.
10-12장	다니엘이 마지막에 일어날 큰 전쟁에 관한 환상을 봄.

교회의 오랜 전통은 다니엘서를 이처럼 전반부에 등장하는 여섯 가지 이야기와 후반부에 등장하는 네 가지 환상으로 구분해 왔다. 하지만 다니엘서를 선교적으로 읽기 위해서는 다니엘서를 기록하는 데 사용한 언어를 기준으로 다니엘서를 나누어 보는 것이 더 도움이 된다. 흥미롭게도 다니엘서는 두 가지 언어로 기록되어 있다. 다음 도표에서 볼 수 있듯이 다니엘 1장은 히브리어로 기록되어 있고, 2-7장은 아람어로, 8장부터 마지막 12장까지는 다시 히브리어로 기록되어 있다.

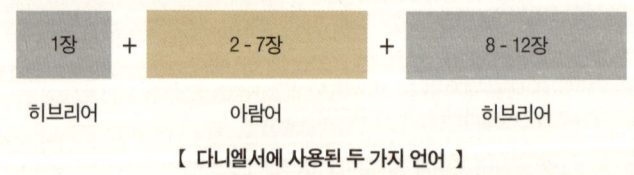

【 다니엘서에 사용된 두 가지 언어 】

두 개의 언어로 기록된 책이 없는 것은 아니다. 우리말 옆에 번역된 외국어를 병기하거나, 외국어 옆에 우리말로 번역한 글을 병기한 대역본을 종종 볼 수 있다. 하지만 이러한 대역본이 아니라 하나의 책을 1장은 A어로, 2장은 B어로, 나머지 장은 다시 A어로 기록한 경우는 매우 드물다.

그렇다면 다니엘서는 왜 아람어와 히브리어로 기록된 것일까? 다니엘서가 두 가지 언어로 기록된 것에 대해서는 여러 가설이 있다. 다니엘서는 원래 하나의 언어로 기록된 책인데 다른 언어를 사용하는 독자들을 위해 다니엘서 일부만 번역했다는 설부터, 저자가 여러 명이기 때문이라는 설도 있고, 후대에 편집할 때 다른 언어로 된 원 문서를 사용해 다니엘서를 편집했다는 설도 있다. 이중 후대 편집설은 설득력이 떨어지는데, 다니엘서가 지닌 플롯이 완벽하기 때문이다.

> 갈대아 술사들이 아람 말로 왕에게 말하되 왕이여 만수무강하옵소서 왕께서 그 꿈을 종들에게 이르시면 우리가 해석하여 드리겠나이다 하는지라(단 2:4).

다니엘 2장 4절에서 갈대아 술사들이 "아람 말로" 말했다는 표현이 나오자마자 다니엘서의 모든 내용이 아람어로 기술되기 시작한다. 얼마나 재미있는 발상인가! 이런 점에 근거하여 나는 다니엘서가 공교하게 짜인 하나의 플롯에 의해 저술되었으며, 따라서 저자가 의도적으로 다니엘 2-7장을 아람어로 썼을 것으로 판단한다.

당시 히브리어는 이스라엘 민족만 사용하는 언어인 반면 아람어는 바벨론을 포함하여 시리아 등 근동 지역에서 광범위하게 사용되는 국제 언어였다. 따라서 다니엘서 가운데 2-7장의 이야기는 히브리어를 사용하는 독자들을 벗어나 더 광범위한 독자들을 위해 의도적으로 아람어로 기록한 것으로 보아야 할 것이다.

그러니 아람어로 기록된 다니엘 2-7장의 내용은 말하자면 하나님이 이스라엘만이 아니라 모든 민족에게 보여 주고자 하신 하나님의 의도를 만천하에 공개하는 '소책자'라 해도 과언이 아니다. 다니엘서를 읽는 독자들 가운데 히브리어를 모르고 아람어만 읽을 줄 아는 사람이 있었다면 다니엘 2-7장의 소책자만으로도 이들에게는 충분한 하나님의 계시가 될 수 있었을 것이다.

교차대구법

다니엘 2-7장의 소책자가 지닌 특성을 보기 위해서는 소책자가 아람어로 기록되어 있다는 특징 외에 또 하나의 특징을 살펴보아야 한다. 바로 성경에 자주 등장하는 '교차대구법'(chiasmus, 交叉對句法)이라는 문학적 기법이다. 교차대구법이란 어떤 일을 서술할 때 짝을 이루는 표현을 순차적으로 하지 않고 순서를 바꾸어 교차가 이루어지게 배치하는 것이다. 교차대구법은 한 문장 안에 있는 단어들 사이에서도 사용될 수 있고, 연속되는 절 사이에서도 사용될 수 있으며, 심지어는 연속되는 장 안에서도 사용될 수 있다.

한 문장 안에서 단어들을 나열할 때 교차대구법이 이루어지는 경우를 살펴보자. 예를 들어 잠언 3장 10절 말씀은 영어로 번역하면 이렇게 되어 있다.

> Then filled will be your barns with grain, and with new wine your vats will be bursting.

이 영어 문장은 한글 개역개정 성경에 이렇게 번역되어 있다.

> 그리하면 네 창고가 (곡식으로) 가득히 차고 네 포도즙 틀에 새 포도즙이 넘치리라.

여기에 등장하는 문장들이 어떻게 배치되어 있는지 살펴보자.

　　　네 창고가 (A)

　　　　　　(곡식으로) (B)

　　　　　　　　가득히 차고 (C)

　　　네 포도즙 틀에 (A')

　　　　　　새 포도즙이 (B')

　　　　　　　　넘치리라 (C')

우리말 성경에는 A, B, C 후에 다시 A', B', C'순으로 되어 있어 단어들 사이의 교차를 느낄 수 없지만, 히브리어를 영어로 표시하면 교차가 분명하게 드러난다. 영어로 된 잠언의 문장을 분석해 보면 다음과 같다.

　　　　filled will be (A)

　　　　　　your barns (B)

　　　　　　　　with grain (C)

　　　　　　　　with new wine (C')

　　　　　　your vats (B')

　　　　will be bursting (A')

영어 성경에서는 'barns'(창고)가 먼저 나오고, 'with grain'(곡식으로)이라는 단어가 나중에 나온다. 하지만 뒷부분에는 'vats'(포도즙 틀)보다 'new wine'(새 포도즙)이 먼저 나온다. 그리고 전반절에서는 동사인 'be filled'(가득 차고)가 가장 먼저 등장하지만, 후반절의 동사 'will be bursting'(넘치리라)은 맨 나중에 배치된다. 이것이 바로 한 문장 안에서 교차, 즉 순서를 뒤바꾼 경우에 해당된다.

다니엘서의 배열

독자들 가운데는 다니엘서의 이야기 배열 순서를 의아하게 생각하는 사람들이 있을 것이다. 다니엘서 가운데 아람어로 기록된 여섯 개 장의 개요를 배열해 보면 다음과 같다.

(A) 다니엘 2장에서는 느부갓네살 왕이 꾼 꿈을 다니엘이 해몽하는 이야기가 나온다. 그 꿈에 나타난 신상과, 신상을 구성하는 네 부분이 언급되는데, 그것은 장차 나타날 네 나라를 의미한다.

(B) 다니엘 3장에서는 느부갓네살 왕이 만든 신상 앞에 절하지 않은 다니엘의 세 친구가 맹렬한 풀무 불에 던져지지만 살아남는다.

(C) 다니엘 4장에서는 느부갓네살 왕이 교만하여지고 하나님께 징계받아 짐승처럼 살다가 다시 구원을 받는다.

(C') 다니엘 5장에서는 벨사살 왕이 연회를 베풀고 하나님의 전에서 사용되던 그릇들로 술을 마시다가 하나님께 징벌을 받는다.

(B') 다니엘 6장에서는 바사의 왕 다리오가 어떤 신에게도 절하거나 기도하지 못하게 하는 법령을 만들지만 다니엘이 이에 굴하지 않자 잡혀서 사자 굴에 들어가나 살아남는다.

(A') 다니엘 7장에서는 다니엘이 환상 가운데 네 짐승이 나타나는 것을 보는데, 그 네 짐승은 장차 나타날 네 나라를 의미한다.

이 여섯 가지 이야기를 2장과 7장, 3장과 6장, 4장과 5장으로 묶어 보면 비슷한 주제로 묶을 수 있다는 것을 쉽게 알 수 있다. 따라서 이 여섯 개의 장은 교차대구법으로 잘 설명될 수 있다.

다니엘 2장과 7장의 주제는 앞으로 전개될 '하나님의 나라'에 대한 예언이다. 다니엘 3장과 6장의 주제는 '하나님의 백성'이 직면하게 될 고난이다. 그리고 다니엘 4장과 5장의 주제는 '세상'의 왕들을 통해 세상 안에서 작동되고 있는 원리를 보여 준다. 이렇게 분석해 보면 1장에서 살펴본 선교적 트라이앵글의 세 가지 요소, 즉 '하나님', '하나님의 백성', '세상'과 잘 맞아떨어진다.

【 다니엘서의 교차대구법 】

다니엘 8장부터 다시 히브리어로 기록되는데, 8-12장에는 세 가지 환상이 등장한다(8장, 9장, 10-12장). 다니엘 7장 내용은 일반적으로 환상으로 분류되지만, 아람어로 기록된 소책자에도 속하는 이중적 성격을 띤다. 다니엘 7장은 앞으로 전개될 다른 환상들의 도입부 역할을 하는데, 7장의 환상을 포함한 네 가지 환상의 주제는 '종말의 비밀'이다. 종말에 나타날 하나님, 하나님의 백성, 그리고 세상의 관계는 앞에서 본 선교적 트라이앵글과 조금 다른 모습을 보인다. 이에 대해서는 3부에서 자세히 설명할 것이다.

다니엘 1-12장을 하나의 도표로 만들어 보면 다음과 같다.

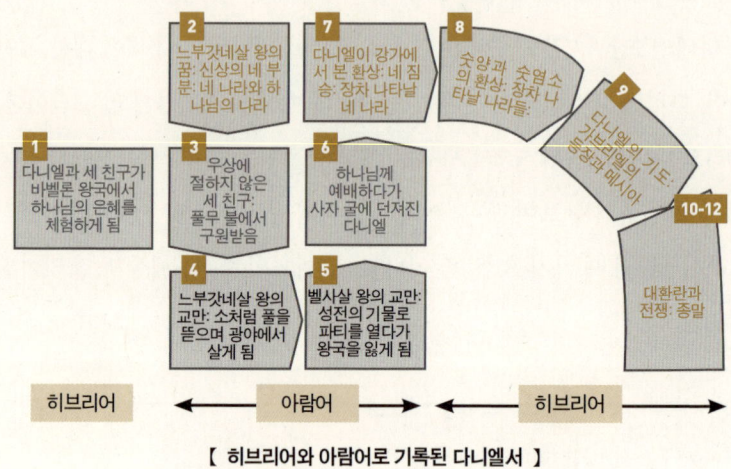

【 히브리어와 아람어로 기록된 다니엘서 】

이 도표는 필자의 독창적인 분석이라기보다 미국의 '바이블 프로젝트'(Bible Project)라는 단체에서 만든 '다니엘서 다이어그램'을 토대로 재구성한 것임을 밝혀 둔다.

이 표를 부연 설명하면 다음과 같다. 다니엘 1장은 다니엘서 전체에 대한 일종의 도입부라 할 수 있다. 다니엘과 그의 친구들이 어떻게 바벨론에 가게 되었으며 어떤 일들이 진행되고 있었는지를 알 수 있도록 따로 떼어 표시했다. 다니엘 2-7장은 앞서 언급한 것처럼 당시 제국의 언어인 아람어로 기록되어 있는데, 이것은 마치 만국 사람들이 읽고 하나님의 목적을 이해할 수 있도록 하는 독립된 소책자처럼 보인다. 반면 다니엘 8-12장은 히브리어로 기록되어 있다. 따라서 히브리어를 모르는 사람들에게는 비밀문서처럼 보일 수도 있지만 이 부분은 하나님 나라의 도래와 관련된 종말에 대한 비밀스러운 내용들이 역사적 사건들과 관련하여 여러 가지 상징으로 표현되어 있는 대표적인 묵시 문학에 해당된다.

5장
비자발적으로 간 이방 땅
_ 다니엘 1장

이제부터 본격적으로 다니엘서 본문을 다루려고 한다. 다니엘 1장은 다니엘서 전체의 도입부라고 할 수 있다. 그래서 2부와 3부에서 집중적으로 다니엘서를 다루기 전 다니엘 1장을 1부에서 다룰 것이다.

앞으로 같은 형식으로 진행될 것이기 때문에 먼저 밝혀 두자면, 보통 다니엘서 주석들은 각 장마다 본문 전체를 인용하지만 이 책에서는 다니엘서 본문을 모두 게재하지 않고 요약으로 대신하고자 한다.

다니엘 1장

유다왕 여호야김 시대에 느부갓네살 왕이 예루살렘을 침공하여 하나님의 성전에 있는 기물들을 바벨론으로 옮기고, 쓸 만한 젊은이들도 바벨론으로 데려 간다. 그 가운데 다니엘과 세 명의 친구가 있다.

그들에게는 모든 것이 이미 정해져 있다. 그들이 해야 할 공부, 그들이 먹어야 할 음식, 그들의 이름조차 모두 바벨론 식으로 바뀐다. 하지만 다니엘과 친구들은 하나님의 백성이라는 정체성을 버리지 않는다. 그들은 왕의 음식을 먹지 않고 채식을 하기로 하는데, 그것은 매우 위험한 모험이었다.

환관장은 너그럽게도 다니엘과 친구들의 청을 들어주고, 그 결과 그들은 하나님의 은혜로 왕의 기름진 음식을 먹은 다른 소년들보다 훨씬 좋은 몸을 갖게 된다. 그뿐 아니라 그들의 학문과 지혜도 다른 소년들에 비해 월등했다. 그래서 다니엘과 친구들은 궁중에서 임금을 섬기게 된다.

예언대로

다니엘과 친구들이 바벨론으로 끌려간 시기에는 새로 일어난 바벨론 제국이 앗수르 제국을 무너뜨리고 중근동 지역에서 영토를 확장하고 있었다. 이스라엘 남쪽에는 오래전부터 중동의 강대국인 애굽이 있었다. 언제나 그렇듯이 두 강대국 사이에 끼어 있는 나라의 운명은 마치 시계추처럼 이쪽의 영향 아래 있다가 다시 저쪽의 영향 아래 있기를 반복하게 된다. 이때 판단을 제대로 하면 편안한 신세가 되지만 판단을 잘못해서 엉뚱한 곳에 붙게 되면 후유증이 이만저만한 것이 아니었다. 당시 유다의 신세는 불행하게도 후자였다. 느부갓네살 왕이 유다를 침공하고 다니엘과 친구들을 바벨론으로 데려간 시기는 주전 605년경으로 추정된다.

애굽은 해마다 나일강이 범람하면서 가져다주는 비옥함 덕분에 오랫동안 중동 지역에서 강대국의 지위를 유지하고 있었다. 하지만 신 바벨론이 새로운 세력으로 등장하던 주전 7세기 중반에는 국운이 기울고 있었다. 유다 조정은 여전히 대대로 강대국이던 애굽을 의지해야 한다는 파와, 신흥 강대국인 바벨론을 의지해야 한다는 파로 나뉘었다. 이럴 때 결국 결정을 해야 하는 것은 왕의 몫이다. 그리고 왕이 현명한 결정을 내리지 못하면 모든 백성의 운명은 한순간에 나락으로 떨어져 버린다.

　주변 나라들은 대부분 신흥국의 힘이 얼마나 되는지 잘 알지 못한다. 역사 속에 나타난 새로운 국가들은 이전에 경험해 본 적이 없기 때문에 상상할 수 없는 힘을 발휘할 때가 많다. 중동의 새로운 세력으로 부상한 바벨론의 힘은 애굽이 강성할 때 발휘하던 힘과는 비교가 되지 않았다. 하지만 유다는 바벨론의 힘을 과소평가하고 있었다.

　사울 왕에서 시작된 이스라엘의 통일 왕국은 솔로몬 왕 때에 전성기를 거친 후 남북으로 분열되는데, 유다는 남쪽 이스라엘을 지칭하는 이름이다. 솔로몬의 아들 르호보암의 어리석은 판단으로 인해 유다 지파와 베냐민 지파만 남쪽에 남고 다른 열 지파는 북이스라엘로 떨어져 나갔다. 북이스라엘은 쿠데타로 인해 왕조가 계속 바뀌는 반면, 남유다는 다윗 왕의 후손으로 이어지는 순탄한 왕위 계승 과정을 거쳤다.

　남유다의 왕조는 북이스라엘보다 순탄해 보였지만 북쪽의 바벨론과 남쪽의 애굽 사이에서 줄타기를 하며 힘든 시간을 보내야만 했다. 특히 유다 왕조의 후반기로 가면 팔레스타인의 정세는 더욱 불안해지고 왕들의 재위 연수도 매우 짧아 몇 개월만 왕위에 있는 왕들도 등장한다. 유다의 왕들을 열거하면 다음과 같다.

솔로몬의 아들 르호보암이 유다의 왕이 된 것은 주전 950년경이다. 그 뒤를 이어 아사, 여호사밧, 여호람, 여호아하스, 요아스, 아마샤, 웃시야, 요담, 아하스, 히스기야 왕으로 이어지는데, 히스기야 왕 때 북왕국 이스라엘이 앗수르에 멸망당한다.

그 후 유다 왕국의 왕좌는 므낫세, 아몬, 요시야로 이어지는데, 요시야 왕이 재위에 오른 것은 주전 640년이었다. 요시야 왕은 산당을 제거하고 성전을 수리하는 등 유다의 부흥을 위해 노력했지만 애굽의 느고 왕과의 전쟁을 위해 므깃도에 갔다가 고국으로 돌아오지 못하고 죽고 만다. 그 후 여호아하스, 여호야김, 여호야긴, 시드기야 왕 때에 이르러 바벨론에 의해 예루살렘이 함락되는 비운을 맞보게 된다.

당시에 유대 민족을 위해 예언한 선지자는 이사야와 예레미야와 에스겔이었다. 이들은 이스라엘 백성이 어떻게 해야 할지를 여러 번 경고했지만 그들은 선지자들의 말에 귀를 기울이지 않았다.

> 또 네게서 태어날 자손 중에서 몇이 사로잡혀 바벨론 왕궁의 환관이 되리라 하셨나이다 하니(사 39:7).

> 그러므로 만군의 여호와께서 이와 같이 말씀하시니라 너희가 내 말을 듣지 아니하였느니라 보라 내가 북쪽 모든 종족과 내 종 바벨론의 왕 느부갓네살을 불러다가 이 땅과 그 주민과 사방 모든 나라를 쳐서 진멸하여 그들을 놀램과 비웃음거리가 되게 하며 땅으로 영원한 폐허가 되게 할

것이라 여호와의 말씀이니라(렘 25:8-9).

다니엘 1장에 나오는 다니엘과 친구들의 운명은 이미 이사야 선지자와 예레미야 선지자가 예언한 내용, 즉 느부갓네살 왕이 쳐들어와 예루살렘을 폐허로 만들고 주민들을 사로잡아 바벨론으로 끌고 가서 몇은 환관으로 바벨론의 왕을 섬길 것이라는 예언의 내용과 정확히 일치한다.

비자발적으로 간 선교 모델

다니엘을 '선교사'라고 부르는 사람들을 종종 만난다. 다니엘을 선교사라고 부르는 사람들은 아마도 다니엘이 바벨론이라는 타문화에서 하나님을 알렸다는 것 때문에 그렇게 부르는 것 같다. 하지만 필자는 다니엘을 선교사라고 부르는 것이 어색하다.

역사적으로 '선교사'라는 용어는 17세기에 처음 등장했다. 자국의 식민지 영토에 포교하러 가는 스페인과 포르투갈의 가톨릭 사제들을 라틴어로 '보냄받았다'는 뜻의 '미씨오'(*missio*)라고 불렀다. 그것이 후에 영어 'missionary'의 어원이 된 것이다. 후대에 등장한 타이틀로 역사 속 인물을 설명하는 것은 마치 현재의 대통령을 조선 시대의 왕으로 설명하는 것처럼 억지 주장으로 보인다.

사실 선교 역사를 보면 선교사라는 호칭과 상관없이 자신이 처한 환경에서 그리스도를 증거한 하나님의 백성이 많다. 예를 들어 열왕기하 5장을 보면 나아만 장군 집에 잡혀간 한 여자아이가 나오는데, 그 소녀는 종으로 지내면서도 불치의 병으로 고생하는 자기 주인이 하나님을 알고 예배하게 하는 데 중요한 역할을 담당한다. 우리는 여자아이의 모습에서 선교라고 할 만한 광경을 목격할 수 있다. 따라서 다니엘을 굳이 '선교사'라고 부르지 않더라도 그가 이방에서 하나님의 이름을 알리고 그곳 사람들에게 하나님을 예배하도록 도운 점을 '선교'(missions)로 인정하는 것은 충분히 설득력 있어 보인다.

선교의 대가인 랄프 윈터 박사는 선교 역사를 네 가지 모델로 분석한다. 가는 모델과 오는 모델, 그리고 각 모델에서 자발적 모델과 비자발적 모델을 조합하여 '자발적으로 간 모델', '비자발적으로 간 모델', '자발적으로 온 모델', '비자발적으로 온 모델'로 나누는 것이다. 이 네 가지 모델을 조금 더 부연해서 설명해 보겠다.

'자발적으로 간 모델'이란 다른 민족에게 하나님을 알리기 위해 의도적으로 나아간 경우를 말한다. 아마도 아브라함이 가장 대표적인 예일 것이다. 하나님은 아브라함으로 하여금 의도적으로 자기 고향을 떠나 이방인들 사이에서 살게 하셨다. 이처럼 자발적으로 가는 선교 모델은 그 후 선교 역사 속에서도 많이 등장한다.

'비자발적으로 간 모델'이란 자신이 의도한 것은 아니지만 결과적으로 다른 민족들 사이에 살면서 하나님이 누구신지를 알게 한 경우를 말한다. 아마도 창세기에 나오는 요셉이 비자발적으로 간 선교 모델의 예라고 할 수 있을 것이다. 그는 형제들에 의해 애굽으로 팔려 갔다. 하지만 결과적으로 요셉을 통해 애굽의 왕 바로를 포함하여 많은 사람이 하나님이 어떤 분인지 알게 되었다. 열왕기하 5장에 나오는 나아만 장군 집의 이스라엘 여자 종의 경우도 비자발적으로 간 모델에 포함될 수 있다.

'자발적으로 온 모델'로는 솔로몬 왕의 소문을 듣고 찾아 온 시바의 여왕을 들 수 있다. 그 여왕은 솔로몬이 지혜로운 왕이라는 소문을 듣고 예루살렘을 방문하여 하나님에 대해 듣게 된다. 시바의 여왕이 예루살렘을 방문한 이야기는 신약의 사건과도 연결된다. 사도행전에는 에디오피아 여왕의 내시가 예루살렘에 찾아온 이야기가 기록되어 있다. 그는 유대교로 개종한 사람으로 여호와를 적극적으로 찾고 있었다. 심지어 수레에서 이사야 53장을 묵상하며 그곳에 기록된 '고난받는 종'이 누구인지 궁금해하기도 했다.

'비자발적으로 온 모델'이란 의도한 것은 아니지만 이방인들이 다른 목적으로 하나님의 백성에게 오게 되고, 결과적으로 하나님을 알게 되는 경우를 말한다. 예를 들어 일자리를 찾기 위해 한국에 왔다가 예수님을 알게 된 외국 근로자들의 경우, 이들이 하나님을 만나기 위해 한국에 온 것은 아니지만 한국에 와서 주님을 알게 되었다면 비자발적으로 온 모델이라고 할 수 있다.

그렇다면 다니엘과 친구들이 바벨론으로 끌려간 것은 '비자발적으로 간 모델'에 해당한다고 말할 수 있다. 하나님은 이들을 통해 바벨론의 왕과 신하들, 그리고 백성들에게 하나님이 어떤 분인지를 드러내셨다.

하나님의 백성이라는 정체성

어떤 사람들은 다니엘과 친구들이 고위 관직에 올라 호위호식하며 바벨론 생활과 성공을 즐긴 것처럼 생각하지만, 실상 그들은 자기 나라를 멸망시킨 나라에 잡혀 와 패전국의 포로로 사는 신세였다. 시편 137편을 보면 바벨론에서 살고 있던 유대인들의 생활이 얼마나 힘들고 고통스러웠는지를 느낄 수 있다.

> 우리가 바벨론의 여러 강변 거기에 앉아서 시온을 기억하며 울었도다 그 중의 버드나무에 우리가 우리의 수금을 걸었나니 이는 우리를 사로잡은

자가 거기서 우리에게 노래를 청하며 우리를 황폐하게 한 자가 기쁨을 청하고 자기들을 위하여 시온의 노래 중 하나를 노래하라 함이로다 우리가 이방 땅에서 어찌 여호와의 노래를 부를까 예루살렘아 내가 너를 잊을진대 내 오른손이 그의 재주를 잊을지로다 내가 예루살렘을 기억하지 아니하거나 내가 가장 즐거워하는 것보다 더 즐거워하지 아니할진대 내 혀가 내 입천장에 붙을지로다 여호와여 예루살렘이 멸망하던 날을 기억하시고 에돔 자손을 치소서 그들의 말이 헐어 버리라 헐어 버리라 그 기초까지 헐어 버리라 하였나이다 멸망할 딸 바벨론아 네가 우리에게 행한 대로 네게 갚는 자가 복이 있으리로다 네 어린 것들을 바위에 메어치는 자는 복이 있으리로다(시 137:1-9).

바벨론 제국을 통치하는 왕의 권력 아래서 패전국의 젊은이들이 자신의 의지대로 할 수 있는 것은 아무것도 없었다. 그들이 무엇을 먹을지는 왕이 정해 주었다. 그들의 이름도 더는 히브리 이름인 다니엘, 하나냐, 미사엘, 아사랴가 아니라 바벨론 이름인 벨드사살, 사드락, 메삭, 아벳느고로 정해졌다. 그들이 어떤 공부를 해야 할지, 어떤 일을 해야 할지, 모든 것이 정해져 있었다. 하지만 다니엘과 친구들은 그 가운데서 자신들이 정할 수 있는 것이 있음을 발견하고 조심스럽게 그것을 실천했다.

다니엘 1장에서 가장 주목해야 할 것은 바로 다니엘과 친구들이 왕의 음식을 먹지 않기로 정한 것이다.

다니엘은 뜻을 정하여 왕의 음식과 그가 마시는 포도주로 자기를 더럽히지 아니하리라 하고 자기를 더럽히지 아니하도록 환관장에게 구하니(단 1:8).

왕이 먹도록 정해 준 음식을 거절하는 것은 당당하게 할 수 있는 일이 아니었다. 다니엘과 친구들은 아주 조심스럽게 자신들을 관리하는 감독관에게 부탁하였다. 그런데 그 제안이 성공적으로 받아들여졌다. 모든 것이 지배국 왕의 명령에 의해 정해지고 그 명령을 따라야만 하는 다니엘과 친구들에게 그들이 정할 수 있는 것이 있다는 사실이 얼마나 대단한 것이었을까!

성경에는 다니엘과 친구들이 바벨론을 뒤집어엎거나, 용맹하게 반항하다가 목숨을 버린 영웅으로 묘사되어 있지 않다. 우리는 다니엘과 친구들이 자신들이 처한 상황에서 할 수 있는 아주 작은 시도밖에 할 수 없었음을 기억해야 한다. 그들은 바벨론 땅에서 포로 된 몸으로 어떻게 살아야 할지를 많이 고민했을 것이다. 하지만 하나님은 이미 선지자들을 통해서 바벨론에 끌려간 이스라엘 백성이 어떻게 살아야 할지를 분명하게 알려 주셨다. 예레미야 29장 4-7절에 이렇게 기록되어 있다.

> 만군의 여호와 이스라엘의 하나님께서 예루살렘에서 바벨론으로 사로잡혀 가게 한 모든 포로에게 이와 같이 말씀하시니라 너희는 집을 짓고 거기에 살며 텃밭을 만들고 그 열매를 먹으라 아내를 맞이하여 자녀를 낳으며 너희 아들이 아내를 맞이하며 너희 딸이 남편을 맞아 그들로 자녀를 낳게 하여 너희가 거기에서 번성하고 줄어들지 아니하게 하라 너희는 내가 사로잡혀 가게 한 그 성읍의 평안을 구하고 그를 위하여 여호와께 기도하라 이는 그 성읍이 평안함으로 너희도 평안할 것임이라.

다니엘과 친구들이 왕의 음식을 거절하고 채소와 물만 먹었다는 것이 무엇을 의미하는지에 대해 다양한 의견이 있다. 예를 들어 시편 141편 4절에는 악한 자들의 진수성찬을 먹지 않게 해달라는 다윗의 기도가 나온다.

아마도 다니엘과 친구들이 왕의 음식을 거절한 것은 이런 마음이었을지 모른다. 하지만 분명한 것은 그들이 하나님의 백성이라는 자신의 정체성을 잃지 않으려고 노력했다는 점이다.

세상에서 그리스도인으로 살아간다는 것은 세상이 정해 준 제도 안에서 살 수밖에 없음을 의미한다. 세상에 있다는 것 때문에 때로는 부당한 일들을 당하지만, 우리는 그 부당한 일이 벌어지는 체제를 수용할 수밖에 없다. 그렇다고 해서 세상 가운데 살면서 하나님의 백성이라는 정체성을 잃어서도 안 된다.

고립과 동화

다니엘과 친구들이 바벨론에서 경험한 것처럼, 타문화에 복음을 전하기 위해 자발적으로 간 선교사들도 현지인과의 완전한 '동화'(assimilation)와 완전한 '고립'(isolation) 사이에서 갈등한다.

'동화'란 자기의 정체성을 잃어버리고 현지인들과 완전히 같아지는 것을 뜻한다. 〈늑대와 함께 춤을〉(Dance with wolves)이라는 영화에서 미군 중위 존 덴버(케빈 코스트너 분)가 취한 태도가 완전한 동화에 해당된다. 그는 우연히 자신이 근무하는 경비 초소를 찾아온 인디언들과 친해지고, 그들의 공동체를 방문한다. 어릴 때부터 그 인디언 마을에 와 있던 백인 여자와 사랑에 빠지면서 덴버 중위는 서서히 미 육군 기병대 장교로서의 정체성을 버리고 인디언들에게 동화되어 간다. 마침 인디언을 토벌하려는 미국 군대가 인디언 공동체를 공격하러 왔을 때 그는 인디언들 편에 서서 미국 군대에 총격을 가한다. 존 덴버 중위는 인디언으로 동화되기 위해 자신의 동족을 배반한 것이다.

'고립'이란 자신의 정체성을 지키고 현지인들과 거리를 두는 경우를 말한다. 많은 서구 선교사가 선교지에서 현지인들과 떨어져 지내는 모습을 보였다. 그들은 현지인들의 위생 관념이나 비위생적인 행동을 매우 못마땅해했으며, 조선에 온 어떤 여자 선교사들은 조선 사람들이 자기 옆에 오는 것을 막기 위해 회초리를 들고 다니기도 했다.

완전한 동화와 완전한 고립의 양극단은 모두 문제가 있다. 완전한 동화란 자신의 정체성을 상실하는 것이다. 완전한 고립은 다른 민족들에게 하나님을 알리기 위한 존재적 삶을 포기하는 것이다. 다니엘과 친구들이 오늘날과 같은 선교사의 정체성을 가지고 있었다고 말할 수는 없지만, 타문화에서 하나님을 증거하는 사람으로서 완전한 동화와 완전한 고립 가운데 무엇을 선택할지는 고민했을 것이다. 그들은 완전한 동화도, 완전한 고립도 아닌 그 중간을 선택했다.

선교지의 문화나 윤리를 따르는 것이 혹시라도 기독교적인 기준을 떨어뜨리지는 않을지 우려하는 사람이 많다. 선교사도 육신을 가진 연약한 인간으로서 그렇게 사는 것이 쉬운 일은 아니다. 하지만 육신을 입고 이 땅에 오신 예수님은 우리에게 좋은 본을 보여 주셨다. 따라서 하나님의 백성은 동화와 고립의 중간 영역에서 살아야 한다.

PART TWO

2

하나님 나라의 비밀

영화를 볼 때 가끔 주인공들이 먹는 음식이나 입고 있는 옷에 신경을 쓰다가 영화에 집중하지 못하는 경우가 있다. 별로 중요하지 않은 장면 때문에 생각이 딴 데 팔려 영화가 이끌어 가는 주제에서 벗어난다면 안타까운 일일 될 것이다.

다니엘서에서 우리가 꼭 주목해야 할 것은 다니엘이 던져진 사자 굴이나 다니엘의 친구들이 들어간 풀무 불이 아니다. 다니엘서의 주제는 하나님이 이미 오래전부터 인간의 역사 속에서 이루시고자 한 그분의 의도를 밝히는 것이다. 이 하나님의 의도를 다니엘서는 "깊고 은밀한 일"(단 2:22)로 표현했으며, 사도 바울도 그의 서신에서 "비밀" 혹은 "하나님의 비밀"이라는 단어로 표현했다. 이 "깊고 은밀한 일"이야말로 하나님이 창세전부터 우리에게 알려 주고자 하신 그분의 목적이며, 구약의 다른 어떤 성경보다 다니엘서에 가장 잘 드러나 있다.

2부에서는 아람어로 기록된 다니엘 2-7장을 다룰 것이다. 2부에서 다룰 다니엘서의 여섯 장은 1부 4장에서 다니엘서의 구조에 대해 언급한 것처럼 교차대구법에 따라 다음과 같이 배열할 수 있다. 하지만 2부에서는 다니엘서 순서에 따라 2장부터 순차적으로 다룰 것이다.

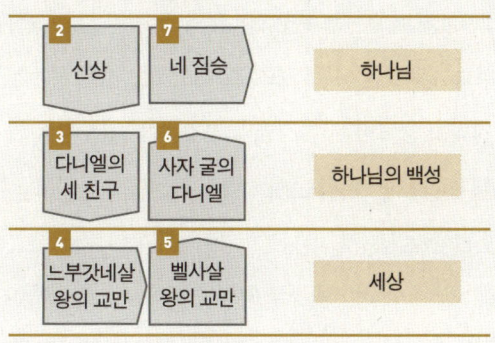

【 다니엘서의 교차대구법 】

    6장은 다니엘 2장에 나오는 느부갓네살 왕의 꿈에 나타난 신상과, 그 신상을 부서뜨리는 돌에 대해, 그리고 그 돌이 큰 산을 이루는 것에 대해 다니엘이 해석하는 이야기를 다룬다. 신상의 네 부분은 바벨론으로 시작되는 네 제국을 말하며, 돌로 시작되는 큰 산은 하나님의 나라를 의미한다.

    7장은 다니엘 3장에서 금 신상을 만들어 모든 사람에게 절하라고 한 느부갓네살 왕의 명령을 거역하여 풀무 불에 들어가는 다니엘의 세 친구 이야기를 다룬다. 느부갓네살 왕은 세 친구가 풀무 불에서 타죽지 않은 것을 보며 하나님의 살아 계심을 깨닫고 모든 사람에게 하나님의 위대하심을 선포한다.

8장은 다니엘 4장에 나오는 느부갓네살 왕의 또 다른 꿈 이야기를 다룬다. 느부갓네살 왕은 하늘까지 닿은 나무가 도끼로 베어지는 꿈을 꾸는데, 다니엘은 왕에게 교만하지 말라고 경고한다. 하지만 느부갓네살 왕은 결국 그 꿈대로 얼마 동안 짐승처럼 지내다가 하나님의 은혜로 다시 정상으로 돌아오고, 그 일로 하나님의 위대하심을 인정한다.

9장은 다니엘 5장에 나오는 벨사살 왕의 연회에서 손가락들이 나타나 벽에 쓴 글씨를 해석하는 다니엘의 이야기를 다룬다. 벨사살 왕의 교만을 징계하기 위해 하나님은 그날 밤 바사 군대로 하여금 바벨론을 점령하게 하신다.

10장은 다니엘 6장에서 다리오 왕의 금령을 두려워하지 않고 하나님께 기도하다가 사자 굴에 던져진 다니엘의 이야기를 다룬다. 다니엘 3장에 나오는 다니엘의 친구들처럼 다니엘도 사자 굴에 던져지지만 하나님의 보호로 살아남고, 다리오 왕은 다니엘을 구원하신 하나님을 찬양한다.

11장은 다니엘 7장에 나오는 다니엘의 첫 번째 환상을 다룬다. 다니엘이 본 환상인, 바다에서 올라온 네 마리의 짐승은 다니엘 2장에 등장하는 신상의 네 부분이 뜻하는 장차 등장할 네 나라와 같은 의미로 해석된다. 7장은 아람어로 기록되어 있지만 다니엘서 후반부에 나오는 네 가지 환상의 도입부이기도 해서 2부에서 일부를 다루고 나머지는 3부에서 다시 다루고자 한다.

6장
깊고 은밀한 일
_ 다니엘 2장

다니엘 2장은 아람어로 기록된 부분의 시작인 동시에 하나님이 모든 인류에게 알려 주시려는 그분의 목적을 분명하게 드러내는 장이기도 하다. 재미있게도 하나님은 그 놀라운 하나님의 목적을 느부갓네살 왕의 꿈을 통해 보여 주신다.

다니엘 2장

바벨론 제국의 통치자 느부갓네살 왕이 어느 날 꿈을 꾼다. 옛날 왕들은 꿈을 중요하게 생각했다. 꿈을 통해 전쟁과 기근, 혹은 자신을 둘러싸고 일어나는 궁중의 음모들을 발견할 수 있다고 믿었기 때문이다. 따라서 궁전에는 언제나 왕의 꿈을 해석하는 신하들이 있었고, 다니엘과 그의 친구들도 그런 임무를 수행하는 사람이었다.

다니엘 2장에 나오는 느부갓네살 왕의 꿈 이야기는 매우 특이하다. 우선 느부갓네살 왕은 자신이 꾼 꿈을 신하들에게 해석해 달라고 하면서도 그 꿈의 내용을 알려 주지 않는다. 자신이 꾼 꿈을 맞추어 보라고 하자 신하들은 당황해하며 왕이 꿈을 알려 주시면 자신들이 해석하겠다고 대답한다. 왕은 신하들에게 자신이 꾼 꿈이 무엇인지 맞추지 못하면 죽이겠다고 협박하지만 왕이 꾼 꿈이 무엇인지 맞출 능력을 가진 사람은 아무도 없었다.

이때 다니엘이 왕의 신하에게 나아가 자신에게 시간을 주면 왕의 꿈을 맞추고 해석까지 하겠노라고 말한다. 그리고 다니엘은 집으로 돌아와 친구들과 함께 왕이 꾸었다는 꿈의 내용과, 그 꿈의 의미를 알게 해달라고 하나님께 기도한다. 하나님은 다니엘의 기도에 응답해 주셨는데, 다니엘서는 느부갓네살 왕이 꾼 꿈의 내용을 "깊고 은밀한 일"(단 2:22)이라고 표현한다.

다니엘이 기도를 통해 알게 된 꿈의 내용은 이렇다. 꿈에서 왕은 큰 신상을 보았는데, 신상은 모두 네 부분으로 되어 있었다. 맨 위 머리 부분은 금, 가슴과 두 팔은 은, 배와 넓적다리는 놋, 종아리는 쇠로 되어 있었고, 발에는 쇠와 흙이 섞여 있었다. 그런데 갑자기 하늘에서 돌이 날아와 신상을 쳐서 모두 부서뜨렸다. 그리고 그 돌은 큰 산을 이루었다.

다니엘은 왕이 꾼 꿈을 정확하게 맞출 뿐 아니라 왕에게 꿈의 의미까지 해석해 준다. 금은 느부갓네살 왕이며, 다른 금속들은 앞으로 일어날 나라들인데, 공중에 뜨인 돌이 모두 부서뜨리고 영원히 없어지지 않는 하나님의 나라가 세워질 것이라며 느부갓네살 왕에게 꿈의 내용을 들려준다.

다니엘은 이처럼 왕의 꿈을 해석할 수 있는 것은 자신의 능력이 아니라 자신이 믿는 하나님이 주신 능력 때문이라고 덧붙인다. 느부갓네살 왕은 다니엘의 해석을 매우 만족스러워한다. 왕은 인간으로서는 누구도 자기가 꾼 꿈이 무엇인지를 알아맞힐 수 없다는 것을 이미 알고 있었다. 느부갓네살 왕은 다니엘의 말대로 다니엘 자신의 능력으로 꿈과 의미를 알게 된 것이 아니라 다니엘이 믿는 하나님이 그렇게 하셨다는 것을 받아들인다. 그리고 다니엘이 믿는 하나님이야말로 참된 신이며 모든 왕의 주재시며, 은

밀한 것을 나타내실 수 있는 분이라고 고백한다. 왕은 다니엘에게 큰 상을 내려 궁전에서 섬기게 하고 다니엘의 친구들을 지방 관리로 삼는다.

강력한 광물들로 상징되는 네 나라

바벨론 제국을 호령하는 느부갓네살 왕 앞에서도 다니엘은 전혀 주눅 들지 않고 명쾌하게 왕의 꿈을 해석했다. 다니엘은 왕이 꿈에서 본 신상이 머리

부분인 금에서 시작하여 아래로 갈수록 가치가 떨어지는 광물로, 나중에는 매우 가치가 낮은 쇠와 흙이 섞인 광물로 이루어진 것에 대해 순차적으로 해석해 주었다. 다니엘서에서 관련된 내용을 직접 살펴보자.

> 그 꿈이 이러한즉 내가 이제 그 해석을 왕 앞에 아뢰리이다 왕이여 왕은 여러 왕들 중의 왕이시라 하늘의 하나님이 나라와 권세와 능력과 영광을 왕에게 주셨고 사람들과 들짐승과 공중의 새들, 어느 곳에 있는 것을 막론하고 그것들을 왕의 손에 넘기사 다 다스리게 하셨으니 왕은 곧 그 금 머리니이다 왕을 뒤이어 왕보다 못한 다른 나라가 일어날 것이요 셋째로 또 놋 같은 나라가 일어나서 온 세계를 다스릴 것이며 넷째 나라는 강하기가 쇠 같으리니 쇠는 모든 물건을 부서뜨리고 이기는 것이라 쇠가 모든 것을 부수는 것같이 그 나라가 뭇 나라를 부서뜨리고 찧을 것이며 왕께서 그 발과 발가락이 얼마는 토기장이의 진흙이요 얼마는 쇠인 것을 보셨은즉 그 나라가 나뉠 것이며 왕께서 쇠와 진흙이 섞인 것을 보셨은즉 그 나라가 쇠 같은 든든함이 있을 것이나 그 발가락이 얼마는 쇠요 얼마는 진흙인즉 그 나라가 얼마는 든든하고 얼마는 부서질 만할 것이며 왕께서 쇠와 진흙이 섞인 것을 보셨은즉 그들이 다른 민족과 서로 섞일 것이나 그들이 피차에 합하지 아니함이 쇠와 진흙이 합하지 않음과 같으리이다 (단 2:36-43).

바벨론은 엄청난 힘으로 주변 국가들을 정복했다. 바벨론 이전에 앗수르가 있었지만 바벨론에 비하면 상대가 되지 않았다. 느부갓네살 왕의 꿈에 나타난 신상의 맨 윗부분이 '금'이라는 것은 느부갓네살 왕의 절대적 왕권을 의미하는 것으로 추측된다. 느부갓네살 왕이 가지고 있던 왕권은 감히 누구도 도전할 수 없던 것으로 보인다. 그런 면에서 느부갓네살 왕이 신상의 맨 윗부분에 있는 금으로 해석된 것은 매우 적절해 보인다.

둘째 나라와 셋째 나라에 대해서는 다니엘이 어느 나라라고 확정하여 말하지 않았다. 어떤 사람들은 둘째 나라를 메대(메디아)로, 셋째 나라를 바사(페르시아)로 말하는 한편, 어떤 학자들은 둘째 나라를 메대를 포함한 바사로, 셋째 나라를 헬라 제국으로 추측하는데, 나름대로 설득력이 있다.

하지만 이 책의 목적은 그런 학자들의 의견을 비평하거나 분석하는 데 있지 않다. 이 책은 독자들로 하여금 다니엘서를 어떻게 선교적으로 읽을 수 있을지를 돕는 책이다. 따라서 이 책에서는 신상의 각 부분을 해석하는 데 있어 교회가 전통적으로 해석해 온 견해를 따르려고 한다. 교회의 전통적인 견해는 둘째 나라를 메대와 바사로, 셋째 나라를 헬라로 본다. 그렇게 되면 자연스럽게 넷째 나라는 로마 제국이 된다. 이 견해를 따르면 로마 제국과 그리스도의 오심, 그리고 그리스도의 오심으로 시작된 교회가 로마 제국 안에서 확장되어 갔다는 사실과 잘 들어맞는다.

바사는 바벨론을 무찌르고 대제국이 되었다. 강력한 국가라는 면에서 바사는 바벨론을 앞섰지만 왕의 권한만 생각한다면 바사 왕의 권한은 바벨론 왕의 것만 못하였다. 다니엘은 이것을 다니엘 2장 39절에서 "왕을 뒤이어 왕보다 못한 다른 나라가 일어날 것이요"라고 표현하였다.

그런 면에서 신상의 둘째 부분, 즉 바사에 해당하는 부분을 은으로 표현한 것은 적절해 보인다. 셋째 헬라 제국은 민주적인 사고방식을 지닌 그리스인들에게 영향을 받아서인지, 동방에 있던 바벨론이나 바사의 전제 군주가 누린 왕권에 비해 왕의 권한이 비교적 약해 보였다. 오랫동안 그리스인들은 강력한 왕이 통치하는 큰 나라보다는 시민들이 직접 결정하는 작은 도시 국가 형태로 유지되어 왔으며, 그리스의 도시 국가들 가운데서도 가장 대표적인 아테네는 21세기 민주주의와 매우 유사한 투표 방식을 통해 지도자를 뽑았다. 후에 마케도니아 출신의 알렉산드로스 대왕이 바사(페르시아)를 정복하고 바사보다 넓은 제국을 다스렸지만 왕으로서 그의 권한은 바사 왕과는 비교가 되지 않게 제한적이었다. 바사의 수도를 점령했을 때 알렉산드로스 대왕은 바사 왕이 누린 호사에 눈이 휘둥그레졌다고 한다.

헬라 제국에 이어 등장한 로마 제국은 그전에 있던 어느 민족도 경험하지 못한 강력한 나라였다. 매우 민주적인 것 같으면서도 완벽에 가까운 시스템으로 돌아가는 로마 제국의 운영 체제는 2,000년이 지난 지금 생각해봐도 놀랍기만 하다. 하지만 '카이사르'라고 불린 국가 최고 지도자는 (우리가 비록 '황제'라고 부르지만) 엄밀한 의미에서 군대의 '총수'를 뜻했으며, 국정 최상부에는 '원로원'이라는 엄청난 세력이 존재하고 있어서 중요한 국정을 수행할 때면 황제는 원로원의 눈치를 봐야만 했다. 그런 면에서 느부갓네살 왕의 꿈에 나온 신상에서 넷째 부분에 속하는 나라인 로마 제국을 철로 비유한 것은 매우 적절해 보인다. 이것을 간단하게 다음 표로 요약할 수 있다.

느부갓네살 왕이 꿈에서 본 신상의 네 부분	관련 제국
머리: 금	바벨론 제국
가슴과 팔: 은	바사 제국
배와 넓적다리: 놋쇠	헬라 제국
종아리와 발: 쇠와 진흙	로마 제국

돌 하나에서 시작되는 하나님의 나라

느부갓네살 왕이 꾼 꿈의 절정은 사람의 손으로 만들어지지 않은 '돌' 하나가 공중에서 날아와 신상을 부서뜨리는 장면이다. 그 돌은 신상을 부서뜨리고 사라지는 것이 아니라 점점 커지더니 산을 이루었다.

왕의 꿈에 등장하는 여러 광물 가운데 돌만큼 가치 없는 것이 또 있을까? 그것도 멋진 조각품의 재료가 되는 그리스의 대리석 같은 돌이 아니다. 길이나 들판에 굴러다니는, 인간의 손길이 전혀 닿지 않은 돌이라면 그 가치는 거의 제로라고 할 수 있다. 오히려 건축자들이 건물을 짓거나 농부들이 밭을 갈 때 그런 돌들은 방해가 된다고 생각해 멀리 던져 버릴 것이다.

성경에는 이처럼 가치 없는 돌에 비유된 분이 있다. 바로 예수님이다. 시편 기자는 예수 그리스도를 돌로 표현하고 있다.

건축자가 버린 돌이 집 모퉁이의 머릿돌이 되었나니(시 118:22).

예수님은 이 시편을 복음서에 여러 번 인용하셨고, 사도 베드로도 사도행전에서 예수님이 머릿돌이 되셨다고 선포한다.

이 예수는 너희 건축자들의 버린 돌로서 집 모퉁이의 머릿돌이 되었느니라(행 4:11).

그런데 그렇게 시작한 돌이 산을 이루었다. 이 부분을 다니엘은 이렇게 해석하고 있다.

이 여러 왕들의 시대에 하늘의 하나님이 한 나라를 세우시리니 이것은 영원히 망하지도 아니할 것이요 그 국권이 다른 백성에게로 돌아가지도 아니할 것이요 도리어 이 모든 나라를 쳐서 멸망시키고 영원히 설 것이라 손대지 아니한 돌이 산에서 나와서 쇠와 놋과 진흙과 은과 금을 부서뜨린 것을 왕께서 보신 것은 크신 하나님이 장래 일을 왕께 알게 하신 것이라 이 꿈은 참되고 이 해석은 확실하니이다 하니 (단 2:44-45).

그리스도인이라면 의심의 여지 없이 여기서 말하는 '하나님이 세우실 한 나라'가 예수 그리스도로 시작되는 하나님의 나라라는 것을 쉽게 알 수 있을 것이다.

다니엘의 해석은 이 나라에 대해 다음 네 가지를 이야기하고 있다.

◆ 영원히 멸망하지 않을 것이다.
◆ 국권이 다른 백성에게로 돌아가지 않을 것이다.
◆ 모든 나라를 쳐서 멸망시킬 것이다.
◆ 영원히 설 것이다.

예수 그리스도께서 오시기 전에는 이런 나라가 없었다. 다니엘 3장을 보면 느부갓네살 왕은 자기 권력이 영원할 것처럼 생각하고 금으로 신상을 만들어 모든 민족으로 하여금 그 신상에 절하게 했다. 하지만 그의 나라는 100년도 채 되지 않아 바사 제국에 멸망당하고 말았다. 바사도 대제국의 화려함을 꿈꾸었지만 200년 만에 역사의 무대에서 사라졌다. 헬라 제국도 200년 이상 오리엔트 지역과 애굽을 호령했지만 그 후에 등장한 로마 제국에 자리를 양보해야 했다. 강력하고 효율적인 국가 시스템을 자랑하던 로마 제국도 이민족의 공격을 받고 결국 역사 속에서 사라졌다. 하지만 예수 그리스도로 시작된 하나님 나라는 화려한 군대나 권력, 엄청난 부 없이도 이제까지 존속해 왔고 앞으로도 영원히 존속할 것이다. 아멘!

목숨을 내놓을 만큼 중한 것(something to die for)

다니엘서에 등장하는 가장 멋진 장면은 바로 다니엘 2장에서 다니엘과 친구들이 하나님에게서 "깊고 은밀한 일"의 의미를 알게 되는 순간이다. 다니엘과 그의 친구들은 패전국 출신으로 적국에 끌려와 적국의 왕을 섬기고 있었다. 그들은 자신의 고향에서 불리던 이름으로 불리지 못하고, 적국의 학문을 공부해야만 했다. 상황은 더욱 나빠져서 자신의 꿈을 알아맞히고 그 꿈의 의미가 무엇인지 말하라고 억지를 부리는 왕 때문에 그들은 죽을 위기에 처하기도 했다. 다니엘과 친구들의 성정도 보통 인간들과 다르지 않았을 것이고, 죽음의 그림자 앞에서 두려웠을 것이다.

하지만 그들은 하나님이 어떤 분인지 알고 있었다. 다니엘과 친구들은 하나님이 가지고 계신 모든 계획을 완벽하게 알지 못했지만 그분이 자신의 계획을 계시하실 것은 믿고 있었다. 이런 믿음을 가진 사람들은 하나님을 의지하여 사람들 앞에서 큰소리를 칠 수 있어야 한다. 모세는 가진 것이라고는 양을 칠 때 사용하던 지팡이 하나뿐이었지만 바로에게 가서 이스라엘 백성을 데리고 나가겠다고 큰소리쳤다. 여호수아는 여리고 성을 7일 동안 도는 것만으로 성벽이 무너질 것을 믿고 큰소리쳤다. 기드온은 30,000명의 병사들을 집으로 돌려보내고 300명만으로 미디안의 군대를 무찌르겠다고 큰소리쳤다. 다윗은 손에 물맷돌 몇 개를 들고 골리앗 앞에 서서 하나님이 자기를 사용하시어 거인 골리앗을 쓰러뜨릴 것이라고 큰소리쳤다. 왕의 신하를 찾아가 말미를 주면 왕이 꾼 꿈이 무엇이며 그 뜻이 무엇인지를 해석하겠다고 큰소리를 친 뒤 집으로 돌아간 다니엘이 어떤 일을 했는지가 성경에 다음과 같이 기록되어 있다.

이에 다니엘이 자기 집으로 돌아가서 그 친구 하나냐와 미사엘과 아사 랴에게 그 일을 알리고 하늘에 계신 하나님이 이 은밀한 일에 대하여 불 쌍히 여기사 다니엘과 친구들이 바벨론의 다른 지혜자들과 함께 죽임을 당하지 않게 하시기를 그들로 하여금 구하게 하니라 이에 이 은밀한 것 이 밤에 환상으로 다니엘에게 나타나 보이매 다니엘이 하늘에 계신 하나 님을 찬송하니라 (단 2:17-19).

다니엘과 친구들은 이러한 위기의 순간에 하나 되어 하나님께 은밀한 일을 알려 달라고 기도했는데, 하나님께서 그들의 기도를 들어주셨다. 기도 응답을 통해 다니엘은 꿈을 해석하지 못하면 죽이겠다고 위협하는, 서슬이 시퍼런 왕의 명령에서 단순히 벗어나기만 하는 것이 아니라 장차 있을 하나님 나라에 대한 위대한 비밀을 알게 된 것이다.

얼마나 대단한 일인가! 어떤 사람이 우리의 미래가 어떻게 될지 이야기해 준다면 우리는 그 사람을 대단하다고 여겨 아마 복채를 갖다 바칠 것이다. 어떤 사람이 우리 가족의 미래를 정확히 알아맞힌다면 그를 엄청난 사람이라고 여겨 존경할 것이다. 어떤 사람이 자기가 살고 있는 나라의 미래를 정확히 예언한다면 더 대단하다고 생각하여 그를 정치 지도자로 세우려 할 것이다. 그런데 지금 다니엘 2장에 언급된 "깊고 은밀한 일"은 그 정도의 이야기가 아니다. 하나님이 미래에 우리 인간에게 일어날 비밀을 알려 주신 것이기 때문이다.

이제 다니엘과 친구들은 무엇을 위해 죽어야 할지 깨달았다. 이런 것을 영어로 'something to die for'라고 한다. 자신의 생애를 다 바쳐도 아깝지 않다고 생각되는 일. 젊은 시절에 이런 것을 깨달은 다니엘과 친구들은 얼마나 행복했을까!

7장
열방에 알리라
_ 다니엘 3장

다니엘 2장은 다니엘과 세 친구가 바벨론에서 높은 지위에 오르는 것으로 끝을 맺는다.

> 왕이 이에 다니엘을 높여 귀한 선물을 많이 주며 그를 세워 바벨론 온 지방을 다스리게 하며 또 바벨론 모든 지혜자의 어른을 삼았으며 왕이 또 다니엘의 요구대로 사드락과 메삭과 아벳느고를 세워 바벨론 지방의 일을 다스리게 하였고 다니엘은 왕궁에 있었더라 (단 2:48-49).

다니엘은 중앙 행정부에 속한 관리가 되고, 다니엘의 세 친구는 지방 장관으로 섬기게 되었다. 그렇다고 해서 바벨론으로 끌려간 다니엘과 그의 친구들의 삶이 청산리 벽계수처럼 매끄럽게 흘러 성공한 이야기로 끝나지는 않는다. 지방 장관으로 공직에 나가게 된 다니엘의 친구들은 기대하지 않은 어려움에 직면한다. 하지만 위기는 기회다. 다니엘 3장은 위기 속에서 하나님의 이름이 어떻게 높여지는지를 보여 준다.

다니엘 3장

다니엘 3장은 느부갓네살 왕이 두라 평지에 금으로 만든 신상을 세워 두고 모든 사람을 불러 절하게 하는 이야기로 시작된다. 왜 갑자기 느부갓네살 왕이 금 신상을 만들겠다는 생각을 갖게 되었는지 모르겠다. 아마도 다니엘 2장에서 꿈에 나타난 신상의 맨 윗부분이 금으로 되어 있었고, 그것이 자신을 나타낸다는 다니엘의 해석에 몹시 흥분했는지도 모른다. 아니면 신상의 모든 부분을 금으로 만들면 금으로 상징되는 자신의 왕국이 영원히 보존될 수 있으리라고 착각했을지도 모른다.

어쨌든 별로 현명해 보이지 않는 이 생각은 실행에 옮겨진다. 그리고 누구든지 왕이 만든 금 신상에 절하지 않으면 풀무 불에 던져 넣겠다는 왕의 명령이 제국 안의 모든 사람에게 전달된다. 드디어 "백성들과 나라들과 각 언어로 말하는 자들"(단 3:4)이 바벨론 제국 안에 동원되어 금 신상이 세워진 곳에 모인다. 왕은 "나팔과 피리와 수금과 삼현금과 양금과 생황과 및 모든 악기"(단 3:5)를 연주하는 동안 모든 사람에게 자신이 만든 신상에 절하도록 명령한다. 그리고 사람들은 지엄한 왕의 명령에 따른다. 하지만 다니엘의 친구인 사드락과 메삭과 아벳느고는 왕이 만든 금 신상에 절하지 않는다.

이 사실은 왕에게 즉시 전달되고, 왕은 불같이 화를 낸다. 왕은 다시 한 번 기회를 주지만 다니엘의 세 친구는 그래도 금 신상에 절하지 않을 것이라고 왕에게 대답한다. 그러면서 자신들이 믿고 있는 여호와 하나님은 절대로 우상에게 절하지 말라고 하였으며, 여호와 하나님의 명령을 지키는 것이 자신들이 해야 할 일이라고 말한다. 거기에 한 술 더 떠 다니엘의 친구들은 신상에 절하지 않았다는 이유로 자신들이 풀무 불에 들어가게 된다면 위대하신 하나님이 자신들을 구해 주실 것이고, 만약 하나님이 구원해 주지 않으신다 해도 자신들은 여호와 하나님만 예배할 것이라고 담대하게 말한다. 아마 세 친구의 말은 왕을 더욱 화나게 했을 것이다.

화가 난 왕이 온도를 일곱 배나 올리게 한 후 세 사람을 풀무 불에 넣지만 세 사람은 그곳에서 타 죽지 않는다. 풀무 불 속에서 어떤 일이 일어나는지를 바라보고 있던 느부갓네살 왕은 깜짝 놀란다. 불 속에는 세 사람만 있는 것이 아니라 또 다른 존재가 이들을 보호하고 있었던 것이다.

왕은 세 사람을 불 속에서 나오게 하고 그들을 건져 내신 하나님을 인정한다. 느부갓네살 왕은 조서를 내려 모든 민족과 나라와 백성과 각 언어를 사용하는 사람들에게 하나님의 위대하심을 알리는데, 이것이 다니엘 3장의 핵심이다.

다니엘서의 구조_ 선교적 상황

1부 1장에서 선교적 트라이앵글을 설명한 바 있다.

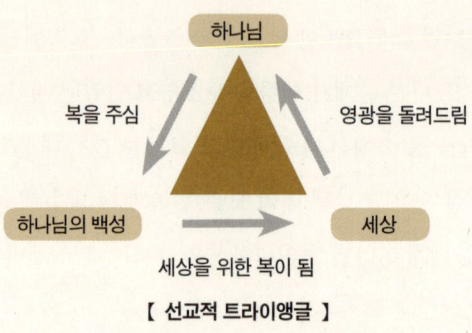

【 선교적 트라이앵글 】

맨 위 꼭짓점에 하나님이 있고, 하변 왼쪽 꼭짓점에는 하나님의 백성이, 그리고 하변 오른쪽 꼭짓점에는 세상이 있다. 하나님은 모든 피조물에게 영광받기를 원하신다. 하나님은 하나님의 백성을 부르셔서 하나님을 예배하게 하신다. 그것이 하나님께서 하나님의 백성에게 주시는 복이다. 하지만 하나님은 이런 복이 하나님의 백성에게만 있기를 원하지 않으신다. 하나님은 하나님의 백성이 아직 하나님을 모르는 민족들에게 하나님의 복을 흘려보내기를 원하신다.

하나님을 예배하지 않던 민족이 하나님께 영광을 돌리고 하나님을 예배하게 되는 것이 선교다. 이처럼 선교를 감당하는 하나님의 백성을 우리는 '선교적 삶을 사는 사람들'이라고 부른다. 선교적 삶을 살기 위해서 하나님의 백성은 언제나 세상 가운데 선교적 존재로 있어야 한다.

하지만 하나님의 백성이 하나님을 알지 못하는 세상 가운데 선교적 존재로 사는 일은 쉽지 않다. 이사야 선지자는 그것을 이렇게 표현하였다.

그가 이르시되 네가 나의 종이 되어 야곱의 지파들을 일으키며 이스라엘 중에 보전된 자를 돌아오게 할 것은 매우 쉬운 일이라 내가 또 너를 이방의 빛으로 삼아 나의 구원을 베풀어서 땅 끝까지 이르게 하리라(사 49:6).

이사야 선지자의 말은 하나님의 백성인 이스라엘 중에 보전된 자들을 하나님의 품으로 돌아오게 하는 것은 이방을 하나님의 빛으로 돌아오게 하는 것에 비하면 쉬운 일이라는 것이다. 뒤집어 표현하면, 이방인들에게 하나님을 알리는 선교적 삶은 매우 어렵다는 것이다. 이런 까닭에 하나님의 백성은 부름받은 세상에서 고난을 받게 되어 있다.

이런 상황을 피하고 싶어서 하나님의 백성들은 때때로 자기들만 있기를 원하는데, 이런 상황을 비선교적 상황(non-missional situation)이라고 할 수 있다. 비선교적 상황을 다이어그램으로 표현하면 다음과 같다.

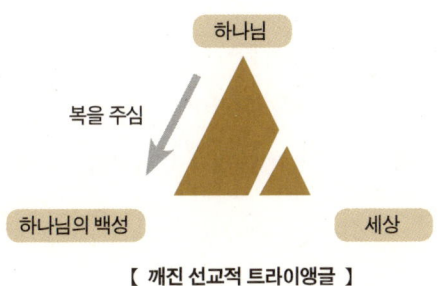

【 깨진 선교적 트라이앵글 】

이 다이어그램이 보여 주듯이 하나님의 백성은 세상과 분리되려는 경향이 있다. 하나님의 백성이 자신들끼리만 모여 사는 삶은 편안할 수 있다. 하지만 하나님은 우리가 세상 가운데서 증인의 삶을 살길 원하시지, 하나님의 백성끼리 성을 쌓고 그 안에서 즐기기를 원하지 않으신다.

미국 한인 교회에서 한 장로님과 대화를 하다가 "우리가 선교적인 삶을 산다는 것은 주변 이민자들에게 가끔 가서 뭔가를 해주고 오는 것이 아니라, 우리의 담장을 허물고 그들에게 들어오라고 하는 것"이라고 말한 적이 있다. 그 말을 들은 장로님은 한참 생각하시더니 이렇게 대답하셨다. "그러면 매우 불편하겠네요." 그렇다. 선교적 삶이란 세상과 분리되지 않는 것이며, 그 삶은 우리에게 불편함을 요구한다.

따라서 선교적 상황(missional situation)이란 하나님의 백성이 세상으로 들어가 그들로 하여금 하나님이 누구인지 알게 하고 하나님을 예배하게 하는 것이다. 다니엘 3장에서 가장 주목해야 할 부분이 바로 다니엘의 세 친구의 고난을 통해 하나님의 이름이 알려진 것이다.

모든 백성과 모든 민족과 모든 언어로

다니엘 3장에서 우리가 가장 주목해 보아야 할 선교적 관심사는 다니엘의 세 친구가 담대한 믿음으로 풀무 불에 들어갔다가 무사히 나온 것이 아니라, 이 사건이 낳은 결과다. 느부갓네살 왕은 사람들로 하여금 자신이 세운 금 신상에 절하게 하는 이야기의 마지막에 하나님이 어떤 분인지를 모든 민족에게 선포한다.

> 느부갓네살 왕은 천하에 거주하는 모든 백성들과 나라들과 각 언어를 말하는 자들에게 조서를 내리노라 원하노니 너희에게 큰 평강이 있을지어다 지극히 높으신 하나님이 내게 행하신 이적과 놀라운 일을 내가 알게 하기를 즐겨 하노라 참으로 크도다 그의 이적이여, 참으로 능하도다 그의 놀라운 일이여, 그의 나라는 영원한 나라요 그의 통치는 대대에 이르리로다 (단 4:1-3).

그런데 모든 민족에게 하나님의 위대함을 선포하는 이야기가 다니엘 3장 앞부분에 복선처럼 깔려 있다는 점이 흥미롭다.

> 선포하는 자가 크게 외쳐 이르되 백성들과 나라들과 각 언어로 말하는 자들아 왕이 너희 무리에게 명하시나니 (단 3:4).

처음에 느부갓네살 왕이 금 신상을 세우고 모든 백성과 모든 언어를 말하는 외국 사람들을 불러 모아 금 신상에 절하게 할 때만 해도 그의 목적은 자신의 위대함을 만방에 알리고자 하는 것이었다. 느부갓네살 왕이 자신이 만든 금 신상에 절하라고 "백성들과 나라들과 각 언어로 말하는 자들"에게 알리는 모습은 다니엘 3장에서 4절, 7절, 10절, 그리고 15절에 나타난다. 하지만 다니엘의 세 친구가 풀무 불에서 신령한 존재에게 보호받는 모습을 보고 그들을 구원하신 하나님을 의식하고 나서 느부갓네살 왕은 참으로 영광을 받아야 할 분은 자신이 아니라 하나님임을 만방에 선포한다. 이때 다시 "모든 백성들과 나라들과 각 언어를 말하는 자들"(단 4:1)이라는 표현이 등장한다.

"백성들과 나라들과 각 언어로 말하는 자들"이라는 표현은 다니엘 3장뿐 아니라, 다니엘 4장, 5장, 6장에도 계속 등장한다. 이곳에서 반복되는 이 단어들이 얼마나 선교적인지는 사도행전 2장에서 오순절에 예루살렘에서 일어난 일을 생각하면 더 확실히 느낄 수 있다. 성령의 충만함을 받은 열두 제자가 하나님이 하신 일을 여러 나라 방언으로 말하는 장면에 어떤 사람들이 등장하는지를 살펴보자.

> 그들이 다 성령의 충만함을 받고 성령이 말하게 하심을 따라 다른 언어

들로 말하기를 시작하니라 그때에 경건한 유대인들이 천하 각국으로부
터 와서 예루살렘에 머물러 있더니 이 소리가 나매 큰 무리가 모여 각각
자기의 방언으로 제자들이 말하는 것을 듣고 소동하여 다 놀라 신기하게
여겨 이르되 보라 이 말하는 사람들이 다 갈릴리 사람이 아니냐 우리가
우리 각 사람이 난 곳 방언으로 듣게 되는 것이 어찌 됨이냐 우리는 바대
인과 메대인과 엘람인과 또 메소보다미아, 유대와 갑바도기아, 본도와
아시아, 브루기아와 밤빌리아, 애굽과 및 구레네에 가까운 리비야 여러
지방에 사는 사람들과 로마로부터 온 나그네 곧 유대인과 유대교에 들어
온 사람들과 그레데인과 아라비아인들이라 우리가 다 우리의 각 언어로
하나님의 큰일을 말함을 듣는도다 하고 (행 2:4-11).

하나님 나라를 선포하는 것은 예루살렘에서 제자들을 통해 시작되었는
데, 그것은 국지적인 사건이 아니라 국제적인 사건이었다. 당시 예루살렘
에는 여러 나라에 흩어져 살고 있는 유대인 디아스포라들과, 유대교로 개
종한 이방인들이 오순절을 지키기 위해 모여들었다. 이들을 대상으로 제자
들은 하나님이 그리스도를 통해 하신 놀라운 일을 선포한 것이다.

다니엘 3장에 등장하는 "백성들과 나라들과 각 언어로 말하는 자들"이라
는 단어들은 요한계시록에도 등장한다. 요한계시록 7장에는 복음이 온 세
상에 전파되고 마지막 때가 되면 예수 그리스도께서 보좌에서 영광을 받으
시는 장면이 나오는데, 이때도 다시 "각 나라와 족속과 백성과 방언"이라는
단어들이 등장한다.

이 일 후에 내가 보니 각 나라와 족속과 백성과 방언에서 아무도 능히 셀
수 없는 큰 무리가 나와 흰 옷을 입고 손에 종려 가지를 들고 보좌 앞과

어린양 앞에 서서(계 7:9).

하나님 나라의 복음은 궁극적으로 모든 민족에게 증거되어야 한다. 그리고 마태복음 24장에 기록된 것처럼 모든 민족에게 복음이 증거된 후에 그리스도께서 다시 오실 것이다. 다니엘서가 선교의 책임을 증명하는 가장 중요한 증거 가운데 하나가 하나님의 명성이 모든 민족에게 알려지고 있다는 점이다.

담대함의 근거

다니엘 3장의 제목을 처음에는 "그렇게 하지 아니하실지라도"라고 잡으려 했다. 17절과 18절에서 보여 준 다니엘의 세 친구의 담대한 모습은 다니엘서를 아는 독자들에게 가장 많이 회자되는 것이기도 하다.

> 왕이여 우리가 섬기는 하나님이 계시다면 우리를 맹렬히 타는 풀무 불 가운데에서 능히 건져 내시겠고 왕의 손에서도 건져 내시리이다 그렇게 하지 아니하실지라도 왕이여 우리가 왕의 신들을 섬기지도 아니하고 왕이 세우신 금 신상에게 절하지도 아니할 줄을 아옵소서(단 3:17-18).

다니엘의 세 친구가 목숨을 잃을 수도 있는 상황에서 담대할 수 있던 이유는 무엇이었을까? 그것은 그들이 단순히 다른 사람들보다 담력이 컸기 때문이 아니다. 다니엘의 친구들은 다니엘 2장에서 하나님이 보여 주신 바로 그 "깊고 은밀한 일"이 무엇인지를 알았기 때문이다. 하나님의 그 깊고 은밀한 일이 그들에게는 어려운 포로 생활을 넉넉히 이기며 살아갈 이유가 된 것이다. 그리고 이런 경험은 그 뒤를 이어 믿음으로 증인의 삶을 살아간 모든 사람에게서도 자연스럽게 나타난다.

누가복음 24장에는 엠마오로 가던 두 제자의 이야기가 나온다. 말과 일에 능한 선지자요, 이스라엘을 구원할 자라고 믿었던 선생님이 십자가에 못 박혀 죽으셨다는 사실에 실망해서 예루살렘을 떠나 다른 지역으로 가고 있던 제자들이 다시 예루살렘으로 돌아가게 된 것은 단순히 예수님을 만났기 때문이 아니다. 더 중요한 것은 예수님이 알려 주신 성경을 통해 그들이 새로이 거듭난 경험을 했기 때문이다. 다른 말로 하면 성경을 선교적으로 읽고 난 제자들은 눈이 열리고 마음이 뜨거워지자 안전한 곳으로 가려던 발길을 돌려 가장 위험한 곳으로 돌아가 증인의 삶을 살겠노라고 고백한 것이다.

이런 일이 다니엘의 친구들에게도 일어났다. 하나님이 알려 주신 "깊고 은밀한 일"이 무엇인지를 깨달은 후에 다니엘과 세 친구에게 세상이 감당할 수 없는 용기가 생긴 것이다.

"내가 너희와 함께 있으리라"

깊고 은밀한 일을 통해 삶의 진정한 목표를 찾게 된 것 외에도 다니엘의 친구들을 담대하게 한 것은 풀무 불 속에서 함께하고 있던 '존재'였다. 느부갓네살 왕이 풀무 불 속에서 다니엘의 친구들과 함께 있던 그 존재를 먼저 보고 놀라는 장면이 나온다.

> 그때에 느부갓네살 왕이 놀라 급히 일어나서 모사들에게 물어 이르되 우리가 결박하여 불 가운데에 던진 자는 세 사람이 아니었느냐 하니 그들이

왕에게 대답하여 이르되 왕이여 옳소이다 하더라 왕이 또 말하여 이르되
내가 보니 결박되지 아니한 네 사람이 불 가운데로 다니는데 상하지도 아
니하였고 그 넷째의 모양은 신들의 아들과 같도다 하고 (단 3:24-25).

학자들마다 조금씩 해석이 다르기는 하지만 다니엘의 세 친구가 들어간 풀무 불 속에 함께 있던 '사람의 모습을 한 존재'는 보통 사람이 아니라, 천사와 같은 영적 존재임이 틀림없다. 그 영적 존재가 다니엘의 세 친구를 불 속에서 끄집어 내준 것은 아니다. 사람의 모습을 한 존재는 신실하게 하나님을 섬기로 결정한 이 젊은이들의 고난 현장에 함께 있어 주었다.

하나님이 함께하신다는 약속은 이미 구약 시대부터 하나님의 백성에게 주시는 하나님의 최고의 선물이었다. 예를 들어 광야에서 방황하는 이스라엘 백성들을 모세를 대신하여 가나안 땅으로 인도해 들어가려는 여호수아에게 하나님은 이렇게 말씀하신다.

네 평생에 너를 능히 대적할 자가 없으리니 내가 모세와 함께 있었던 것
같이 너와 함께 있을 것임이니라 내가 너를 떠나지 아니하며 버리지 아
니하리니 (수 1:5).

이것만큼 여호수아의 마음을 강하게 해줄 약속이 또 어디 있을까? 마태복음 28장에서 예수님이 제자들에게 지상명령을 주실 때 하신 말씀에도 세상 끝 날까지 함께하겠다는 귀한 약속이 들어 있다.

내가 너희에게 분부한 모든 것을 가르쳐 지키게 하라 볼지어다 내가 세
상 끝 날까지 너희와 항상 함께 있으리라 하시니라 (마 28:20).

하나님은 하나님의 백성들 앞에 언제나 순탄한 길을 주겠노라고 약속하지 않으셨다. 하지만 하나님은 그들과 언제나 함께하겠다는 최고의 선물을 주셨다.

8장
누가 참 하나님인가
_ 다니엘 4장

하나님은 자신의 형상을 따라 인간을 위대하게 만드셨다. 첫 사람 아담은 영원히 살 수 있었고, 다른 피조물에게 없는 능력도 부여받았다. 하지만 창조주 하나님과 피조물 인간은 엄연히 구분된 존재였다. 그 구분이란 피조물인 인간은 하나님의 명령을 따라 사는 존재임을 인정하는 것이다. 그래서 하나님은 첫 사람 아담에게 금단의 열매를 먹지 않음으로 하나님께 순종하라고 명하셨다. 하지만 인간은 '너도 하나님과 같이 될 수 있다'는 뱀의 꾐에 넘어가고 말았다. 그 후로 인간은 끊임없이 자신이 하나님과 같이 될 수 있다는 착각을 가지고 살게 되었다. 이것이 다니엘 4장과 5장에서 바벨론의 왕들을 통해 볼 수 있는 세상의 작동 원리다.

다니엘 4장

느부갓네살 왕은 어느 날 이상한 꿈을 꾼다. 꿈속에서 아주 커다란 나무를 보았는데, 그 나무가 자라 견고해지고 그 높이는 하늘에 닿을 만큼 커진다. 그런데 그때 어떤 사람이 하늘에서 내려와 "그 나무를 베고 그 가지를 자르고 그 잎사귀를 떨고 그 열매를 헤치고 짐승들을 그 아래에서 떠나게 하고 새들을 그 가지에서 쫓아내라. 그러나 그 뿌리의 그루터기를 땅에 남겨 두고 쇠와 놋줄로 동이고 그것을 들풀 가운데에 두어라. 그것이 하늘 이슬에 젖고 땅의 풀 가운데에서 짐승과 더불어 제 몫을 얻으리라. 또 그 마음은 변하여 사람의 마음 같지 아니하고 짐승의 마음을 받아 일곱 때를 지내리라"(단 4:14-16)라고 하는 말을 듣는다.

느부갓네살 왕은 신하들에게 자신이 꾼 꿈의 의미를 물어보지만 신하들 가운데 왕의 꿈을 해석할 수 있는 사람은 아무도 없었다. 그러자 느부갓네살 왕은 다니엘을 불러 꿈 해석을 부탁한다.

다니엘은 왕의 꿈을 정확하게 해석한다. 그 꿈은 왕이 얼마 동안 짐승처럼 살다가 다시 정신이 돌아올 것이라는 내용이었다. 다니엘은 진심을 다해 걱정하는 마음으로 꿈 내용을 왕에게 해석해 준다. 그리고 신하가 왕에게 하기 매우 어려운 충고까지 곁들인다. 하지만 그 불행한 예언은 적중하고 만다.

1년 후 느부갓네살 왕이 바벨론 왕궁 지붕을 거닐며 "이 큰 바벨론은 내가 능력과 권세로 건설하여 나의 도성으로 삼고 이것으로 내 위엄의 영광을 나타낸 것이 아니냐"(단 4:30) 하고 말하는 순간 갑자기 하늘에서 소리가 들린다. 그 순간부터 느부갓네살 왕은 정신이 이상해져서 자기가 살던 궁전에서 쫓겨나 소처럼 풀을 먹으며 광야에서 살게 된다.

하지만 하나님이 약정하신 "일곱 때"의 기한이 끝나고 느부갓네살 왕이 하늘을 우러러 보았을 때 그에게 다시 총명이 돌아온다. 느부갓네살 왕은 하나님께 감사하며 영생하시는 이를 찬양하고 경배한다.

이상한 꿈

느부갓네살 왕은 분명히 그 꿈이 나쁜 일을 예견한다는 것을 직감했을 것이다. 그래서 모든 술사와 점쟁이를 모아 놓고 꿈을 해석하라고 명한 것이다. 다니엘 2장에서 왕의 꿈을 해석할 때와 달리 이번에는 느부갓네살 왕이 꿈의 내용을 알려 주었는데도 술사들과 점쟁이들은 꿈을 해석하지 못했다.

왕은 몇 년 전, 자신의 신상 꿈 사건을 통해 다니엘이 꿈을 해석하는 능력을 갖고 있음을 잘 알고 있었다. 그래서 갈대아의 모든 술사와 점쟁이가 해석하지 못하는 것도 다니엘은 분명히 해석할 수 있으리라 생각하고 다니엘을 다시 궁으로 불러들였다.

다니엘이 왕 앞으로 나아왔을 때 느부갓네살은 다니엘을 "거룩한 신들의 영이 있는 자"(단 4:8)라고 부르며 꿈을 해석하는 능력을 다니엘에게 주신 하나님을 인정하였다. 하지만 그 꿈이 무엇을 의미하는지를 왕에게 말하는 것이 다니엘에게 쉬운 일이었을까? 불길한 꿈의 의미를 알려 주면 목숨이 위태로울 수 있다는 것을 알면서도 다니엘은 꿈의 의미를 솔직하게 왕에게 들려주었다.

다니엘 4장 19절은 다니엘이 왕의 꿈을 해석해 주기 전 "한동안 놀라며 마음으로 번민"했다고 기록하고 있다. 다니엘은 꿈의 의미를 왕에게 말하기 전에, 먼저 그 꿈이 왕을 미워하는 자나 왕의 대적에게 응하면 좋겠다고 말한다. 그러면서도 다니엘은 꿈의 의미를 느부갓네살 왕에게 숨김없이 알려 준다. 다니엘이 왕에게 해석해 준 내용을 성경에서 그대로 인용하면 다음과 같다.

왕이여 이 나무는 곧 왕이시라 이는 왕이 자라서 견고하여지고 창대하사 하늘에 닿으시며 권세는 땅 끝까지 미치심이니이다 왕이 보신즉 한 순찰자, 한 거룩한 자가 하늘에서 내려와서 이르기를 그 나무를 베어 없애라 그러나 그 뿌리의 그루터기는 땅에 남겨 두고 쇠와 놋줄로 동이고 그것을 들풀 가운데에 두라 그것이 하늘 이슬에 젖고 또 들짐승들과 더불어 제 몫을 얻으며 일곱 때를 지내리라 하였나이다 왕이여 그 해석은 이러하니이다 곧 지극히 높으신 이가 명령하신 것이 내 주 왕에게 미칠 것이라 왕이 사람에게서 쫓겨나서 들짐승과 함께 살며 소처럼 풀을 먹으며 하늘 이슬에 젖을 것이요 이와 같이 일곱 때를 지낼 것이라 그때에 지극히 높으신 이가 사람의 나라를 다스리시며 자기의 뜻대로 그것을 누구에게든지 주시는 줄을 아시리이다 또 그들이 그 나무뿌리의 그루터기를 남겨 두라 하였은즉 하나님이 다스리시는 줄을 왕이 깨달은 후에야 왕의 나라가 견고하리이다(단 4:22-26).

다니엘이 해석한 꿈의 내용은 느부갓네살 왕이 미래에 얼마 동안 어려운 시간을 보낸 후 회복될 것인데, 그 사건을 통해 느부갓네살 왕은 하나님이 어떤 분인지 알게 된다는 것이다. 다니엘은 꿈에 대한 해석과 함께 왕에게 적절한 충고도 아끼지 않는다. 다니엘은 겸손하지만 단호하게 왕이 편안하게 지내기 위해서는 공의를 행하고, 죄를 사하고, 가난한 자를 긍휼히 여기고, 죄를 짓지 말라고 충고한다(단 4:27).

하나님의 사랑을 나타내는 방법

여기서 우리가 생각해야 할 것은 왕에게 말하는 다니엘의 태도다. 다니엘은 자기 조국 유다를 멸망시킨 적국의 왕을 섬기고 있다. 적국의 왕이 꾼 불

길한 꿈이 현실이 된다면 포로로 잡혀온 다니엘은 좋아해야 하지 않을까? 자기 나라를 침략하고, 백성들을 끌고 가고, 하나님의 성전에서 금으로 만든 성전 기물들을 도둑질하여 자기가 섬기는 신전에 가져다 둔 이방 민족의 왕이 하나님께 천벌을 받아 없어지는 것을 보게 된다면 다니엘은 춤을 추며 좋아해야 마땅할 것이다.

하지만 왕의 꿈을 해석하는 다니엘의 태도는 매우 진실하다. 그는 왕을 진정으로 생각하고, 왕에게 애정어린 충고까지 한다. 다니엘이 그렇게 한 것은 아마도 예레미야 선지자의 말을 따르려 해서일 것이다. 예레미야 선지자는 예레미야 29장에서 사로잡혀 간 그 성읍의 평안을 구하고 그 성읍의 평안을 위해 여호와께 기도하라고 유다 백성들에게 권하고 있다.

이것을 선교적 트라이앵글의 세 가지 요소로 설명할 수 있다. 다니엘은 '하나님의 백성'을 대표한다. 느부갓네살 왕은 '세상'을 대표한다. 하나님의 백성은 세상이 비록 악하고 하나님의 백성에게 적대적일지라도 사랑과 진실로 대해야 한다. 그것만이 세상에 하나님의 사랑을 나타내는 유일한 방법이다. 우리는 하나님이 하나님의 백성만 선하게 대해 주신다고 생각할지 모른다. 그러나 온 세상의 주인이신 하나님은 악인과 선인에게 고루 햇빛과 비를 주신다.

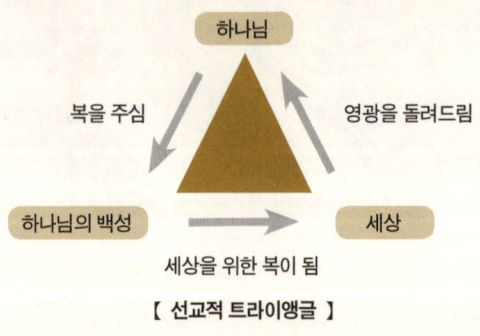

【 선교적 트라이앵글 】

하나님은 하나님의 백성만 아니라 세상도 동일하게 사랑하신다고 생각하는 것이 '선교적' 태도다. 그것은 예수님이 세상을 대하신 태도이기도 하다. 요한복음 3장 16절은 하나님이 세상을 미워하신 것이 아니라 사랑하셔서 독생자를 보내어 구원하셨다고 기록하고 있다.

세상이라는 시스템의 작동 원리

다니엘 4장에서 가장 주목해야 할 것은 느부갓네살 왕의 마음속에서 일어난 변화다. 다니엘의 예언이 어떻게 성취되는지 다니엘 4장 29-33절에 자세히 기록이 되어 있다.

> 열두 달이 지난 후에 내가 바벨론 왕궁 지붕에서 거닐 새 나 왕이 말하여 이르되 이 큰 바벨론은 내가 능력과 권세로 건설하여 나의 도성으로 삼고 이것으로 내 위엄의 영광을 나타낸 것이 아니냐 하였더니 이 말이 아직도 나 왕의 입에 있을 때에 하늘에서 소리가 내려 이르되 느부갓네살 왕아 네게 말하노니 나라의 왕위가 네게서 떠났느니라 네가 사람에게서 쫓겨나서 들짐승과 함께 살면서 소처럼 풀을 먹을 것이요 이와 같이 일곱 때를 지내서 지극히 높으신 이가 사람의 나라를 다스리시며 자기의 뜻대로 그것을 누구에게든지 주시는 줄을 알기까지 이르리라 하더라 바로 그때에 이 일이 나 느부갓네살에게 응하므로 내가 사람에게 쫓겨나서 소처럼 풀을 먹으며 몸이 하늘 이슬에 젖고 머리털이 독수리 털과 같이 자랐고 손톱은 새 발톱과 같이 되었더라 (단 4:29-33).

느부갓네살 왕은 다니엘의 해몽을 통해 하나님께 경고를 받았다. 하지만 그는 다니엘의 충고를 대수롭지 않게 여긴 것 같다. 어느 날 느부갓네살 왕은 자기가 지은 왕궁을 거닐다가 자신이 얼마나 위대한 왕인가라는 자만한 생각을 하게 된다. 기록에 따르면 느부갓네살 왕이 지은 궁전은 규모가 대단했다. 특히 궁전 옥상에는 제국의 여러 지방에서 가져온 각종 식물들로 꾸민 정원이 있었는데, 그 정원을 '하늘 정원'이라고 불렀다.

그런데 다니엘을 통해 전달해 주신 하나님의 무서운 경고가 1년 후 현실이 되고 말았다. 자신이 지은 성의 위용을 바라보면서 느부갓네살 왕은 자신이 대단한 사람이라는 자만을 드러낸 것이다. 그런 태도는 느부갓네살처럼 대제국을 통치하는 사람에게만 나타나는 것이 아니다. 자만심은 모든 인간 안에 있는 '세상이라는 시스템의 작동 원리'다. 그 시스템의 작동 원리는 언제나 자신을 다른 이들과 비교하고, 더 높아지고, 더 커지고, 더 강해지려는 것이다.

예수님은 세상에 계실 때 제자들에게 이런 태도를 엄격히 경계하셨다. 예수님과 함께한 제자들 가운데 세베대의 아들들이 있었는데, 그들의 어머니가 어느 날 주님께 나아와 나중에 예수님이 권력을 갖게 되면 자기 아들들을 하나는 우측에, 또 하나는 좌측에 앉혀 달라고 부탁했다. 이처럼 예수님께 아들의 출세를 부탁하는 사람도 문제지만, 이런 상황을 보며 다른 제자들이 분하게 여겼다는 사실에 예수님은 주목하셨다. 그런 모습을 보시고 예수님은 제자들에게 이렇게 말씀하셨다.

> 예수께서 제자들을 불러다가 이르시되 이방인의 집권자들이 그들을 임의로 주관하고 그 고관들이 그들에게 권세를 부리는 줄을 너희가 알거니와 너희 중에는 그렇지 않아야 하나니 너희 중에 누구든지 크고자 하는 자는 너희를 섬기는 자가 되고 너희 중에 누구든지 으뜸이 되고자 하는 자는 너희의 종이 되어야 하리라 인자가 온 것은 섬김을 받으려 함이 아니라 도리어 섬기려 하고 자기 목숨을 많은 사람의 대속물로 주려 함이니라 (마 20:25-28).

예수님을 따르는 제자들의 모습에도 여전히 세상이 추구하는 것처럼 할 수만 있다면 높아지고 권세를 잡으려는 내면의 욕구가 있었다. 세상의 시스템 속에 사는 사람들은 계속 높아지고 더 높아져서 결국 하나님의 자리까지 가려고 한다. 그것을 이겨 내는 방법은 예수님이 말씀하신 것처럼 낮아지고 섬기는 자리로 들어가고, 결국은 십자가를 지는 것이다.

에덴동산에서의 실패

하나님의 영광에 도전하는 세상의 시스템은 이미 에덴동산에서 나타났다. 사단이 하와를 꾀어 금단의 과일을 먹으라고 유혹하는 장면에서 가장 중요한 포인트는 사단이 '인간도 하나님처럼 될 수 있다'고 말한 부분이다.

> 너희가 그것을 먹는 날에는 너희 눈이 밝아져 하나님과 같이 되어 선악을 알 줄 하나님이 아심이니라(창 3:5).

아담이 선악을 알게 하는 나무의 열매를 먹은 순간은 피조물인 인간이 창조주 하나님께서 만들어 놓은 경계선을 넘은 순간이며, 동시에 피조물이 창조주께 드려야 할 마땅한 영광을 가로챈 순간이다. 하나님은 피조물이 자신의 영광을 가로채는 것을 용서하지 않으신다. 이사야서에는 하나님이 자신의 영광을 어떻게 다루고 계시는지가 잘 나타나 있다.

> 나는 여호와이니 이는 내 이름이라 나는 내 영광을 다른 자에게, 내 찬송을 우상에게 주지 아니하리라(사 42:8).

> 나는 나를 위하며 나를 위하여 이를 이룰 것이라 어찌 내 이름을 욕되게 하리요 내 영광을 다른 자에게 주지 아니하리라(사 48:11).

하나님이 최초의 인간 아담에게 주신 유일한 명령, 즉 금단의 열매를 먹지 말라는 명령을 어김으로 에덴동산에서 하나님이 창조하신 첫 사람 아담과 하와는 그 경계선을 넘었다. 그의 후손들도 첫 사람 아담과 별로 다르지 않았다. 하나님의 영광에 대한 도전은 역사 속에서 계속되어 왔다.

하지만 인간만 하나님의 영광에 도전한 것이 아니다. 사단의 정체도 알고 보면 이렇게 하나님과 같아지려는 천사였다. 그가 하나님의 영광을 취하려 시도한 일과 그 결과가 이사야서에 이렇게 기록되어 있다.

> 너 아침의 아들 계명성이여 어찌 그리 하늘에서 떨어졌으며 너 열국을 엎은 자여 어찌 그리 땅에 찍혔는고 네가 네 마음에 이르기를 내가 하늘에 올라 하나님의 뭇별 위에 내 자리를 높이리라 내가 북극 집회의 산 위에 앉으리라 가장 높은 구름에 올라가 지극히 높은 이와 같아지리라 하

는도다 그러나 이제 네가 스올 곧 구덩이 맨 밑에 떨어짐을 당하리로다
(사 14:12-15).

이제 이쯤에서 느부갓네살 왕이 어떻게 되었는지를 다시 살펴보자. 그는 자신이 이루어 낸 성과를 보며 교만하게 "내 위엄의 영광을 나타낸 것이 아니냐"(단 4:30)라고 말했다. 그때 하나님이 다니엘을 통해 말씀하신 예언이 그대로 현실이 되어 버렸다. 느부갓네살 왕은 궁에서 쫓겨나 광야에서 짐승처럼 일곱 때를 살게 되었다. 하지만 하나님은 은혜로우셔서 느부갓네살 왕을 회복시키셨다.

그 기한이 차매 나 느부갓네살이 하늘을 우러러 보았더니 내 총명이 다시 내게로 돌아온지라 이에 내가 지극히 높으신 이에게 감사하며 영생하시는 이를 찬양하고 경배하였나니 그 권세는 영원한 권세요 그 나라는 대대에 이르리로다 땅의 모든 사람들을 없는 것같이 여기시며 하늘의 군대에게든지 땅의 사람에게든지 그는 자기 뜻대로 행하시나니 그의 손을 금하든지 혹시 이르기를 네가 무엇을 하느냐고 할 자가 아무도 없도다
(단 4:34-35).

되풀이되는 인간의 자만

느부갓네살 왕은 자신의 꿈이 그대로 이루어지는 것을 보면서 하나님이 어떤 분인지 절실하게 깨달았다. 느부갓네살 왕의 일화가 다니엘서에 이처럼 장황하게 기록된 목적은 단순히 느부갓네살 왕의 일화를 소개하려는 것이 아니다. 그보다는 모든 인간에게 창조주 하나님의 영광을 침범하는 것을

경계할 목적으로 기록된 것이다.

하지만 역사에서는 비슷한 일이 수없이 반복되었다. 역사 속에 느부갓네살 왕이 경험한 것과 비슷한 일이 많지만 아마도 가장 비슷한 상황은 사도행전 12장에 등장하는 헤롯의 죽음일 듯하다. 그는 에돔 출신으로 당시 로마 제국과 좋은 관계에 있던 할아버지 안티파스 덕분에 유대를 포함한 팔레스타인 지역 전체를 다스리는 분봉 왕이 되었다. 하지만 그는 교회를 잔인하게 탄압했다.

사도행전 12장에는 헤롯이 교회를 탄압하고 유대인들의 환심을 사려는 목적으로 그 당시 교회 안에서 가장 존경받는 지도자인 야고보를 죽이는 장면이 나온다. 헤롯은 그것으로 만족하지 않았다. 그는 베드로도 야고보처럼 죽이기 위해 옥에 가두었다.

> 그때에 헤롯 왕이 손을 들어 교회 중에서 몇 사람을 해하려 하여 요한의 형제 야고보를 칼로 죽이니 유대인들이 이 일을 기뻐하는 것을 보고 베드로도 잡으려 할새 때는 무교절 기간이라 (행 12:1-3).

다행히 사형을 집행하기 전날 하나님은 천사를 보내어 베드로를 옥에서 나오게 하셨지만, 헤롯은 여전히 당시 교회가 직면한 가장 큰 위협이었다. 그런데 얼마 지나지 않아 하나님이 헤롯의 목숨을 앗아가셨다. 흥미로운 것은 헤롯이 죽게 된 이유다. 사도행전은 그 사건을 이렇게 기록하고 있다.

> 헤롯이 날을 택하여 왕복을 입고 단상에 앉아 백성에게 연설하니 백성들이 크게 부르되 이것은 신의 소리요 사람의 소리가 아니라 하거늘 헤롯이 영광을 하나님께로 돌리지 아니하므로 주의 사자가 곧 치니 벌레에게

먹혀 죽으니라(행 12:21-23).

헤롯의 죽음이 교회를 핍박했기 때문만은 아닌 것 같다. 그랬다면 야고보를 죽이기 전에도 하나님은 헤롯을 손보실 수 있었을 것이다. 아니면 천사가 감옥에 있는 베드로를 데리고 나오기 전에 하나님이 헤롯을 먼저 죽이실 수도 있었을 것이다. 헤롯이 교회를 핍박하고 위협한 일보다 하나님 눈에 더 잘못한 것으로 보인 것은 바로 헤롯이 "영광을 하나님께로 돌리지 [않았다]"는 점이다. 하나님은 모든 피조물에게 영광받기를 원하시는 분이고, 모든 피조물에게 영광받기에 합당하신 분이다. 아멘!

9장
교만은 패망의 지름길
_ 다니엘 5장

인도네시아에서 10년 동안의 캠퍼스 사역을 마치고 한국 OMF 대표 사역을 위해 돌아왔을 때, 한국은 내가 태어나고 자란 고국임에도 낯선 것들로 가득했다. 그 가운데 가장 기억에 남는 것이 하나 있다.

어느 날 운전을 하며 가고 있는데, 도로변의 한 가게에서 정리 세일을 하고 있었다. 물건들을 가게 문 앞에 정리해 놓고 "몽땅 5,000원씩!"이라는 문구를 붙여 세일하는 장면도 매우 새로웠지만 가게 위에 써 붙인 현수막이 더 눈길을 끌었다.

"까불다가 망했어요!"

'망했다'라고만 해도 충분할 것 같은데, 앞에 '까불다가'라는 말을 붙이니 사람의 눈길을 확 끌고도 남았다.

다니엘 5장에 나오는 이야기야말로 '까불다가 망했다'고 하기에 충분한 이야기가 아닐까 생각된다. 다니엘 5장도 다니엘 4장과 마찬가지로 벨사살 왕의 이야기를 통해 세상의 작동 원리는 성경이 말하는 하나님의 원리와 정반대임을 알려 준다.

다니엘 5장

어느 날 벨사살 왕은 귀인들 1,000명을 왕궁에 불러 잔치를 열고 느부갓네살 왕이 예루살렘에 있는 하나님의 성전에서 가져온 금잔으로 술을 마신다. 잔치 분위기가 무르익어 갈 때 손가락이 나타나 벽에 "메네, 메네, 데겔, 우바르신"(단 5:25)이라는 글자를 적는다.

왕은 그것이 매우 나쁜 징조임을 깨닫고 술사를 불러 물어보지만 아무도 벽에 적힌 글자의 의미를 알아내지 못한다. 그때 선왕의 왕비가 왕에게 나아가 다니엘에게 물어보라고 조언한다. 왕은 다니엘을 불러 글자의 의미를 묻는다. 다니엘은 대담하게 그 의미를 왕에게 알려 준다.

다니엘은 벽에 기록된 글자가 '내가 저울로 왕을 달아보니, 모자라더라. 그러므로 나라를 나누어 다른 왕에게 줄 것이다'라는 뜻이라고 해석해 준다. 신하로서 왕에게 이야기하기 쉽지 않은 내용이지만 다니엘은 조금도 두려워하거나 주저하지 않고 왕에게 그 뜻을 알려 준다. 다니엘은 벽에 적힌 이상한 글자의 의미만 이야기한 것이 아니고, 벨사살 왕의 태도에 대해서도 일침을 가한다.

다니엘은 벨사살 왕에게 선왕인 느부갓네살 왕이 하나님의 경고를 무시하고 교만한 마음을 품었을 때 왕의 권력을 빼앗기고 사람 중에서 쫓겨나 들짐승처럼 살았으며, 그후 회복되고 나서야 지극히 높으신 하나님이 사람 나라를 다스리시며 자기 뜻대로 누구든지 그 자리에 세우시는 줄을 알게 되었다는 것, 그런데 왕은 그런 사실을 다 알면서도 여전히 마음을 낮추지 아니하고 도리어 자신을 하늘의 주재보다 높이며 그의 성전 그릇을 왕앞에 가져다가 왕과 귀족들과 왕후들과 후궁들이 다 그것으로 술을 마시며 하나님을 모독하고 하나님께는 영광을 돌리지 않았다는 것, 그래서 손가락이 나와 이 글자를 벽에 기록한 것이라며 따끔하게 조목조목 충고한다.

다니엘은 느부갓네살 왕에게 이야기할 때보다 더 단호한 어조로 벨사살 왕에게 충고한다. 벨사살 왕이 다니엘의 이야기를 듣고 깨달았는지는 모르겠다. 하지만 때는 이미 늦었다. 그날 밤 메대와 바사 연합군에 의해 바벨론이 자랑하던 난공불락의 성이 함락되고 메대 왕이던 다리오가 바벨론의 권력을 거머쥐게 된다.

벨사살 왕의 교만

벨사살 왕의 행동은 세상의 시스템을 상징한다. 반복해서 이야기하지만 세상은 세상의 원리가 작동하는 시스템을 하나님의 백성에게 강요한다. 세상은 커지고, 강해지고, 높아지는 것이 목표인 것처럼 알려 준다. 역사적으로 보면 벨사살 왕은 취약한 권력자라고 할 수 있다. 그는 엄격한 의미에서 왕이라고 할 수 없는 상태였다.

성경에는 벨사살 왕이 느부갓네살 왕의 아들로 기록되어 있지만 역사적 사실은 조금 다르다. 벨사살 왕은 엄밀하게 말해 느부갓네살 왕의 직계 후손이 아니다. 벨사살 왕의 아버지 나보니두스 장군이 느부갓네살의 후손을 살해한 뒤 바벨론 제국의 왕이 되었다. 나보니두스는 바벨론의 전통적인 신 '마르둑'보다 그의 어머니가 섬기던 달의 신을 더욱 숭상해서 바벨론 궁전의 사제나 일반 백성에게 별로 인기가 없었다. 그래서인지 나보니두스는 테마라는 도시에서 살았고 그의 아들 벨사살 왕이 아버지를 대신해서 바벨론을 통치했다고 전해진다.

그러니 엄밀하게 말해 벨사살 왕은 아버지를 대신해 위임 통치를 하는 상황이었다. 자신이 절대 권력자가 아님을 많은 사람이 알고 있다는 사실을 의식해서인지 벨사살 왕은 대연회를 베풀어 많은 사람 앞에서 자신을 과대포장하고 싶었던 것 같다.

  그는 1,000명이나 되는 사람들을 모아 왕궁에서 연회를 베풀어 자기가 얼마나 대단한 사람인지 보이려 했을 것이다. 그 연회에서 벨사살 왕은 느부갓네살 왕이 예루살렘 성전에서 가져온 거룩한 기물들을 연회에 참석한 사람들을 위한 술잔으로 사용하여 하나님을 웃음거리를 만들었다. 하나님은 조롱당하는 분이 아니시다. 하나님을 조롱하는 행위를 하나님은 단호하게 응징하신다.

  하나님은 연회가 진행되고 있는 장소의 벽에 손가락으로 글자를 써서 벨사살 왕에게 경고하셨다. 상상만 해도 오싹한 장면이 아닐 수 없다. 갑자기 벽에 사람 손가락이 나타나 글자를 쓴다면 연회에 참석한 사람들 대부

분이 소리를 지르며 그 장소를 떠날 것이다.

사색이 된 왕은 다니엘을 불러 벽에 새겨진 글자가 무슨 뜻인지 물어본다. "메네, 메네, 데겔, 우바르신"(단 4:25). 당시 공식적으로 통용되던 돈의 명칭이 성경에도 나오는 '므나'였다고 하니 '메네'라는 말이 연회에 참석한 사람들에게 낯선 단어는 아니었을 것이다. '데겔' 역시 성경에도 잘 알려진 '세겔'이라는 돈의 단위였고, '바르신'이라는 단어도 '므나'의 반을 나타내는 돈의 단위였으니 사람들이 전혀 모르는 단어는 아니었을 것이다. 문제는 그 의미가 무엇인가다.

다니엘은 주저하지 않고 벨사살 왕에게 벽의 글자가 의미하는 바를 해석해 주었다. 다니엘은 벽에 쓰인 글자의 내용이 일종의 말장난 같은 것으로, '메네'는 '세어 보았다'라는 의미의 동사 '메나'로, '데겔'은 '무게를 잰다'는 의미의 동사 '테칼'로, 그리고 '바르신'은 '둘로 쪼개진다'는 의미의 동사 '페라스'로 해석해서 벽에 쓰인 글자를 읽었다. 다니엘은 벽에 쓰인 명사 단어를 모두 동사로 해석한 것이다. 그 글자의 의미는 요즘 흔히 하는 말로 "왕은 깜이 아닙니다"라는 뜻으로 해석할 수 있다. 하나님의 경고는 바로 그날 밤에 실현되었다. 벨사살 왕은 바사와 메대의 연합군에게 살해되었고, 바벨론 제국은 막을 내렸다.

다니엘의 충고

벽에 손가락이 나타나 글자를 쓴 이야기에서 다니엘의 해석보다 더 주목해야 할 것은 다니엘이 왕에게 해준 충고다. 그는 벨사살 왕에게 담대하게 말한다.

왕이여 지극히 높으신 하나님이 왕의 부친 느부갓네살에게 나라와 큰 권세와 영광과 위엄을 주셨고 그에게 큰 권세를 주셨으므로 백성들과 나라들과 언어가 다른 모든 사람들이 그의 앞에서 떨며 두려워하였으며 그는 임의로 죽이며 임의로 살리며 임의로 높이며 임의로 낮추었더니 그가 마음이 높아지며 뜻이 완악하여 교만을 행하므로 그의 왕위가 폐한 바 되며 그의 영광을 빼앗기고 사람 중에서 쫓겨나서 그의 마음이 들짐승의 마음과 같았고 또 들나귀와 함께 살며 또 소처럼 풀을 먹으며 그의 몸이 하늘 이슬에 젖었으며 지극히 높으신 하나님이 사람 나라를 다스리시며 자기의 뜻대로 누구든지 그 자리에 세우시는 줄을 알기에 이르렀나이다 벨사살이여 왕은 그의 아들이 되어서 이것을 다 알고도 아직도 마음을 낮추지 아니하고 도리어 자신을 하늘의 주재보다 높이며 그의 성전 그릇을 왕 앞으로 가져다가 왕과 귀족들과 왕후들과 후궁들이 다 그것으로 술을 마시고 왕이 또 보지도 듣지도 알지도 못하는 금, 은, 구리, 쇠와 나무, 돌로 만든 신상들을 찬양하고 도리어 왕의 호흡을 주장하시고 왕의 모든 길을 작정하시는 하나님께는 영광을 돌리지 아니한지라 이러므로 그의 앞에서 이 손가락이 나와서 이 글을 기록하였나이다(단 5:18-24).

왕에게 하는 신하의 충고가 이 정도라면 목숨을 내놓고 해야만 한다. 이런 다니엘의 모습은 하나님의 백성이 세상을 대할 때 어떠해야 하는지를 잘 보여 준다. 벨사살 왕은 다니엘을 보고 "네가 나의 부왕이 유다에서 사로잡아 온 유다 자손"(단 5:13), 즉 '포로'냐고 물었다. '포로'는 그리 좋은 호칭이 아니다. 하지만 다니엘은 그런 호칭에 주눅 들지 않았다.

하나님의 백성은 세상 안에서 살지만 비굴해서는 안 된다. 비굴하게 산다는 말은 세상에 동화되는 것을 말한다. 세상에 완전히 동화되는 것은 하나님 백성의 자세가 아니다. 우리는 세상과 분리되지도, 그렇다고 세상에 완전히 동화되지도 않는 매우 어정쩡한 중간 지대에 살아야 한다.

중간 지대에 살면서도 하나님의 백성으로 당당하게 사는 것이 제사장으로 부름받은 하나님 백성의 모습이다. 하나님은 출애굽기에서 이스라엘 백성들에게 이렇게 말씀하셨다.

> 너희가 내게 대하여 제사장 나라가 되며 거룩한 백성이 되리라 너는 이 말을 이스라엘 자손에게 전할지니라(출 19:6).

신약에서 사도 베드로는 하나님의 백성을 이렇게 표현하고 있다.

> 그러나 너희는 택하신 족속이요 왕 같은 제사장들이요 거룩한 나라요 그의 소유가 된 백성이니 이는 너희를 어두운 데서 불러내어 그의 기이한 빛에 들어가게 하신 이의 아름다운 덕을 선포하게 하려 하심이라(벧전 2:9).

사람이 모르는 것

톨스토이가 지은 작품 가운데 〈사람은 무엇으로 사는가〉라는 단편소설이 있다. 하나님이 죽은 사람의 영혼을 데려가는 천사에게 벌을 내린다. 그 천사가 쌍둥이를 출산한 어떤 여인을 몹시 불쌍히 여겨 하나님의 명을 어기고 그의 영혼을 데려오지 않았기 때문이었다. 하나님은 천사에게 인간이 사는 세상으로 내려가 살면서 세 가지 질문에 대한 해답을 얻어야만 다시 천국으로 올 수 있다고 말한다. 그 세 가지 질문 가운데 하나가 '사람은 무엇을 모르는가'다. 소설 맨 마지막 부분에서 천사가 알아낸 해답은 '사람들은 자기가 언제 죽을지 모른다'는 것이었다.

사람은 자신의 마지막이 언제인지 모른다. 예수님도 이런 비유를 말씀하신 적이 있다.

> 또 비유로 그들에게 말하여 이르시되 한 부자가 그 밭에 소출이 풍성하매 심중에 생각하여 이르되 내가 곡식 쌓아 둘 곳이 없으니 어찌할까 하고 또 이르되 내가 이렇게 하리라 내 곳간을 헐고 더 크게 짓고 내 모든 곡식과 물건을 거기 쌓아 두리라 또 내가 내 영혼에게 이르되 영혼아 여러 해 쓸 물건을 많이 쌓아 두었으니 평안히 쉬고 먹고 마시고 즐거워하자 하리라 하되 하나님은 이르시되 어리석은 자여 오늘 밤에 네 영혼을 도로 찾으리니 그러면 네 준비한 것이 누구의 것이 되겠느냐 하셨으니 (눅 12:16-20).

벨사살 왕은 그날 연회를 베풀면서 자신의 약점을 감추려고 되려 허풍을 떨었지만 하나님이 어떤 계획을 가지고 계신지는 알지 못했다. 그날 밤 다니엘의 이야기를 듣는 순간 벨사살 왕은 하나님 앞에 무릎을 꿇고 용서를 빌며 회개해야 했다. 하지만 벨사살 왕은 여전히 자신이 제국을 호령하는 왕임을 나타내기 위해 다니엘에게 자신이 약속한 상을 주며 두려움을 숨기고 있었다.

> 이에 벨사살이 명하여 그들이 다니엘에게 자주색 옷을 입히게 하며 금 사슬을 그의 목에 걸어 주고 그를 위하여 조서를 내려 나라의 셋째 통치자로 삼으니라 (단 5:29).

그는 그날 밤 메대와 바사 연합군에 의해 죽임을 당하고 말았다. 하나님이 데려가실 것을 알았다면 그의 행동은 달라졌을 것이다.

세상의 많은 독재자가 벨사살 왕과 같은 짓을 자행했다. 러시아 혁명을 성공시킨 스탈린은 자신의 동상을 수없이 많이 만들어 자신의 위대함을 드러내려 했다. 그는 특히 교회를 핍박했다. 사람들은 스탈린의 감시에 벌벌 떨어야만 했다. 교회 내에서도 사람들은 스탈린을 찬양했다. 심지어 그 동상에 입을 맞추기도 했다. 하지만 1990년 소련에 새로운 바람이 불기 시작하자 사람들은 가장 먼저 스탈린의 동상을 끌어내렸다. 하나님을 두려워하지 않고 까불면 결국 망한다.

10장
가만히 계시지 않는 하나님
_ 다니엘 6장

다니엘 6장에는 우리에게 잘 알려진, 사자 굴에 들어간 다니엘의 이야기가 나온다. 앞에서 이미 살펴본 것처럼 다니엘 6장은 다니엘 3장과 쌍을 이룬다. 독자들은 2부를 시작하면서 소개한, 아람어로 기록된 2-7장의 구조를 기억할 것이다. 다니엘 3장과 마찬가지로 다니엘 6장도 왕의 금령을 무서워하지 않고 하나님을 섬기는 하나님 백성의 자세를 이야기하고 있다.

다니엘 6장

다니엘은 바벨론을 뒤엎고 등장한 바사의 왕 다리오에 의해 고관들의 업무를 보고받는 세 명의 총리 가운데 한 명으로 발탁된다. 이것은 다른 사람들의 시기를 일으키기 아주 좋은 조건이었다. 다니엘의 비위를 찾아내려 혈안이 된 사람들이 다니엘을 고발하기 위해 왕에게 한 가지 건의를 올린다. 한 달 동안 왕 이외의 어떤 신이나 사람에게 기도하지 못하도록 하라는 것이다. 왕은 신하들의 건의를 받아들여 왕의 금령을 어길 경우 누구든지 사자 굴에 넣으라고 명령한다.

하지만 다니엘에게 왕의 금령은 문제가 되지 않았다. 다니엘은 왕이 조서에 도장을 찍은 것을 알고도 집에 돌아와 예루살렘으로 향한 창문을 열고 전에 하던 대로 하루에 세 번씩 무릎을 꿇고 기도하며 하나님께 예배를 드린다. 다니엘을 모함하려는 무리가 이 사실을 왕에게 고자질한다. 이 말을 듣고 왕은 다니엘을 걱정하지만 자신의 금령을 변경할 수 없기에 다니엘을 사자 굴에 넣기로 한다.

사람들이 다니엘을 끌어다가 사자 굴에 던져 넣는 것을 보고 왕은 다니엘에게 "네가 항상 섬기는 너의 하나님이 너를 구원하시리라"(단 6:16)라고 말한다. 그리고 왕은 궁에 돌아가 밤이 새도록 금식하고 그 앞에 오락을 그치고 잠도 제대로 자지 못한다. 이튿날 왕이 새벽에 일어나 급히 사자 굴로 가서 소리를 지르며 "살아 계시는 하나님의 종 다니엘아 네가 항상 섬기는 네 하나님이 사자들에게서 능히 너를 구원하셨느냐"(단 6:20)라고 묻는다.

그러자 사자 굴에서 다니엘은 아무 일도 없었다는 듯이 왕에게 대답한다. "왕이여 원하건대 왕은 만수무강하옵소서. 나의 하나님이 이미 그의 천사를 보내어 사자들의 입을 봉하셨으므로 사자들이 나를 상해하지 못하였사오니 이는 나의 무죄함이 그 앞에 명백함이오며 또 왕이여 나는 왕에게도 해를 끼치지 아니하였나이다"(단 6:21-22).

왕은 다니엘을 참소한 사람들을 끌어와 그 가족들과 함께 사자 굴에 던져 넣는다. 그리고 온 나라에 조서를 내려 자기가 다스리는 나라 안에 사는 사람들은 모두 다니엘의 하나님 앞에서 떨며 두려워해야 할 것과, 그는 살아 계시는 하나님이요 영원히 변하지 않으시는 하나님이라고 인정한다. 그 하나님의 나라는 멸망하지 아니할 것이며, 그의 권세는 무궁할 것이며, 그는 구원도 하시며, 건져 내기도 하시며, 하늘에서든지 땅에서든지 이적과 기사를 행하시는 하나님이라는 사실을 만방에 공표한다.

고레스의 정책

다니엘 6장은 다리오 왕 때 일을 이야기하고 있다. 다니엘 5장 마지막 부분을 보면 60세가 된 "메대 사람 다리오"가 나라를 얻었다고 기록되어 있다. 따라서 이때는 이미 바벨론이 아닌 바사 제국이 중동을 다스리던 시대임을 알 수 있다. 그런데 역사 속에 실제로 기록되어 있는 '다리오'라는 이름의 페르시아(바사) 왕은 주전 515년에 처음 등장한다. 따라서 아마도 다리오라는 호칭은 키루스(고레스) 2세를 지칭하는 것으로 보는 것이 좋을 듯하다.

페르시아의 왕이 된 키루스 2세는 주전 550년 메디아의 수도를 점령하여 새로이 페르시아 제국을 일으키는 데 성공하였고, 주전 539년에 수도 바빌론을 무혈점령하였다. 아마도 이 내용이 다니엘 5장에서 벨사살 왕이 연회를 베풀던 날 밤, 다리오 왕이 바벨론 성을 점령하고 벨사살 왕을 죽인 사건에 해당되는 것으로 보인다.

페르시아는 바빌로니아(바벨론)에 비해 외국의 종교와 문화에 포용적이었다. 키루스 2세로 알려진 고레스 왕은 이스라엘 사람들을 해방시켜 본국으로 돌려보냈으며, 유대교의 신앙과 제례 의식도 허가했다. 이와 같이 제국 내 많은 민족의 종교나 관습에 간섭하지 않는 페르시아 왕조의 방침으로 키루스 2세는 많은 사람에게 대왕으로 존경받았다. 성경에서 고레스라고 표현된 이 키루스 대왕은 심지어 서양에서도 리더십의 대명사로 사용된다. 그러기에 신하들이 다니엘을 겨냥해서 금령을 공포하라고 제안했을 때 고레스 왕은 망설였을 것이다. 하지만 아무리 훌륭한 왕이라도 때때로 잘못된 신하들의 말을 들을 수밖에 없는 상황이 있으며, 위대한 고레스 왕도 신실한 다니엘을 위험에 빠뜨리는 일에 결국 동참하게 된 것이다.

돌아가지 않은 다니엘

바벨론으로 끌려간 유대인들은 고레스 왕의 칙령으로 자기 고향 예루살렘으로 돌아갈 수 있었다. 이것은 예레미야가 한 예언의 성취이기도 하다. 예레미야 선지자는 예레미야 25장과 29장에서 이스라엘 백성이 바벨론에서 70년의 포로 생활을 마친 후 예루살렘으로 돌아가게 될 것을 예언했다.

> 이 모든 땅이 폐허가 되어 놀랄 일이 될 것이며 이 민족들은 칠십 년 동안 바벨론의 왕을 섬기리라 여호와의 말씀이니라 칠십 년이 끝나면 내가 바벨론의 왕과 그의 나라와 갈대아인의 땅을 그 죄악으로 말미암아 벌하여 영원히 폐허가 되게 하되(렘 25:11-12).

여호와께서 이와 같이 말씀하시니라 바벨론에서 칠십 년이 차면 내가 너희를 돌보고 나의 선한 말을 너희에게 성취하여 너희를 이곳으로 돌아오게 하리라 (렘 29:10).

바벨론에서 살고 있던 많은 유대인이 고레스 칙령에 따라 예루살렘으로 돌아갔다. 하지만 다니엘이 예루살렘으로 돌아갔다는 기록은 없다. 오히려 다니엘서를 끝까지 읽어 보면 다니엘은 노년에 이르기까지 바벨론에 남아 있던 것으로 보인다. 그렇다면 다니엘은 왜 고향으로 돌아가지 않고 바벨론에 남아 있었을까?

아마도 다니엘이 바벨론에 그대로 남은 이유는 다니엘 2장에 나오는 '하나님의 깊고 은밀한 일'이 무엇인지 알게 되었기 때문은 아니었을까? 예루살렘으로 귀환하여 같은 유대인들끼리 산다고 해서 편한 상황이 되리라는 보장은 없지만, 적어도 고향에서는 타민족에게 당하는 어려움이나 설움을 피할 수 있을 것이다.

다니엘은 바사 제국으로 바뀐 바벨론에 그대로 남기로 했다. 그렇게 해서 자신을 통해 하나님이 어떤 분인지 그곳 사람들이 알도록 한 것이다. 고린도후서 5장 20절은 이런 우리의 모습을 '그리스도의 사신' 혹은 '대사'라고 표현하고 있다.

하나님의 백성이 세상 가운데 사는 것은 쉬운 일이 아니다. 다니엘은 바벨론에 이어 바사에서도 고위직에서 호위호식하며 잘 사는 것 같았지만 결국 모함을 당하고 사자 굴에 던져지는 어려움을 당했다. 하지만 이것이 하나님의 백성이 세상에 사는 동안 감당해야 하는 일상의 모습이다.

하나님의 백성은 하나님이 누구신지 증거하기 위해 세상 안에 살아야 한다. 그래야만 세상이 하나님이 누구신지 알게 되고 하나님께 영광을 돌릴 수 있다. 이런 이유 때문에 사도 베드로는 그리스도를 따르는 신자들에게 '우리가 고난을 위해 부르심을 받았다'(벧전 2:21)고 말한 것이다. 헬라어로 '증인'이라는 단어와 '순교'라는 단어는 어원이 같다. 순교자를 의미하는 헬라어는 '마르튀리아'(μαρτυρία)인데, 그것은 '증인'라는 헬라어 '마르튀스'(μάρτυς)에서 온 것이다.

다니엘이 바벨론에 온 것은 비자발적이었지만 돌아갈 기회가 주어졌을 때 다니엘은 자발적으로 남기로 했다. 이것은 다니엘이 하나님을 이방 가운데 증거하기 위해 스스로 고난의 길을 선택한 것을 의미한다.

전에 하던 대로

다니엘 6장에서 가장 감동적인 장면을 든다면 다니엘이 전에 하던 대로 매일 세 번씩 기도하는 모습이다. 그런데 더 흥미로운 것은 다니엘이 예루살렘으로 향하는 창을 열고 기도했다는 것이다. 그러니 다니엘의 기도는 단순한 기도라기보다 하나님을 예배한 것이라고 생각할 수 있다.

예배란 하나님의 영광을 인정하고 그분께 나아가는 것이다. 하나님은 우리에게서 그리고 세상으로부터 영광받길 원하시고, 영광받기에 합당하신 분이다.

> 주여 주께서 지으신 모든 민족이 와서 주의 앞에 경배하며 주의 이름에 영광을 돌리리이다(시 86:9).

또 빌립보서 3장 3절에는 "하나님의 성령으로 봉사하며 그리스도 예수로 자랑하라"고 되어 있는데, 여기서 "자랑"이라는 단어는 영어로 'glory',

즉 영광스럽게 생각하는 것을 말한다. 그러니 다니엘의 삶을 통해 우리가 가장 주목해야 할 것은 바로 다니엘이 하나님 앞에 언제나 예배자의 삶을 살았다는 점이다.

다니엘 1장에서 "뜻을 세우고"라는 말에 주목했다면 다니엘 6장에서는 "전에 하던 대로"라는 표현에 주목해야 한다. 다니엘 1장에 나오는 "뜻을 세우고"라는 말 때문에 자칫 신앙생활에서 '결심'이 매우 중요한 것처럼 보이기도 한다. 그러나 우리말에 작심삼일이라는 말이 있듯이 대부분 결심은 오래가지 못한다. 중요한 것은 결심한 것을 평소의 습관으로 만드는 것이다. 습관이 결심보다 중요하다.

좋은 성적을 내는 운동선수들을 보자. 세계 대회에 나가서 상을 받는 선수들은 매일 놀다가 어느 날 갑자기 결심을 해서 좋은 결과를 얻은 것이 아니다. 전에 하던 대로 혹은 습관대로 꾸준히 연습해서 자기 기량을 높여 좋은 결과에 도달한 것이다.

디모데전서에서 사도 바울은 영적인 아들 디모데에게 이렇게 말한다.

> 육체의 연단은 약간의 유익이 있으나 경건은 범사에 유익하니 금생과 내생에 약속이 있느니라(딤전 4:8).

하나님의 백성은 어떻게 영성을 유지할 수 있는가? 다니엘처럼 "전에 하던 대로" 매일 시간을 내어 하나님을 예배함으로써 영성을 유지해야 한다.

하나님의 살아 계심

왕이 금령을 발표했을 때 다니엘은 자신을 향한 신하들의 모함임을 충분히 예측했을 것이다. 그는 지근거리에서 왕을 만날 수 있는 높은 자리에 있었고, 50년이 넘는 시간 동안 자신이 얼마나 신실한 사람인지, 심지어 포로 신세이면서도 선왕들을 얼마나 진실하게 섬겼는지를 주변 모든 사람이 알고 있었다. 다니엘은 그들로 하여금 왕에게 자기를 대변하도록 부탁할 수 있었다. 아니면 왕이 정해 준 기간에 기도를 잠시 멈추거나 적어도 남들이 보지 못하게 숨어서 기도할 수도 있었을 것이다.

하지만 다니엘은 그런 방법을 사용하지 않았다. 그는 그저 살아 계신 하나님께 이런 상황을 처리하실 기회를 드렸다. 그 결과, 세상은 하나님이 살아 계시며 자신의 백성을 위험에서 돌보고 계심을 인정하게 되었다.

> 이에 다리오 왕이 온 땅에 있는 모든 백성과 나라들과 언어가 다른 모든 사람들에게 조서를 내려 이르되 원하건대 너희에게 큰 평강이 있을지어다 내가 이제 조서를 내리노라 내 나라 관할 아래에 있는 사람들은 다 다니엘의 하나님 앞에서 떨며 두려워할지니 그는 살아 계시는 하나님이시요 영원히 변하지 않으실 이시며 그의 나라는 멸망하지 아니할 것이요 그의 권세는 무궁할 것이며 그는 구원도 하시며 건져 내기도 하시며 하늘에서든지 땅에서든지 이적과 기사를 행하시는 이로서 다니엘을 구원하여 사자의 입에서 벗어나게 하셨음이라 하였더라 (단 6:25-27).

다니엘이 인간적인 방법으로 이 상황을 모면했다면 어떻게 되었을까? 아마 다니엘은 온전했을지 모른다. 하지만 하나님의 명성은 드러나지 않았을 것이다. 가장 연약한 인간의 방법이야말로 하나님을 증거하는 가장 강한 방법이다. 하나님은 결코 가만히 계시지 않는다.

11장
영원한 나라
_ 다니엘 7장

다니엘서 전반부인 1-6장에는 여섯 가지 이야기가, 그리고 다니엘서 후반부인 7-12장에는 네 가지 환상이 기록되어 있다. 그렇다면 다니엘 7장은 2부에서 다루기보다 3부에서 다루는 것이 더 좋겠지만, 다니엘 7장은 다니엘 2장에서 시작되는 아람어 소책자에 해당하기 때문에 다니엘 7장 가운데 일부는 2부에서 다루고 나머지 부분은 3부에서 더 다루고자 한다.

다니엘 7장

바벨론의 벨사살 왕 원년에 다니엘은 큰 짐승 넷이 바다에서 나오는 환상을 본다. 첫째 짐승은 독수리의 날개를 가진 사자와 같았고, 둘째 짐승은 몸 한쪽을 들고 입의 잇사이에 갈빗대를 문 곰 같았고, 셋째 짐승은 등에 새의 날개가 있고 머리가 넷인 표범 같았고, 넷째 짐승은 무섭고 놀라우며 매우 강했는데, 이전에 등장한 짐승들과 달랐다. 넷째 짐승에게는 열 뿔이 있었는데, 다른 작은 뿔이 그 사이에서 나왔고, 첫 번째 뿔 중 셋이 뿌리까지 뽑혔으며, 눈도 있는 작은 뿔은 말을 하였다.

또 다니엘은 환상 중에 "옛적부터 항상 계신 이"(단 7:9)가 왕좌에 좌정하고 있는 모습을 보았는데, 옷은 눈처럼 하얗고, 머리털은 양의 털 같았으며 그가 앉은 보좌는 불꽃 같은데 그로부터 불이 강처럼 흘러나오고 있었다. 그의 앞에는 심판이 진행되고 있는데 책들이 펴 놓여 있었다. 그때에 짐승이 죽임을 당하고 그 시체가 타오르는 불에 던져졌으며 그 남은 짐승들도 권세를 빼앗겼다.

다니엘은 환상 중에 인자 같은 이가 구름을 타고 와서 옛적부터 항상 계신 이에게 나아가 그 앞으로 인도되는 것을 본다. 그 곁에 모셔 선 존재들 중 하나가 다니엘에게 환상의 의미를 알려 준다. 네 짐승은 세상에 일어날 네 왕을 의미하며, 결국 하나님의 백성이 나라를 얻게 되는데 그 나라는 영원할 것이라는 내용이었다.

모셔 선 존재 가운데 하나가 다니엘에게 "넷째 짐승은 곧 땅의 넷째 나라인데 이는 다른 나라들과는 달라서 온 천하를 삼키고 밟아 부서뜨릴 것이며 그 열 뿔은 그 나라에서 일어날 열 왕이요 그 후에 또 하나가 일어나리니 그는 먼저 있던 자들과 다르고 또 세 왕을 복종시킬 것이며 그가 장차 지극히 높으신 이를 말로 대적하며 또 지극히 높으신 이의 성도를 괴롭게 할 것이며 그가 또 때와 법을 고치고자 할 것이며 성도들은 그의 손에 붙인 바 되어 한 때와 두 때와 반 때를 지내리라. 그러나 심판이 시작되면 그는 권세를 빼앗기고 완전히 멸망할 것이요."(단 7:23-26)라고 말한다.

그 말을 듣고 다니엘은 마음으로 고민하며 얼굴빛이 변할 정도로 힘들어하지만 환상과 그 환상의 의미를 마음에 간직한다.

장차 올 네 나라

1부 4장에서 이미 아래 도식을 통해 다니엘서의 구성을 언급한 바 있다. 그림에서 볼 수 있는 것처럼 다니엘 7장은 2장부터 시작되는 아람어로 기록된 부분의 마지막이자 동시에 환상들이 연속해서 나오는 부분의 시작이기도 하다.

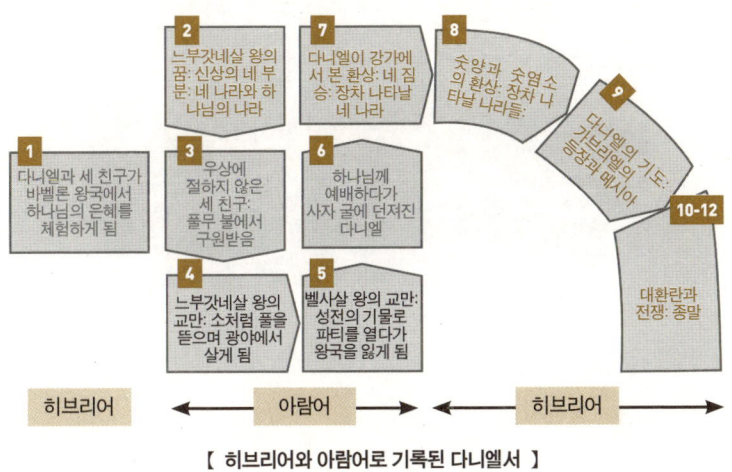

【 히브리어와 아람어로 기록된 다니엘서 】

다니엘 7장에는 바다에서 나온 네 마리 짐승이 등장하는데, 그것은 마치 다니엘 2장에서 언급된 느부갓네살 왕의 꿈에 나오는 신상의 네 부분을 짐승의 모습으로 다시 보여 주는 것 같기도 하다.

다니엘 2장과 7장이 지닌 공통점을 살펴보기 위해 두 장을 비교해서 표로 만들어 보았다. 다니엘 2장에 등장하는 신상을 이루는 네 금속이 네 나라를 의미하듯, 다니엘 7장에 나타난 네 마리의 짐승도 네 나라를 의미한다는 점을 7장 23절이 명확히 하고 있다.

모신 자가 이처럼 이르되 넷째 짐승은 곧 땅의 넷째 나라인데 이는 다른 나라들과는 달라서 온 천하를 삼키고 밟아 부서뜨릴 것이며(단 7:23).

흥미로운 것은 다니엘 2장에 나오는 금속은 가치로 따지면 위부터 가치가 높은 금속에서 가치가 낮은 금속 순이지만, 실제로 전쟁을 치르는 데 있어서는 갈수록 효과를 발휘하는 금속 순으로 되어 있다는 것이다. 다니엘 7장에서도 짐승들이 사나운 순서로 배열된 것처럼 보인다.

그리고 다니엘 2장에서 신상을 구성하는 네 가지 금속과는 비교도 되지 않는 낮은 가치의 돌이 공중에서 나타나 신상을 깨뜨리고 산을 이룬 것처럼, 다니엘 7장에서도 앞서 등장한 네 마리 맹수와는 비교할 수 없는 연약한 인자 같은 이로부터 나라가 시작되는데, 그 나라가 영원히 존속한다는 동일한 패턴으로 되어 있다.

느부갓네살 왕의 꿈: 신상(다니엘 2장)	다니엘이 본 환상: 네 짐승(다니엘 7장)	관련 제국
머리: 금	사자	바벨론 제국
가슴과 팔: 은	곰	바사 제국
배와 넓적다리: 놋쇠	표범	헬라 제국
종아리와 발: 쇠와 진흙	넷째 짐승	로마 제국

【 2장과 7장의 비교 】

환상과 해석

다니엘 7장 전반부에는 다니엘이 본 환상의 내용이 나오고, 후반부에는 환상의 내용이 무엇을 의미하는지 설명하는, 하나님 곁에 있는 존재의 해석이 나온다. 나는 앞으로 '하나님 곁에 있는 존재'를 편의상 '천사'라고 부르겠다. 다니엘 2장에서는 바벨론으로 시작하여 네 나라가 등장하고 나서 작은 돌로 시작된 하나님의 나라가 나타날 것에 대해 하나님이 느부갓네살 왕의 꿈을 통해 매우 은밀하게 보여 주시는 반면, 다니엘 7장에서는 다니엘에게 환상을 보여 주시며 하나님이 이루어 가실 역사에 대해 말씀하신다.

다니엘 2장에서는 다니엘이 누구도 해석하지 못한 왕의 꿈을 해몽하는 능력을 보여 주는 데 반해, 다니엘 7장에서는 다니엘이 환상을 보지만 그 뜻이 무엇인지를 이해하지 못한다. 그래서 천사가 그 내용을 알려 주는데, 독자들의 이해를 돕기 위해 다니엘 7장에 나오는 환상과, 천사가 알려 준 내용을 비교해서 표를 만들어 보면 다음과 같다.

환상의 내용	해석
바다에서 올라온 네 짐승(3절)	세상에 나타날 왕 혹은 나라(17절)
넷째 짐승(7절)	눈도 있고 입도 있는 뿔, 동류들보다 커 보임(20절) 성도들을 이김(21절) 하나님의 백성을 괴롭히는 자(25절)
하나님의 보좌와 심판(9-10절)	옛적부터 항상 계신 이, 하나님 백성의 원한을 풀어 주심, 하나님의 백성이 나라를 얻음(22절)
짐승이 죽임을 당함(11절) 남은 짐승들은 정한 시기를 기다림(12절)	왕들 가운데 하나님의 백성을 괴롭힐 자가 나타남, 때와 법을 고치려고 함, 한 때와 두 때와 반 때가 지남(25절)
인자 같은 이의 등장(13절)	심판이 시작됨, 그 권세를 빼앗기고 멸망함(26절)
만방이 하나님을 예배함(14절)	모든 권세자가 예배하게 됨(27절)

다니엘 2장에서는 신상의 네 부분으로 표현된 네 나라, 그리고 그 후에 등장할 하나님의 나라에 대해 직접 언급한 것과 대조적으로 다니엘 7장에서는 네 마리의 짐승이 등장한 이후 최종적으로 하나님의 나라를 얻기까지 거쳐야 할 모종의 '프로세스'가 등장한다. 이 부분은 3부에서 더 상세히 다루기로 하고, 이곳에서는 다니엘 7장에서 네 짐승으로 묘사되는 네 나라와, 도래할 하나님의 나라에 대해서만 다루도록 하겠다.

하나님, 하나님의 백성, 세상

다니엘 7장의 환상을 살펴보면 1부에서 이미 설명한 바 있는 선교적 트라이앵글의 세 주체인 '하나님', '하나님의 백성', '세상'에 대해 분명하게 관찰할 수 있다.

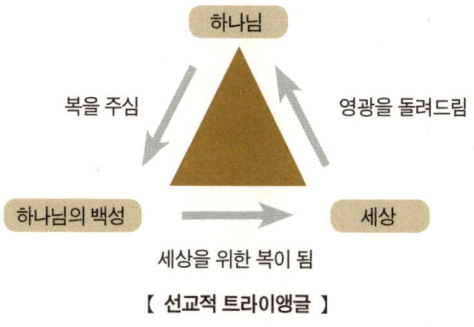
【 선교적 트라이앵글 】

첫째, 다니엘 7장은 '하나님'에 대해서 말하고 있다.

> 내가 보니 왕좌가 놓이고 옛적부터 항상 계신 이가 좌정하셨는데 그의 옷은 희기가 눈 같고 그의 머리털은 깨끗한 양의 털 같고 그의 보좌는 불꽃이요 그의 바퀴는 타오르는 불이며 불이 강처럼 흘러 그의 앞에서 나오며 그를 섬기는 자는 천천이요 그 앞에서 모셔 선 자는 만만이며 심판을 베푸는데 책들이 펴 놓였더라 (단 7:9-10).

다니엘 1-6장에서는 하나님이 어떤 분이라고 직접 묘사되기보다 주변 사람들에 의해 고백되었다. 예를 들어 다니엘이 왕에게 꿈을 해석해 주자 느부갓네살 왕은 하나님의 위대하심을 인정한다. 또 다른 왕은 하나님 백성의 삶을 보고서 하나님의 능력을 깨닫고 하나님께 영광을 돌린다. 이런 이야기들은 다니엘서에 여러 번 언급되어 있다. 하지만 하나님이 어떤 분인지 직접 표현된 곳은 다니엘 7장의 기록이 처음이다. 그분은 옛적부터 항상 계셨으며 마지막 때에 심판하시는 분으로 묘사되어 있다.

둘째, 다니엘 7장은 '하나님의 백성'에 대해서 말하고 있다.

> 내가 또 밤 환상 중에 보니 인자 같은 이가 하늘 구름을 타고 와서 옛적부터 항상 계신 이에게 나아가 그 앞으로 인도되매 그에게 권세와 영광과 나라를 주고 모든 백성과 나라들과 다른 언어를 말하는 모든 자들이 그를 섬기게 하였으니 그의 권세는 소멸되지 아니하는 영원한 권세요 그의 나라는 멸망하지 아니할 것이니라 (단 7:13-14).

다니엘 7장 13-14절만 보면 "인자 같은 이"를 예수님으로 생각할 수 있다. 하지만 18절을 보면서 조금 달리 해석하는 학자들도 있다.

> 그 네 큰 짐승은 세상에 일어날 네 왕이라 지극히 높으신 이의 성도들이 나라를 얻으리니 그 누림이 영원하고 영원하고 영원하리라 (단 7:17-18).

다니엘 7장 17절에서 네 짐승이 등장한 후에 즉시 "지극히 높으신 이의 성도들이 나라를 얻[을 것]"을 언급하고, 그들이 영원히 누릴 것이라고 표현한다. 즉 '그들이 영원히 왕 노릇 하리라'는 것이다. 이를 근거로 다니엘 7장 13절에 나오는 "인자 같은 이"를 '하나님의 백성'이라고 해석하는 학자들도 있다. 즉 하나님의 백성이 나라를 얻고 영원히 누리게 된다는 뜻이다. 이것은 이어지는 구절들에 의해서 강화된다.

> 내가 본즉 이 뿔이 성도들과 더불어 싸워 그들에게 이겼더니 옛적부터 항상 계신 이가 와서 지극히 높으신 이의 성도들을 위하여 원한을 풀어 주셨고 때가 이르매 성도들이 나라를 얻었더라 (단 7:21-22).

그가 장차 지극히 높으신 이를 말로 대적하며 또 지극히 높으신 이의 성

> 도를 괴롭게 할 것이며 그가 또 때와 법을 고치고자 할 것이며 성도들은 그의 손에 붙인 바 되어 한 때와 두 때와 반 때를 지내리라(단 7:25).

> 나라와 권세와 온 천하 나라들의 위세가 지극히 높으신 이의 거룩한 백성에게 붙인 바 되리니 그의 나라는 영원한 나라이라 모든 권세 있는 자들이 다 그를 섬기며 복종하리라(단 7:27).

이럴 경우, 나는 예수 그리스도와 하나님의 백성이 하나인 것으로 볼 수도 있다고 생각한다. 실제로 사도 바울은 그리스도를 머리요, 교회를 주님의 몸으로 비유하면서 하나님의 백성인 교회가 그리스도와 하나임을 강조하였다. 이와 관련해서 우리가 주목해야 할 한 가지 사건은 사도행전 9장에서 사도 바울이 다메섹 도상에서 그리스도를 만난 사건이다. 여기서 예수님은 사울에게 왜 나를 핍박하느냐고 물으신다.

> 땅에 엎드러져 들으매 소리가 있어 이르시되 사울아 사울아 네가 어찌하여 나를 박해하느냐 하시거늘 대답하되 주여 누구시니이까 이르시되 나는 네가 박해하는 예수라(행 9:4-5).

사도 바울이 핍박한 것은 교회, 즉 하나님의 백성이었다. 하지만 예수님은 '왜 교회를 핍박하느냐'고 하시지 않고, '왜 나를 핍박하느냐'고 물으셔서 자신과 교회를 동일시하셨다. 이런 것을 감안할 때 나는 "인자 같은 이"를 그리스도와 하나 된 하나님의 백성으로 해석할 수도 있다고 생각한다.

셋째, 다니엘 7장은 '세상'에 대해서 말하고 있다. 다니엘 7장의 환상 가운데 바다에서 올라온 네 마리의 짐승은 바로 '세상'을 대표한다. 그 짐승들의 목표는 하나님의 백성을 멸하여 하나님의 뜻을 이루지 못하게 하는 것이다. 따라서 짐승으로 대표되는 세상은 하나님의 백성들을 괴롭게 한다.

> 내가 본즉 이 뿔이 성도들과 더불어 싸워 그들에게 이겼더니 (단 7:21).

> 모신 자가 이처럼 이르되 넷째 짐승은 곧 땅의 넷째 나라인데 이는 다른 나라들과는 달라서 온 천하를 삼키고 밟아 부서뜨릴 것이며 그 열 뿔은 그 나라에서 일어날 열 왕이요 그 후에 또 하나가 일어나리니 그는 먼저 있던 자들과 다르고 또 세 왕을 복종시킬 것이며 그가 장차 지극히 높으신 이를 말로 대적하며 또 지극히 높으신 이의 성도를 괴롭게 할 것이며 그가 또 때와 법을 고치고자 할 것이며 성도들은 그의 손에 붙인 바 되어 한 때와 두 때와 반 때를 지내리라 (단 7:23-25).

네 마리의 짐승들은 높으신 하나님을 거역한다. 하지만 그 짐승들은 이미 하나님의 능력과 권위가 어떤 것인지 알고 있다. 따라서 그들은 하나님의 백성인 인간을 공격 대상으로 삼는다. 인간은 짐승에 비하면 여러 면에서 연약하다. 인간은 사자처럼 강한 이빨로 먹이를 잡아채는 능력이 없으며, 곰처럼 완력이 세지도 않고, 후각이 발달되어 있지도 않다. 표범처럼 날쌔지도 않다. 쇠로 만들어진 강한 이빨을 가진 넷째 짐승에 비하면 "인자 같은 이"로 표현된 하나님의 백성은 연약해 보이기 짝이 없다. 그러니 그런 짐승들이 있는 곳에서 살아가야 하는 연약한 인간의 모습으로 그려지는 성도들의 삶은 고난과 어려움을 전제로 한다.

고난에도 끝이 있다

하나님의 백성에게 고난은 특별한 것이 아니다. 사도 베드로는 이렇게 이야기한다.

> 이를 위하여 너희가 부르심을 받았으니 그리스도도 너희를 위하여 고난을 받으사 너희에게 본을 끼쳐 그 자취를 따라오게 하려 하셨느니라(벧전 2:21).

여기서 "이를 위하여"란 '고난을 위하여'라는 의미다. 하나님의 백성이 고난 가운데 지내야 한다는 것은 얼마나 불편한 진실인가. 우리 중 누가 고난을 자처할 만큼 용감하다는 말인가. 그런 면에서 우리는 다니엘 7장의 중간과 마지막에 두 번씩이나 나오는 다니엘의 고민을 이해할 수 있다.

> 나 다니엘이 중심에 근심하며 내 머릿속의 환상이 나를 번민하게 한지라 (단 7:15).

> 그 말이 이에 그친지라 나 다니엘은 중심에 번민하였으며 내 얼굴빛이 변하였으나 내가 이 일을 마음에 간직하였느니라(단 7:28).

다니엘은 강철로 만들어져서 불구덩이에도 들어가고 물구덩이에도 주저 없이 들어가는 짐승 같은 존재가 아니다. 그는 우리와 동일한 육체를 가진 인간이다. 야고보서 5장 17절에서 사도 야고보는 위대한 선지자 엘리야를 일컬어 "우리와 성정이 같은 사람"이라고 표현했다.

예수님조차 마지막 십자가를 지시기 전에 얼마나 두려워하셨는가. 그분은 십자가를 지시기 전날 밤, 그 잔을 자신에게서 떠나가게 해달라고 간절히 기도하지 않으셨던가. 예수님은 제자들에게 자신이 얼마나 두렵고 힘든지를 숨기지 않으시고 "내 마음이 심히 고민하여 죽게 되었[다]"(막 14:34)고 말씀하셨다.

하나님의 백성이 이 어려움을 견딜 수 있는 것은 바로 하나님의 심판이 있기 때문이다. 그 심판의 날은 한 때요, 두 때요, 네 때요, 여덟 때요, 하며 기하급수적으로 늘어나는 것이 아니라, 한 때와 두 때가 지나간 후 갑자기 반 때로 끝이 나버릴 것이다. 이것이 고난 가운데 있는 하나님의 백성에게 베푸시는 하나님의 은혜다.

PART THREE

3

종말에 관한 비밀

다니엘서 후반부는 하나님의 계시를 다루고 있어서 다니엘서의 후반부를 읽는 독자들은 요한계시록과 매우 비슷한 느낌을 가질 것이다. 이것은 두 성경이 묵시 문학이라는 동일한 장르에 속하기 때문이다. '묵시'란 '계시'(啓示)와 같은 뜻으로 하나님이 지니고 있던 비밀이 인간에게 드러나게 되는 것을 말한다. 묵시 문학이 계시하는 비밀은 주로 하늘과 우주 등에 관한 것들이며 많은 상징을 사용하는데, 다니엘서와 요한계시록에 나타난 것처럼 **짐승, 사람, 숫자, 역사적 사건** 등이 사용된다.

역사적으로 볼 때 다니엘서에 나오는 환상의 의미는 많은 경우 시대 상황에 따라 다르게 해석되어 왔다. 주님이 오시기 전 유대인들은 자신들의 상황에 맞게 이 환상의 의미를 이해했을 가능성이 높다. 유대인들이 다니엘서를 성문서로 분류한 것과 달리 초대 교회는 예언서로 취급했다. 하지만 무엇보다 본문 안에 나오는 다니엘서 저자의 해석과, 다니엘서가 말하고 있는 시대 상황을 가능하면 정확하게 이해하여 다니엘서에 등장하는 환상이 우리에게 들려주려는 의도를 제대로 알아보는 것이 중요하다.

다니엘서 후반부인 7-12장은 1-6장과 비교하면 분위기가 매우 다르다. 다니엘 1-6장은 역사적 상황에서 실제로 벌어진 일들을 이야기 형태로 기록하였지만, 다니엘 7장부터는 환상만이 계속 펼쳐진다. 다니엘이 본 네 개의 환상에는 모두 해석이 들어 있지만 여전히 그 의미를 이해하기 힘든 부분이 많다.

네 가지 환상은 모두 동일한 구조를 취하고 있다. 환상 전 준비 상황, 환상의 내용, 환상을 해석하는 구조로 되어 있는데, 7장부터 나오는 네 가지 환상을 정리하면 다음 표와 같다.

	환상의 준비	환상의 내용	환상의 해석
7장	다니엘이 꿈을 꾼다.	바다에서 네 마리의 짐승이 올라오는 것과 하늘 보좌에 앉으신 분, 그리고 인자 같은 이를 본다.	천사가 나타나 짐승의 의미를 알려 준다.
8장	다니엘이 환상을 보는 장소와 시간에 대해 말해 준다.	숫양과 숫염소와 후에 나타날 뿔에 대해 보여 준다.	가브리엘이 나타나 무시무시한 왕의 등장에 대해 예언한다.
9장	다니엘이 예레미야의 책을 읽고 나서 기도한다.	가브리엘이 도착해서 다니엘에게 일흔 이레에 대해 말해 준다.	가브리엘이 일흔 이레에 대해서 해석해 준다.
10-12장	가브리엘이 도착한다.	남왕국과 북왕국 사이에 일어날 전쟁과 무시무시한 왕에 대해 예언한다.	다니엘의 질문과 천사의 대답으로 이루어지며, 다니엘에게 어떻게 살지를 권고한다.

다니엘 7장은 이미 2부 마지막에서 다루었지만 3부에서 다룰 네 가지 환상의 도입부이기도 하므로 3부 12장에서 다시 다룰 것이다. 1부에서 다니엘서 전체를 선교적 트라이앵글로 볼 수 있다고 이미 언급한 바 있는데, 12장에서는 종말이라는 프로세스를 포함한 종말의 트라이앵글이라는 관점에서 새롭게 선교의 세 가지 요소를 살펴볼 것이다.

13장은 다니엘 8장에 등장하는 두 짐승, 숫양과 숫염소에 관한 환상의 배경이 되는 바사 제국과 헬라 제국의 역사와 숫염소에 돋아난 교만한 뿔에 해당하는 인물에 대해서 살펴볼 것이다. 그는 교만하고 서슴없이 하나님을 모독한다는 면에서 신약에 나타나는 적그리스도의 상징으로 보인다.

14장에서 다루는 다니엘 9장에는 다니엘이 환상을 보기 전 이스라엘 백성의 죄악을 회개하는 기도가 등장한다. 그 후 천사가 등장하여 알려 준 종말의 시간, 즉 일흔 이레에 관해서 살펴보려고 한다. 종말은 하나님의 백성에게 힘든 시간이지만 이 기간에 끝이 있다는 것은 큰 위로가 된다.

15장은 다니엘 10장을 다룰 것인데, 마지막 환상인 '큰 전쟁'에 관한 환상을 보기 전에 다니엘이 천사와 대화하며 힘들어 하는 모습을 살펴볼 것이다.

　16장은 다니엘 11장에 해당하는 마지막 환상의 본론인 남왕국과 북왕국 사이에 일어나는 지루한 전쟁의 이야기를 분열된 헬라 제국 중 두 나라에서 일어난 구체적인 역사적 사건과 비교해 보면서 그 환상의 의미를 구체적으로 살펴볼 것이다.

　17장은 다니엘 12장을 다룰 것인데, 다니엘 12장은 다니엘서 전체의 결론이기도 하다. 다니엘 12장은 마지막 환상인 큰 전쟁에 관한 환상을 본 후 다니엘이 하나님 앞에서 가지게 되는 삶의 자세를 살펴볼 것이다.

12장
종말의 트라이앵글
_ 다니엘 7장

이미 2부 마지막 장에서 다니엘 7장의 일부를 다루었다. 다시 강조하지만 다니엘 2-7장은 아람어로 기록되어 있어서 하나님 나라에 관한 비밀을 모든 민족에게 알려 주려는 소책자와 같은 역할을 한다. 다니엘 7장은 그 소책자를 마무리하는 마지막 장인 동시에 7-12장에 등장하는 네 가지 환상의 시작이기도 하다. 따라서 앞으로 설명할 환상과의 관련성을 위해 다니엘 7장의 일부를 이 장에서 다루기로 한다.

종말의 트라이앵글

다니엘 7장에 등장하는 환상 가운데, 다니엘 2장에서 느부갓네살 왕의 꿈에 나타난 신상의 네 부분과 비교되는 네 제국의 등장과 영원한 하나님의 나라는 이미 2부 마지막에서 다루었다. 이곳에서는 2부에서 다루지 않은 다니엘 7장의 나머지 부분을 다루려고 하는데, 1부에서 언급한 선교적 트라이앵글의 모형을 원용하여 설명해 보겠다.

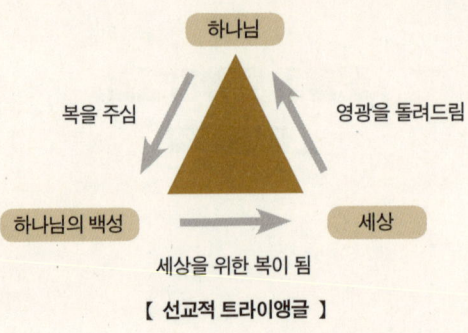

【 선교적 트라이앵글 】

이미 선교적 트라이앵글의 세 가지 요소, 즉 '하나님', '하나님의 백성', '세상'에 대해서는 자세히 설명한 바 있다. 다니엘 7장을 통해 이 선교적 트라이앵글을 '종말'이라는 관점에서 조금 달리 그려 볼 수 있다.

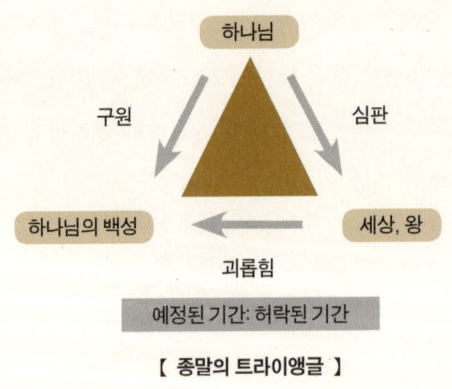

【 종말의 트라이앵글 】

종말이 되면 세상의 왕이 일어나 하나님의 백성을 괴롭힐 것이다. 하지만 하나님은 세상의 왕이 하나님의 백성을 괴롭히는 일을 그대로 내버려두지 않으신다. 괴롭힘은 하나님이 허락하신 기간에만 이루어진다. 그 예정된 기간이 끝나면 하나님은 세상의 왕을 심판하시고 하나님의 백성을 구원하신다. 이것이 다니엘서 후반부에 나타나는 환상들의 결론이기도 하다.

하나님의 심판과 종말

다니엘 7장에서 가장 주목해야 할 것은 바로 하나님의 심판이다. 9절에는 '옛적부터 항상 계신 이의 보좌'가 등장한다. 나는 "옛적부터 항상 계신 이"를 하나님이라고 표현하겠다.

종말의 가장 큰 특징 가운데 하나가 바로 '심판'이다. 종말의 의미는 사용하는 사람에 따라 매우 다양하지만, 보편적으로 인정되는 종말은 세례 요한의 선포에 나타난 종말일 것이다. 세례 요한은 이스라엘 백성들에게 이렇게 외쳤다.

"회개하라, 천국이 가까이 왔느니라"(마 3:2).

"누가 너희를 가르쳐 임박한 진노를 피하라 하더냐"(마 3:7).

"이미 도끼가 나무뿌리에 놓였으니 좋은 열매를 맺지 아니하는 나무마다 찍혀 불에 던져지리라"(마 3:10).

"손에 키를 들고 자기의 타작마당을 정하게 하사 알곡은 모아 곳간에 들이고 쭉정이는 꺼지지 않는 불에 태우시리라"(마 3:12).

세례 요한의 외침보다 종말에 대해 더 잘 표현한 것이 어디에 있겠는가! 예수님도 종말에 대해 여러 차례 말씀하셨다. 마태복음 24장에는 예수님이 감람 산 위에 앉으셨을 때 제자들이 예수님께 종말에 대해 알려 달라고 부탁했다는 기록이 있다. 제자들도 세상 끝에는 어떤 징조가 있는지 궁금했을 것이고, 그래서 예수님께 종말에 어떤 일이 일어날지에 대해서 물은 것이다. 그러자 예수님은 주저하지 않고 종말에 일어날 일들에 대해 말씀하셨다.

- 민족이 민족을, 나라가 나라를 대적하여 일어나겠고 곳곳에 기근과 지진이 있을 것이다(7절).
- 거짓 선지자가 많이 일어나 많은 사람을 미혹할 것이다(11절).
- 불법이 성하므로 많은 사람의 사랑이 식어질 것이다(12절).
- 그때에 큰 환난이 있을 것이다(21절).
- 거짓 그리스도들과 거짓 선지자들이 일어나 큰 표적과 기사를 보여 주며 심지어 믿는 사람들도 미혹할 것이다(24절).
- 번개가 동편에서 나서 서편까지 번쩍임같이 인자가 그렇게 임할 것이다(27절).
- 주검이 있는 곳에는 독수리들이 모일 것이다(28절).
- 큰 환난이 있을 것인데, 그날 환난 후에 즉시 해가 어두워지며 달이 빛을 내지 아니하며 별들이 하늘에서 떨어지며 하늘의 권능들이 흔들릴 것이다(29절).
- 그때에 인자의 징조가 하늘에서 보이고 그때에 땅의 모든 족속들이 통곡하며 그들이 인자가 구름을 타고 능력과 큰 영광으로 오는 것을 볼 것이다(30절).
- 그가 큰 나팔 소리와 함께 천사들을 보내리니 그들이 그의 택하신 자들을 하늘 이 끝에서 저 끝까지 사방에서 모을 것이다(31절).

두 번 오시는 메시아

성경 말씀을 잘 살펴보면 이스라엘 백성들은 '종말'을 메시아, 곧 그리스도가 이 세상에 오셔서 세상을 심판하시는 때라고 믿은 것 같다. 예수님의 제자들을 포함하여 당시 유대인들은 마지막 날에 그리스도께서 오시면 즉시

악한 자들에 대한 심판이 이루어지고 하나님의 나라가 완성될 것이라고 믿었다. 이러한 종말을 도식으로 그려 보면 다음과 같다.

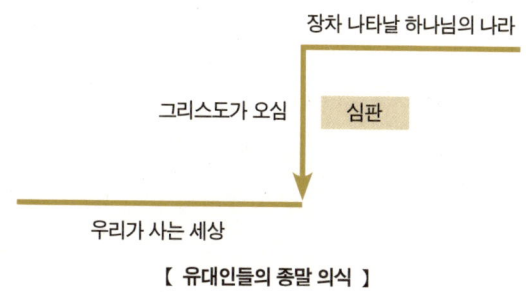

【 유대인들의 종말 의식 】

하지만 주님은 이 세상에 오셨을 때 자신이 심판주로 오신 것이 아님을 분명히 하셨다. 그런 사실을 가장 확실하게 보여 주는 장면이 누가복음 4장에 나온다. 안식일에 갈릴리의 한 회당에서 말씀을 전하시면서 예수님은 이사야 61장을 인용하셨다.

> 선지자 이사야의 글을 드리거늘 책을 펴서 이렇게 기록된 데를 찾으시니 곧 주의 성령이 내게 임하셨으니 이는 가난한 자에게 복음을 전하게 하시려고 내게 기름을 부으시고 나를 보내사 포로 된 자에게 자유를, 눈먼 자에게 다시 보게 함을 전파하며 눌린 자를 자유롭게 하고 주의 은혜의 해를 전파하게 하려 하심이라 하였더라 (눅 4:17-19).

하지만 예수님이 인용하신 이사야서 내용과 원래 이사야 61장에 기록된 내용을 비교하면 중요한 차이가 있음을 알 수 있다.

> 주 여호와의 영이 내게 내리셨으니 이는 여호와께서 내게 기름을 부으사

> 가난한 자에게 아름다운 소식을 전하게 하려 하심이라 나를 보내사 마음이 상한 자를 고치며 포로 된 자에게 자유를, 갇힌 자에게 놓임을 선포하며 여호와의 은혜의 해와 우리 하나님의 보복의 날을 선포하여 모든 슬픈 자를 위로하되(사 61:1-2).

이사야 61장 2절에는 분명히 "여호와의 은혜의 해"와 "하나님의 보복의 날"이 언급되어 있다. 하지만 예수님은 회당에 모인 유대인들 앞에서 이사야서를 읽으시면서 "보복의 날"을 생략하셨다. 이것은 예수님의 실수라기보다 다분히 의도적으로 그렇게 읽으셨다고 생각된다. 이처럼 예수님이 이사야의 예언 가운데 보복의 날을 생략하신 것은 그리스도의 초림의 성격을 잘 나타낸다. 즉 주님은 구원하기 위해 오셨지, 심판이나 보복을 위해 오신 것이 아니라는 점이다.

그렇다면 예수님이 다시 오겠다고 하신 말씀에 비춰 볼 때 주님의 오심은 두 번 이루어지는 것이 확실하다. 즉 예수님은 2,000년 전 구세주로 이 땅에 오셨고, 이제 심판주로 다시 한 번 더 오실 것이다. 그동안을 우리는 종말이라고 부른다. 그러니 종말은 어떤 시점을 말하는 것이 아니라 어떤 '기간'을 말하는 것이다. 이를 다시 도식으로 그려 보면 다음과 같다. 주님이 오신 시점부터 종말은 시작된다. 그리고 주님이 다시 오시는 때에 종말은 완성된다.

세례 요한의 때부터 사람들은 종말에 대해 많은 오해를 해왔다. 그것은 우리의 시각이 한정되어 있기 때문이다. 종말은 특정 시점이라기보다는 어떤 기간이라고 보아야 한다. 다시 말해 그리스도의 초림부터 재림에 이르는 긴 기간이 종말인데, 많은 사람이 초림과 재림의 기간을 매우 짧게 보려 했다는 점이 문제다.

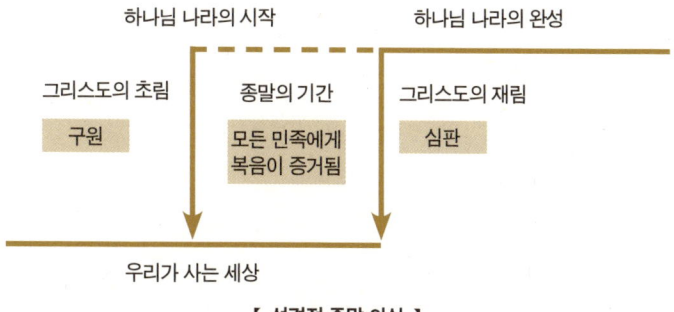

【 성경적 종말 의식 】

인도네시아 족자카르타 북쪽에는 우뚝 솟은 두 개의 산이 있다. 앞쪽에 보이는 산은 '므라삐 산'(Genung Merapi)이라 부르고, 뒤에 보이는 산은 '므르바부 산'(Genung Merbabu)이라 부른다. 멀리서 보면 두 산은 거의 붙어 있는 것처럼 보인다. 하지만 자동차를 타고 서쪽 마글랑이라는 곳에 가서 보면, 두 산이 수십 킬로미터 떨어져 있음을 확인할 수 있다. 이처럼 그리스도의 초림과 재림도 시간적으로 상당한 간격이 있다.

종말과 선교

그러나 2,000년이 지나도록 주님은 아직도 다시 오지 않으셨다. 분명한 것은 주님의 재림을 기다리는 동안 복음이 땅 끝까지 증거될 것이라는 점이다. 주님도 제자들에게 이 부분을 강조해서 말씀하셨다.

> 이 천국 복음이 모든 민족에게 증언되기 위하여 온 세상에 전파되리니 그제야 끝이 오리라(마 24:14).

이 기간에 복음이 모든 민족에게 증거될 것인데, 그 복음이 증거되는 가운데 주님의 성령께서 강하게 역사할 것을 약속하셨다. 요엘 선지자는 이 부분을 이렇게 예언하고 있다.

> 그 후에 내가 내 영을 만민에게 부어 주리니 너희 자녀들이 장래 일을 말할 것이며 너희 늙은이는 꿈을 꾸며 너희 젊은이는 이상을 볼 것이며 그 때에 내가 또 내 영을 남종과 여종에게 부어 줄 것이며(욜 2:28-29).

실제로 사도행전을 보면 복음이 증거되는 곳마다 성령의 역사가 일어났다. 가장 먼저는 예루살렘에서였다. 오순절이 이르렀을 때 성령 충만해진 사도들이 많은 유대인 디아스포라가 모인 자리에서 하나님이 그리스도를 통해 하신 일을 알렸다. 그러자 수천 명의 유대인이 그리스도를 따랐다.

그 후 사도행전 8장에는 사마리아에서 그리스도를 믿는 사람들이 성령을 경험한 일이 등장한다. 사도행전 10장에서는 베드로가 이방인인 고넬료의 집에 가서 말씀을 증거할 때 성령이 온 집에 임하시는 것을 경험한다. 이처럼 복음이 타문화에 증거되는 일에 성령의 역사가 강하게 나타났다.

요한복음에서 예수님은 자신이 가시면 보혜사 성령이 오셔서 제자들 가운데 함께하실 것이라고 말씀하셨다. 따라서 그리스도의 초림과 재림 사이의 종말 기간이야말로 성령의 시간이라고 할 수 있으며, 모든 민족에게 복음이 증거되는 선교의 시간이라고 할 수 있다.

정한 때_ 한 때, 두 때, 반 때

다니엘 7장에서 다루어야 할 중요한 주제 가운데 하나는 '정해진 때'에 관한 것이다. 정해진 때는 종말의 트라이앵글에서 언급한 것처럼 세상의 왕이 하나님의 백성을 괴롭히는 기간을 말하는데, 하나님은 우리에게 정확한 기간을 말씀하시기보다 한 때, 두 때, 반 때라는 추상적인 용어로 말씀하신다.

다니엘서에 나오는 환상과 매우 유사한 환상이 요한계시록 13장에도 등장한다.

> 내가 보니 바다에서 한 짐승이 나오는데 뿔이 열이요 머리가 일곱이라 그 뿔에는 열 왕관이 있고 그 머리들에는 신성모독 하는 이름들이 있더라 내가 본 짐승은 표범과 비슷하고 그 발은 곰의 발 같고 그 입은 사자의 입 같은데 용이 자기의 능력과 보좌와 큰 권세를 그에게 주었더라 그의 머리 하나가 상하여 죽게 된 것 같더니 그 죽게 되었던 상처가 나으매 온 땅이 놀랍게 여겨 짐승을 따르고 용이 짐승에게 권세를 주므로 용에게 경배하며 짐승에게 경배하여 이르되 누가 이 짐승과 같으냐 누가 능히 이와 더불어 싸우리요 하더라 또 짐승이 과장되고 신성모독을 말하는 입을 받고 또 마흔두 달 동안 일할 권세를 받으니라 짐승이 입을 벌려 하나님을 향하여 비방하되 그의 이름과 그의 장막 곧 하늘에 사는 자들을 비방하더라 또 권세를 받아 성도들과 싸워 이기게 되고 각 족속과 백성과 방언과 나라를 다스리는 권세를 받으니 죽임을 당한 어린양의 생명책에 창세 이후로 이름이 기록되지 못하고 이 땅에 사는 자들은 다 그 짐승에게 경배하리라(계 13:1-8).

요한계시록 13장에 등장하는 네 짐승은 다니엘 7장에 등장하는 네 짐승과 매우 흡사하다. 다니엘 7장에 등장하는 넷째 짐승에 대해 다니엘이 특별히 이름을 언급하지 않은 것이 궁금한데, 혹시라도 요한계시록에 나오는 짐승들과 다니엘서에 나오는 짐승들이 일대일 대응이 된다면 넷째 짐승은

'용'을 닮지 않았을까 상상해 본다.

요한계시록 13장에 나오는 짐승은 과장해서 말하고 특히 신성모독을 하는 말을 하며 그 기간이 "마흔두 달"(42개월)이라고 했는데, 이 표현이 매우 흥미롭다. 다니엘서에 등장하는 "한 때와 두 때와 반 때"의 때가 '연'(year)을 의미한다는 전제는 어디에도 없다. 다만 전통적으로 교회는 성경에 나오는 "때"를 1년으로 계산해 왔으므로, 한 때를 1년으로 계산한다면 "한 때와 두 때와 반 때"는 정확하게 3년 반에 해당된다. 이 숫자와 관련해서 많은 오해가 존재하는 것 같다. 분명한 것은 이 한 때, 두 때, 반 때를 합친 '3년 반'의 기간에 대해서는 이미 요한계시록 11장에도 등장하는데, 요한계시록 11장에서는 3년 반의 기간을 더 다양하게 표현하고 있다.

> 성전 바깥마당은 측량하지 말고 그냥 두라 이것은 이방인에게 주었은즉 그들이 거룩한 성을 마흔두 달 동안 짓밟으리라 내가 나의 두 증인에게 권세를 주리니 그들이 굵은 베옷을 입고 천이백육십 일을 예언하리라(계 11:2-3).

3년 반은 달로 계산하면 42개월이 되고, 날로 계산하면 1,260일이 된다. 3년 반이라는 기한은 이미 정해졌다는 의미도 있고, 원래는 완전한 수 '7'의 반에 해당되므로 고난이나 어려움의 완전한 수를 채우지 않고 중간에 어려움이 끝난다는 위로의 의미로도 생각할 수 있다.

교만한 뿔

그렇다면 우리는 다니엘 7장에 등장하는 '교만한 뿔'을 어떻게 이해하는 것이 좋을까? 요한계시록 13장에 등장하는 '못된 짐승'과 다니엘 7장에 나오는 '교만한 뿔'은 요한일서에 나오는 "적그리스도"와도 매우 유사하다.

> 아이들아 지금은 마지막 때라 적그리스도가 오리라는 말을 너희가 들은 것과 같이 지금도 많은 적그리스도가 일어났으니 그러므로 우리가 마지막 때인 줄 아노라(요일 2:18).

사도 요한은 요한일서에서 마지막 때 적그리스도가 나타날 것임을 분명히 말해 주고 있다. 사도 요한이 요한일서를 기록했을 때는 이미 안티오코스 에피파네스의 때에서 200년이 훨씬 지난 시점이다. 그렇다면 다니엘서에 나타나는 하나님의 나라를 대적하는 세력은 이미 끝난 것이 아니라 주님의 재림이 가까워오는 시점에 나타날 예표라고 보는 것이 좋을 것이다. 교만한 뿔에 관해서는 다음 장에서 더욱 자세히 살펴볼 것이다.

13장
교만한 뿔
_ 다니엘 8장

다니엘 8장부터 다니엘서는 다시 히브리어로 기록되어 있다. 2부에서 살펴본 것처럼 아람어로 기록된 부분이 다른 민족들에게도 공개된 내용이라면, 히브리어로 기록되었다는 의미는 다른 민족들에게는 일부러 감춘 것이라고 볼 수도 있을 것이다. 하지만 다니엘 8장부터 히브리어로 기록된 것은 다른 민족들에게 감추었다기보다 아마도 이스라엘 백성에게 더 중요한 의미를 가지고 있기 때문이라고 생각된다. 다니엘 8장은 다니엘 7장과 연결된다. 다니엘 7장에 등장하는 '교만한 뿔'의 이야기가 다니엘 8장에서 더 자세히 설명된다.

다니엘 8장

다니엘은 벨사살 왕 제 삼 년에 다시 환상을 본다. 강가에 두 뿔 가진 숫양이 서 있는데 그 두 뿔이 다 길었다. 그중 한 뿔은 다른 뿔보다 길었고 그 긴 것은 나중에 나온 것이었다. 그 숫양이 서쪽과 북쪽과 남쪽을 향하여 받지만 그것을 당할 짐승이 하나도 없었다. 그때 한 숫염소가 서쪽에서 나타나

　온 세상을 두루 다니는데 매우 빨리 다녔다. 그 숫염소가 숫양을 쳐서 그 두 뿔을 꺾고 짓밟았다.

　그 후 숫염소가 더욱 강해졌는데, 갑자기 그 염소의 큰 뿔이 꺾이고 그 대신에 커다란 뿔 넷이 사방을 향하여 났다. 그중 한 뿔에서 또 작은 뿔 하나가 나서 남쪽과 동쪽과 또 영화로운 땅을 향하여 매우 커졌는데 그것이 하늘 군대와 별들 중의 몇을 땅에 떨어뜨리고 그것들을 짓밟고 또 스스로 높아져서 하나님을 대적하며 그에게 매일 드리는 제사를 없애 버렸고 그의 성소를 헐었으며 그의 악으로 말미암아 백성이 매일 드리는 제사가 변질되었다. 다니엘은 하늘의 존재들에게서 이런 일이 이천삼백 주야 동안 이루어지고 그 후에 성소가 정결하게 되리라는 말을 듣는다. 다니엘에게 환상의 의미를 깨닫게 해주기 위해 천사 가브리엘이 나타났을 때 다니엘은 무척 두려워 얼굴을 땅에 대고 엎드려 있었다. 천사 가브리엘은 다니엘에게 그가 본 환상이 "정한 때 끝"에 관한 것이라고 알려 준다. 천사 가브리엘이 말할 때 다니엘은 얼굴을 땅에 대고 엎드려 깊이 잠들었는데, 천사 가브리엘은 다니엘을 어루만지며 일으켜 세우고 "진노하시는 때가 마친 후에 될 일을 내가 네게 알게 하리니 이 환상은 정한 때 끝에 관한 것"(단 8:19)이라고 말해 준다.

천사 가브리엘은 구체적으로 다니엘에게 환상의 의미를 알려 준다. 다니엘이 본 두 뿔 가진 숫양은 곧 메대와 바사 왕들이며, 털이 많은 숫염소는 헬라 왕이다. 그의 두 눈 사이에 있는 큰 뿔은 곧 그 첫째 왕이고, 이 뿔이 꺾이고 그 후에 네 뿔이 났는데 그 나라 가운데에서 네 나라가 일어난다. 그들은 첫째 왕의 권세에 미치지 못한다. 이 네 나라의 마지막 때에 한 왕이 등장하는데, 그 얼굴은 뻔뻔하며 속임수에 능하며 그가 장차 놀랍게 파괴 행위를 하고 자의로 행하여 형통하며 강한 자들과 거룩한 백성을 멸할 것이다. 그가 꾀를 베풀어 제 손으로 속임수를 행하고 마음에 스스로 큰 체하며 또 평화로운 때에 많은 무리를 멸하며 또 스스로 서서 만왕의 왕을 대적할 것이지만 그는 결국 깨질 것이다. 그리고 가브리엘은 다니엘에게 그 환상을 간직하라고 당부한다. 환상을 본 후 다니엘은 지쳐서 여러 날 앓다가 일어나서 왕의 일을 본다.

숫양_ 키루스 대왕

다니엘서를 읽는 독자들 가운데 다니엘 7장으로 넘어오면서 갑자기 어려움을 느끼는 분들이 계시다면, 다니엘서의 역사적 배경을 아는 것이 조금 도움이 될 것이다. 오늘날 이란과 이라크에 해당하는 옛날 페르시아와 터키의 중근동, 오늘날 그리스와 로마에 해당하는 유럽, 그리고 이집트의 역사가 우리에게는 그리 익숙지 않을 수 있다. 따라서 다니엘서를 잘 이해하기 위해서는 이들 지역의 역사를 이해하는 것이 필요하다.

1부 3장에서 바빌로니아(바벨론)로 시작되는 네 제국에 대해서 간략하게나마 이미 서술한 바 있다. 다니엘 8장은 다니엘의 환상에 등장하는 두 뿔 가진 숫양을 메디아(매대)와 페르시아(바사) 제국으로, 그리고 서쪽에서 나타난 숫염소를 헬라 제국이라고 언급하고 있다. 그러니 두 번째 환상은 다니엘 7장에서 12장에 이르는 네 가지 환상 가운데 시대와 관련해서 가장 명확한 단서를 주는 환상이라고 할 수 있다. 따라서 환상의 의미를 깊이 이해하기 전에 이 나라들에 대한 역사적 고찰이 우선되어야 한다.

　다니엘 5장에서 메디아와 페르시아의 관계에 대해 설명했는데, 독자들이 이 두 나라에 대해 아직 혼란스러워 할 것 같아 조금 더 설명을 하고자 한다. 두 뿔 가진 양의 한 뿔은 크고 다른 한 뿔은 작다고 한 것은 메디아와 페르시아의 관계를 잘 나타내는 것으로 보인다. 메디아와 페르시아는 신라와 고구려의 관계 정도로 이해할 수 있다. 고구려는 신라보다 큰 나라였다. 하지만 신라가 북쪽으로 진격해 고구려를 없애고 통일 신라를 이루었는데, 역사의 관점에서 볼 때 고구려는 없어졌다기보다 신라에 흡수되었다고 해야 할 것이다.

　이처럼 메디아는 페르시아보다 먼저 시작되었고, 더 큰 나라였지만 작은 나라인 페르시아에 흡수되었다. 메디아를 흡수한 페르시아의 왕이 키루스(고레스) 대왕이다. 그의 탄생에 대한 재미있는 일화가 있는데, 그 일화를 알게 되면 바사와 메대, 즉 페르시아와 메디아, 두 나라의 관계를 더 잘 이해할 수 있을 것이다.

　메디아의 왕인 아스티아게스의 딸 만다네가 어느 날 꿈을 꾸었는데, 꿈에 소변을 보았더니 세상이 잠기게 되었다. 꿈을 해몽하는 사람들은 만다네가 아들을 낳을 것인데 그가 결국 천하를 다스리게 될 것이라고 말한다. 아스티아게스 왕은 공주가 낳을 아들로 인해 자신의 왕좌가 불안해질 것이라 생각하고 자신의 딸 만다네를 메디아의 속국인 페르시아의 캄비세스라는 청년에게 시집보내는데, 얼마 되지 않아 만다네는 캄비세스의 아들을 낳는다. 이 아스티아게스 왕의 손자가 페르시아의 왕이 되고 후에 메디아를 공격하여 흡수하고, 결국에는 바빌로니아 제국까지 멸망시켜 큰 제국을 세우는데, 그가 바로 키루스 2세다.

키루스 대왕의 치적은 우리에게 잘 알려져 있지 않지만 역사적으로 매우 훌륭한 대왕으로 인정받고 있다. 키루스 대왕은 자신의 제국을 더욱 확장시켜 현재의 터키에 해당하는 리디아를 공격하는데, 리디아의 왕이던 크로이소스를 통해 헬라의 철학자 솔론의 이야기 등을 들으며 많은 통찰을 얻었다. 키루스 대왕의 이런 열린 태도는, 바빌로니아를 대제국으로 만들고 통치했지만 자신의 생각에만 갇혀 있던 네부카드네자르(느부갓네살) 왕과 비교된다. 이 키루스 대왕이 성경이 언급한 '고레스 왕'이다. 고레스 왕에 대해서는 이사야서와 역대하에도 기록되어 있다.

> 고레스에 대하여는 이르기를 내 목자라 그가 나의 모든 기쁨을 성취하리라 하며 예루살렘에 대하여는 이르기를 중건되리라 하며 성전에 대하여는 네 기초가 놓여지리라 하는 자니라 여호와께서 그의 기름 부음을 받은 고레스에게 이같이 말씀하시되 내가 그의 오른손을 붙들고 그 앞에 열국을 항복하게 하며 내가 왕들의 허리를 풀어 그 앞에 문들을 열고 성문들이 닫히지 못하게 하리라 (사 44:28-45:1).

바사의 고레스 왕 원년에 여호와께서 예레미야의 입으로 하신 말씀을 이루시려고 여호와께서 바사의 고레스 왕의 마음을 감동시키시매 그가 온 나라에 공포도 하고 조서도 내려 이르되 바사 왕 고레스가 이같이 말하노니 하늘의 신 여호와께서 세상 만국을 내게 주셨고 나에게 명령하여 유다 예루살렘에 성전을 건축하라 하셨나니 너희 중에 그의 백성 된 자는 다 올라갈지어다 너희 하나님 여호와께서 함께하시기를 원하노라 하였더라(대하 36:22-23).

다니엘 3장에서 느부갓네살 왕이 금 신상을 세우고 모든 백성과 모든 나라와 각 방언을 하는 사람들을 모아 그 신상 앞에 절하게 한 사건에서도 드러난 것처럼 바벨론 제국은 다른 민족들의 문화와 종교를 허용하지 않고 바벨론의 종교를 강요했다. 이와는 대조적으로 바사(페르시아)의 고레스(키루스) 대왕은 유대인들에게 자기 고향으로 돌아가 성전을 다시 건설하고 하나님을 예배하게 하여 자신이 통치하는 제국 내의 여러 종교를 포용하는 모습을 보여 주었다. 그런데 다니엘이 본 환상 가운데 갑자기 숫염소가 나타나 숫양을 멸망시키는데 그 숫염소는 서쪽에서 나타난다. 당시 서쪽에 있던 나라는 그리스라고 불리는 헬라였다.

숫염소_ 알렉산드로스 대왕

다니엘 8장에서 숫염소로 표현된 알렉산드로스 대왕이 등장하기 전까지 페르시아와 그리스의 관계를 대강 이해하는 것이 좋을 것 같다. 이미 1부 3장에서 그리스와 페르시아를 간략하게 소개한 것처럼 페르시아는 당시 오리엔트 지역을 호령하던 대제국이었고, 그리스는 그리스 반도와 이오니아 해안의 도시 국가들의 연합체에 불과했다.

그러니 대제국 페르시아 입장에서 본다면 그리스는 그렇게 신경 쓸 필요가 없는 변두리 나라에 불과했다. 하지만 주전 490년과 480년에 일어난

두 번의 페르시아 전쟁은 그때까지만 해도 별 볼 일 없던 그리스를 일약 강국으로 올려놓았다. 보통 외부 침입이 있을 때는 단결하지만 평화의 시기에는 나뉘어 지내는 것이 편한 그리스 사람들은 페르시아가 더는 걱정거리가 되지 않자 내부적으로 전쟁을 치르게 된다.

그리스 본토의 도시 국가들이 내전으로 세력이 약화되었을 때, 그리스 전체를 통치하는 왕이 등장하게 되는데 그가 바로 마케도니아의 필리포스 2세다. 필리포스 2세는 그리스 본토에 있는 대부분의 도시 국가를 지배하면서 국가의 시선을 외부로 돌려 자신의 입지를 견고하게 하고 싶었다. 그 대상은 페르시아였고, 전쟁의 명분은 그리스를 두 번씩이나 침공한 페르시아가 다시는 그리스를 넘보지 못하게 만들자는 것이었다. 하지만 필리포스 2세는 뜻을 이루기 전에 살해된다.

필리포스 2세의 뒤를 이어 등장하는 사람이 바로 그의 아들이자, 다니엘 8장에서 '온 지면에 두루 다니되 땅에 닿지 않는 숫염소'로 표현된 알렉산드로스 대왕이다. 알렉산드로스는 주전 336년에 약관 20세의 나이로 마케도니아의 왕으로 즉위하고 그리스 전체를 호령하는 왕이 된다. 아버지 필리포스 2세의 유지를 받들어 알렉산드로스는 페르시아 본토를 침공한다. 그는 용맹하고 지략이 출중했다. 페르시아는 알렉산드로스가 처음 전쟁을 걸어왔을 때 애송이의 철없는 행동 정도로만 여겼다. 하지만 페르시아는 연전연승하는 알렉산드로스에게 결국 무릎을 꿇고 만다. 그리고 페르시아 제국은 역사 속으로 사라진다.

두 왕국과 예루살렘

알렉산드로스가 페르시아 원정을 시작한 것은 주전 334년, 알렉산드로스

【 알렉산드로스 대왕의 헬라 제국 】

의 나이 20대 초반일 때였다. 그의 원정으로 그리스에서 가장 가까운 터키, 남쪽으로 시리아, 이스라엘, 이집트, 그리고 동쪽으로 페르시아의 모든 영토와 인도의 서부까지 모두 헬라 제국이 되었다. 알렉산드로스는 어린 시절 자신의 가정교사인 그리스 철학자 아리스토텔레스에게 헬라의 문화와 철학을 배웠고 헬라 문화 전반에 대한 자부심이 대단했다. 알렉산드로스 대왕은 자신이 점령한 곳은 어디서나 헬라어를 사용하도록 했는데 이것은 앞으로 다가올 복음 전파에 중요한 무대를 마련하게 된다.

알렉산드로스는 원정을 마치고 그리스로 돌아오는 도중에 병이 들어 33세의 젊은 나이에 갑작스럽게 죽게 된다. 그는 후사가 없었고, 제대로 된 유언장을 남기지 않았기 때문에 알렉산드로스가 만들어 놓은 헬라 제국은 네 명의 장군에 의해 분할되었다. 지도(179쪽)에서 보는 것처럼 헬라 제국은 셀레우코스 왕조, 프톨레마이오스 왕조, 마케도니아 왕조, 리시마코스 왕조

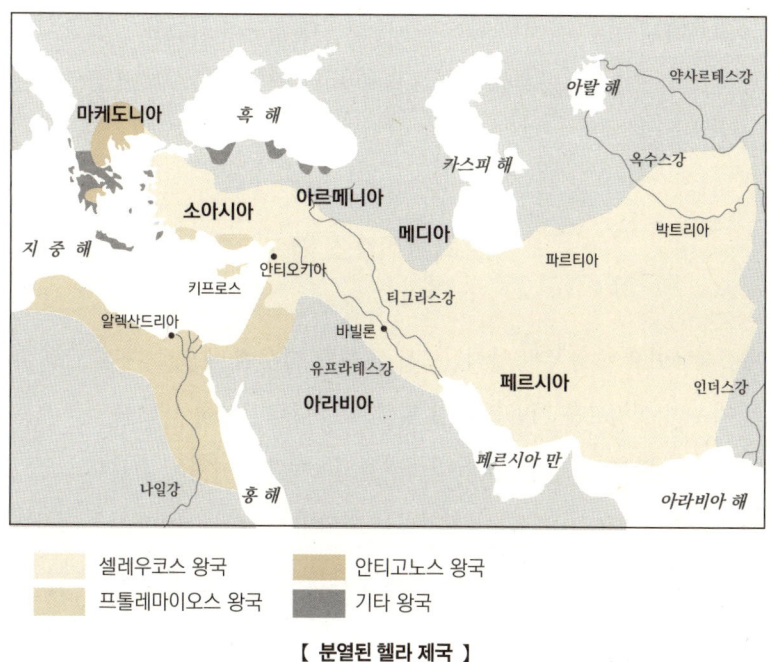

【 분열된 헬라 제국 】

로 분열되었는데, 이중 리시마코스 왕조는 얼마 되지 않아 셀레우코스 왕조에 정복당했다.

다니엘 8장은 이러한 역사적 상황을 이렇게 기술하고 있다.

> 숫염소가 스스로 심히 강대하여 가더니 강성할 때에 그 큰 뿔이 꺾이고 그 대신에 현저한 뿔 넷이 하늘 사방을 향하여 났더라(단 8:8).

> 털이 많은 숫염소는 곧 헬라 왕이요 그의 두 눈 사이에 있는 큰 뿔은 곧 그 첫째 왕이요 이 뿔이 꺾이고 그 대신에 네 뿔이 났은즉 그 나라 가운데에서 네 나라가 일어나되 그의 권세만 못하리라(단 8:21-22).

그런데 다니엘 8장에 나오는 환상과 관련해서 관심을 가져야 할 두 나라가 바로 이스라엘의 남쪽에 있는 프톨레마이오스 왕국과 북쪽에 있는 셀레우코스 왕국이다.

프톨레마이오스 왕국

프톨레마이오스 왕국은 알렉산드로스 대왕 사후에 넷으로 나뉜 분열 왕국 가운데 이집트를 기반으로 한 왕국으로, 다니엘서에서 '남방 왕국'으로 지칭된다. 알렉산드로스 대왕이 사망한 후 이집트 지역을 관할하고 있었던 프톨레마이오스 장군은 구원자라는 의미의 '소테르'라는 호칭을 취하며 주전 323년에 왕으로 즉위했다. 이로써 프톨레마이오스 왕국이 건국되었고, 주전 30년에 로마 제정의 기초를 놓은 카이사르의 정부(情婦)로 잘 알려진 클레오파트라의 죽음과 함께 로마에 정복되어 멸망하고 말았다.

프톨레마이오스 왕국의 초대 왕이 된 프톨레마이오스 소테르는 남부 시리아에서 남쪽의 누비아까지 뻗은 지역들을 지배하는 강력한 왕조를 만들었다. 프톨레마이오스 왕국의 수도는 알렉산드리아였는데, 이 도시는 알렉산드로스 대왕의 이집트 방문을 기념하여 만들어졌으며, 그리스 문화와 교역의 주요 중심지였다. 프톨레마이오스 왕조의 두 번째 왕인 프톨레마이오스 필라델포스는 수도인 알렉산드리아에 세계에서 가장 큰 도서관을 지었는데, 그곳에 장서로 보관하려던 책 중 하나가 유대인들의 경전인 구약 성경이었다. 이런 이유로 구약 성경은 주전 220년경 헬라어로 번역되었는데, 이것은 선교적으로 매우 중요한 사건으로 기록된다.

이집트 사람들에게 인정받기 위해 프톨레마이오스 왕국의 왕들은 스스로를 파라오의 후계자라 칭하며 고대 이집트의 전통을 받아들이려고 노력했지만, 프톨레마이오스 왕조의 사람들은 이집트인들과 완전히 동화되지 않고 그리스 사람으로서 구별되는 사회 계층으로 남았다. 프톨레마이오스 왕국은 외국과 끊임없는 전쟁을 치르면서 쇠퇴하였고, 결국에는 셀레우코스 왕국처럼 로마에 합병되었다.

셀레우코스 왕국

셀레우코스 왕국은 알렉산드로스 대왕의 부하인 셀레우코스가 주전 312년에 시작한 왕국이다. 처음에는 메소포타미아 지역을 중심으로 하는 작은 왕국이었지만 차츰 영토를 넓혀 프톨레마이오스 왕국을 능가하는 큰 나라가 되었다.

셀레우코스 왕국의 왕들은 프톨레마이오스 왕국의 왕들이 현지 문화와 관습을 잘 수용한 것과 달리 헬레니즘 문화의 우월성을 강조하면서 피지배 계층의 문화를 탄압하고 그리스화를 강요했다. 그로 인해 피지배 민족 사이에서 잦은 갈등과 반란이 일어났으며 이 갈등과 반란을 진압하기 위해 힘을 소진하면서 날이 갈수록 국력이 약해져 갔다.

셀레우코스 왕국의 제6대 왕인 안티오코스 3세는 이런 상황을 타개하고자 자주 해외 원정을 벌였다. 그는 프톨레마이오스 왕국과 마우리아 왕조와의 전쟁에서는 패배했으나 파르티아 등 제국의 패권에 도전하는 동방 민족들을 상대로 하는 전쟁에서 승리하여 많은 영토를 회복하였다. 또한 프톨레마이오스 왕국과의 대결에서도 승리해 중동 지역에서 우위를 확립했다. 그러나 안티오코스 3세는 로마와의 전투에서 패하면서 제국을 지배하려던 군사력과 패권을 잃었으며, 재개한 동방 원정 중 암살당하고 말았다.

셀레우코스 왕국의 제8대 왕인 안티오코스 4세는 왕국의 재확장을 꾀했으나 로마의 견제에 계속 가로막혔다. 그는 주전 167년에 예루살렘을 공격하여 성전을 제우스의 신전으로 바꾸는 등 하나님 보시기에 가증한 일을 저질렀다.

결국 셀레우코스 왕국은 동방에서 강성해지던 파르티아와의 전쟁에 패한 뒤 대부분의 영토를 잃고 시리아만을 가진 소왕국으로 전락하였다. 이후 대부분의 왕이 살해당하는 혼란기가 찾아왔고, 결국 셀레우코스 왕국도 프톨레마이오스 왕국처럼 로마 제국에 멸망당했다.

안티오코스 에피파네스

앞에서 두 왕국의 관계에 대해 설명한 것을 보면서 독자들도 느끼겠지만, 북왕국인 셀레우코스 왕국과 남왕국인 프톨레마이오스 왕국은 끊임없이 전쟁을 벌였다. 문제는 그 사이에 끼인 이스라엘의 운명이다. 처음 유대 지역은 프톨레마이오스 왕국에 편입되어 있었다. 하지만 셀레우코스 왕국의 안티오코스 3세의 정복 야욕으로 유대 지역이 셀레우코스 왕국에 포함되었는데, 그로 말미암아 유대 지역은 어려움을 당한다. 가장 최악의 상황은 안티오코스 에피파네스가 예루살렘에 행한 만행인데, 아마도 다니엘 8장에 묘사된 환상은 이때의 일을 예언한 것이 아닌가 생각된다.

> 그중 한 뿔에서 또 작은 뿔 하나가 나서 남쪽과 동쪽과 또 영화로운 땅을 향하여 심히 커지더니 그것이 하늘 군대에 미칠 만큼 커져서 그 군대와 별들 중의 몇을 땅에 떨어뜨리고 그것들을 짓밟고 또 스스로 높아져서 군대의 주재를 대적하며 그에게 매일 드리는 제사를 없애 버렸고 그의 성소를 헐었으며 그의 악으로 말미암아 백성이 매일 드리는 제사가

넘긴바 되었고 그것이 또 진리를 땅에 던지며 자의로 행하여 형통하였더라 내가 들은즉 한 거룩한 이가 말하더니 다른 거룩한 이가 그 말하는 이에게 묻되 환상에 나타난바 매일 드리는 제사와 망하게 하는 죄악에 대한 일과 성소와 백성이 내준 바 되며 짓밟힐 일이 어느 때까지 이를꼬 하매(단 8:9-13).

가브리엘은 앞서 등장한 환상에 대해 다음과 같이 그 뜻을 다니엘에게 알려 주었다.

이 네 나라 마지막 때에 반역자들이 가득할 즈음에 한 왕이 일어나리니 그 얼굴은 뻔뻔하며 속임수에 능하며 그 권세가 강할 것이나 자기의 힘으로 말미암은 것이 아니며 그가 장차 놀랍게 파괴 행위를 하고 자의로 행하여 형통하며 강한 자들과 거룩한 백성을 멸하리라 그가 꾀를 베풀어 제 손으로 속임수를 행하고 마음에 스스로 큰 체하며 또 평화로운 때에 많은 무리를 멸하며 또 스스로 서서 만왕의 왕을 대적할 것이나 그가 사람의 손으로 말미암지 아니하고 깨지리라(단 8:23-25).

하나님의 예언은 그대로 이루어졌다. 안티오코스 4세는 자신을 제우스의 현현이라는 의미로 '안티오코스 에피파네스'라고 불렀지만, 사람들은 그의 광기를 조롱하기 위해 미쳤다는 의미의 '에피마네스'라 불렀다. 그는 자신이 파도를 다스린다고까지 떵떵거렸지만 결국은 하나님의 손에 급살당하고 말았다.

적그리스도

다니엘 7장에서 12장까지 이어지는 환상에 나오는 큰 주제는 '가증한 인물'이다. 다니엘 11장에 나오는 환상을 역사 속에서 일어난 사건으로 설명할 때 그 인물의 모습은 더 분명해질 것이지만 여기에서는 간략하게만 언급하고자 한다. 그는 역사적으로 실재한 인물과 매우 흡사한데 셀레우코스 왕국의 안티오코스 4세라는 인물로 추정된다.

셀레우코스 왕국의 안티오코스 4세는 주전 167년에 예루살렘 성전을 제우스의 신전으로 바꾸어 버렸으니, 이것은 유대인들에게 가장 치욕적인 폭거였다. 성전 안에서는 제우스를 위해 돼지로 제사를 지냈고, 성전 옆에는 짐나지움이라고 하는 현재의 피트니스장 같은 곳을 만들었는데 그곳에서 운동하는 사람들은 모두 나체로 운동을 해야 했다.

이런 상태를 도저히 보고만 있을 수 없다고 생각한 사람들이 있었는데, 그 가운데 한 명이 유다 마카베오였다. 제사장 집안 출신인 그는 주전 164년, 자신의 뜻에 동조하는 사람들을 규합해 예루살렘 성전을 무력으로 점령하고 안티오코스 4세가 해놓은 일을 모두 되돌려 놓았다. 그리고 성전을 다시 하나님께 봉헌했다.

공교롭게도 유다 마카베오가 성전을 다시 하나님께 봉헌한 해인 주전 164년에 가증한 인물인 안티오코스 4세는 급사하고 만다. 이런 사건들을 연결해 볼 때 예루살렘 성전이 이방인의 신전이 되고 가증한 일들이 벌어진 시점부터 다시 성전이 깨끗해지는 시점까지 3년 반 정도 걸렸다는 점에서 많은 사람이 "한 때와 두 때와 반 때"를 이 사건과 연관 지으려 한다.

그렇다고 해서 하나님의 거룩한 곳에 가증한 것이 서는 일이 주전 164년 안티오코스 4세의 죽음으로 완전히 끝났다고 할 수는 없다. 예수님은 마태복음 24장에서 다시 한 번 "가증한 것이 거룩한 곳에 서는 것을 보거든"(15절)이라고 하시며 그 일은 이미 끝난 것이 아니라 앞으로 올 사건의 예표임을 말씀하신 바 있다.

일어나 왕의 일을 보았느니라

다니엘 8장은 대부분 다니엘 7장에서 말한 교만한 뿔에 관해 자세히 기록하고 있다. 우리는 다니엘이 본 환상에 대해 별다른 느낌이 없을지도 모른다. 하지만 그 환상을 보는 다니엘에게는 엄청나게 두렵고 무서운 광경들이었을 것이다. 그래서 8장 마지막은 다음과 같이 기록되어 있다.

> 이에 나 다니엘이 지쳐서 여러 날 앓다가 일어나서 왕의 일을 보았느니라 내가 그 환상으로 말미암아 놀랐고 그 뜻을 깨닫는 사람도 없었느니라 (단 8:27).

그는 환상 때문에 여러 날 누워 앓아야 했다. 하지만 우리가 꼭 기억해야 할 단어가 하나 있다. 그것은 다니엘이 그 와중에도 일어나 왕의 일을 다시 보았다고 하는 것이다. 다니엘은 전임으로 사역을 하는 사역자가 아니었다. 그는 직장이 있는 사람이었다. 그러나 그는 직장의 일을 사역적인 이유로 게을리 하지 않았다.

그의 직장이 우리가 보편적으로 생각하는 직장보다 조금 고급스럽고 편안해 보일 수는 있다. 하지만 직장에서 직위가 높고 편안하다는 것은 그만큼 그의 책임이 더욱 막중하다는 것을 의미한다. 다니엘의 지위는 우연히 주어진 것이 아니다. 다니엘 6장에는 그의 마음이 '민첩했다'고 기록되어 있으며 동시에 '허물이 없었다'고 기록되어 있다.

> 다니엘은 마음이 민첩하여 총리들과 고관들 위에 뛰어나므로 왕이 그를 세워 전국을 다스리게 하고자 한지라 이에 총리들과 고관들이 국사에 대하여 다니엘을 고발할 근거를 찾고자 하였으나 아무 근거, 아무 허물도 찾지 못하였으니 이는 그가 충성되어 아무 그릇됨도 없고 아무 허물도 없음이었더라 (단 6:3-4).

이것은 다니엘이 매우 근면하고, 다른 사람이 따라올 수 없는 전문성과 정직성을 가지고 있었음을 의미한다. 하나님의 백성은 때로 사악한 세상 속에 뿌리를 내리고 일하며 하나님을 증거하게 된다. 선교적 차원에서 우리가 머무는 자리가 얼마나 중요한가에 대해 다니엘이 보여 주는 모범은 대단하다. 두 번째 환상을 볼 때 그의 나이는 이미 80세 정도가 되었을 것이다. 하지만 그는 직장에서 인정받는 사람이었고, 그 직장을 통해 하나님의 살아 계심을 계속 증거하고 있었다.

14장
일흔 이레
_ 다니엘 9장

다니엘 9장은 다니엘서 후반부에 나오는 네 개의 환상 가운데 세 번째에 해당되는데, 환상의 내용이 매우 독특하다. 앞에서 다니엘서 후반부의 네 가지 환상이 환상 전 준비, 환상, 환상 후 해석으로 구분된다고 언급한 바 있다. 다니엘 9장 앞부분에는 환상의 준비로 다니엘이 예레미야의 글을 읽다가 '70'이라는 숫자를 보면서 하나님께 올리는 긴 기도가 기록되어 있다. 다니엘 9장에 등장하는 환상은 다니엘 7장에 등장하는 무시무시한 네 마리의 짐승이나 다니엘 8장에 등장하는 양과 염소처럼 스펙터클한 환상이 아니다. 하지만 계속되는 종말의 프로세스 속에 등장하는 종말의 시간에 대해 중요한 암시를 주고 있다.

다니엘 9장

다리오 왕이 통치를 시작한 첫 해에 다니엘은 예레미야 선지자의 글을 읽다가 예루살렘이 70년 동안 황폐해지고 마침내 그칠 것이라는 말씀을 깨닫고 금식하며 기도한다. 다니엘은 먼저 이스라엘 백성들이 하나님 앞에서 얼마나 불순종하였는지를 회개한다. 기도 속에서 다니엘은 하나님이 모세를 통해 주신 율법에 말씀하신 대로 이스라엘 백성들에게 벌을 내리셨음을 인정한다.

하지만 다니엘은 하나님의 인자하심을 근거로 그 벌을 거두어 주시기를 간구한다. 그는 하나님께 자신의 기도를 들으시고 인애를 베풀어 달라고 간청한다. 다니엘은 기도를 통해 이스라엘 백성이 하나님의 백성이며 하나님의 이름으로 일컫는 사람들임을 하나님께 상기시켜 드린다. 그리고 자신이 기도하는 근거는 자신의 의로움이 아니라 하나님의 긍휼하심임을 명확히 한다.

이렇게 기도할 때 천사 가브리엘이 나타나 다니엘에게 그가 고민하고 있던 의미들을 설명해 준다. 천사 가브리엘은 다니엘에게 지혜와 총명을 주겠다고 약속하고, 다니엘을 "은총을 입은 자"(단 9:23)라고 부른다. 하나님이 그 백성들과 거룩한 성을 위해 "일흔 이레"를 기한으로 정하셨다는 사실과, 이스라엘의 죄와 허물이 사함받고, 거룩한 곳에 혹은 거룩한 사람에게 기름이 부어질 것을 예언한다.

그리고 다시 일흔 이레 가운데 기름 부음을 받은 자가 나타날 것을 중심으로 일곱 이레와, 예순두 이레가 지나며, 성이 중건되고, 광장과 거리가 세워질 것을 예언한다. 하지만 예순두 이레 후에 기름 부음을 받은 자가 끊어지고, 어떤 왕의 백성들이 나타나 성읍과 성소를 무너뜨리고 전쟁을 일으켜 황폐해질 것이라고 예언한다. 그리고 마지막 이레의 절반에 제사와 예물을 금하고, 포악하고 가증한 것이 설 것이며, 하나님이 정한 종말까지 진노가 황폐하게 하는 자에게 쏟아질 것이라고 예언한다.

하나님의 말씀을 묵상하며

다니엘은 아마도 예레미야 선지자가 한 예언의 기록을 읽고 묵상하고 있었을 것이다. 다니엘이 예레미야 선지자의 글을 묵상하며 읽었다는 사실은 매우 신선하다. 경건한 하나님의 백성은 하나님의 말씀을 깊이 묵상하는 자들이다. 하나님은 다니엘에게 하셨듯이 환상이나 천사들을 통해 말씀하시기도 하지만, 이미 선지자들이나 사도들을 통해 전해 주신 성경을 통해서도 하나님의 백성에게 말씀하신다. 그러므로 하나님의 뜻을 구하는 하나님의 백성은 부지런히 하나님의 말씀을 묵상해야 한다. 다니엘이 읽은 예레미야 선지자의 글은 이런 내용이 아니었을까?

> 보라 내가 북쪽 모든 종족과 내 종 바벨론의 왕 느부갓네살을 불러다가 이 땅과 그 주민과 사방 모든 나라를 쳐서 진멸하여 그들을 놀램과 비웃음거리가 되게 하며 땅으로 영원한 폐허가 되게 할 것이라 여호와의 말씀이니라 내가 그들 중에서 기뻐하는 소리와 즐거워하는 소리와 신랑의 소리와 신부의 소리와 맷돌 소리와 등불 빛이 끊어지게 하리니 이 모든 땅이 폐허가 되어 놀랄 일이 될 것이며 이 민족들은 칠십 년 동안 바벨론의 왕을 섬기리라 여호와의 말씀이니라 칠십 년이 끝나면 내가 바벨론의 왕과 그의 나라와 갈대아인의 땅을 그 죄악으로 말미암아 벌하여 영원히 폐허가 되게 하되(렘 25:9-12).

하나님은 이스라엘 백성을 느부갓네살 왕의 손에 붙이는 것을 정해 놓으셨지만, 70년 후에 해방시킨다는 것도 정해 놓으셨다. 조국을 멸망시킨 적국을 하나님이 심판하신다면 다니엘은 기뻐해야 하는 것 아닌가? 하지만 다니엘 9장을 보면 다니엘은 전혀 다른 반응을 보이고 있다.

선지자적 비관주의

일반적으로 선지자들은 대부분 비관주의자다. 그들은 하나님의 백성이 잘못하고 있는 것을 보는 사람들이며 그 잘못이 가져다줄 결과가 무엇인지를 미리 내다보는 사람들이기 때문에 비관적일 수밖에 없다. 예를 들어 우리나라가 일본의 압제를 받는 동안 우리의 유일한 소망은 조선의 독립이었다. 하지만 조선이 독립한 후에 벌어진 일들은 얼마나 혼란스럽고 어려웠던가. 미국과 소련에 의해 신탁 통치가 이루어지고, 이를 반대하여 남북이 나뉘고, 결국에는 남북이 서로를 죽이는 내전이 벌어지고, 수백만 명이 죽고, 아이들은 고아가 되는 광경을 미리 상상한 사람이 있었다면, 그는 결코 조선의 독립을 낭만적으로 생각할 수 없었을 것이다.

다니엘은 예레미야 선지자의 예언처럼 70년 후 유다가 다시 독립했을 때 일어날 일들을 미리 보았을 것이며, 그로 인해 엄청난 혼란 속에서 지내야만 했을 것이다. 실제로 일어난 일들을 공동번역 성서의 외경에 있는 마카베오하서에서 인용해 보면 다음과 같다.

> 거기(예루살렘)에서 그(안티오코스 에피파네스)는 만나는 사람마다 가차 없이 칼로 쳐 죽이고 집으로 도망간 사람들을 모두 학살해 버리라고 부하들에게 명령했다. 이렇게 되어 젊은이와 늙은이의 살육, 여자와 어린이의 학살, 처녀와 젖먹이의 도살이 자행되었다. 단 사흘 만에 팔만 명이 살해되었는데 그중 사만 명은 백병전을 하다가 죽었다. 그뿐 아니라 노예로 잡혀간 사람의 수도 살해된 사람의 수만큼 많았다. 안티오코스 에피파네스

는 이것으로 만족하지 않고 무엄하게도 세계에서도 가장 성스러운 성전으로 들어갔다. …… 안티오코스는 거룩한 기물에 그 더러운 손을 대고 또 다른 왕들이 이 성전의 발전과 영광과 영예를 위해서 바쳤던 봉헌물을 그 더러운 손으로 마구 쓸어 갔다(마카베오하 5:12-16).

다니엘의 환상에는 구체적으로 나타나지 않지만 이런 상상을 해보자. 유대인들은 고레스 왕의 칙령으로 희망을 안고 예루살렘으로 돌아간다. 그들은 힘써 성전을 건축하고 일상의 삶을 회복한다. 그런데 갑자기 다른 사나운 나라의 왕이 쳐들어와서 다시 성전을 파괴하고 백성들을 괴롭힌다. 그 괴롭힘이 말로 표현할 수 없을 정도로 처참하다면 그런 미래를 내다보는 다니엘의 마음이 어떨까?

하지만 다니엘이 비관한 것이 과연 자기 민족 유대인들이 당할 고난 때문이었을까? 그렇다면 다니엘 2장부터 이야기해 온, 온 세상을 구원하실 하나님을 너무 작게 바라보는 것이다. 다니엘 9장에 나오는 다니엘의 번민은 단순히 유대 민족의 운명이라는 측면에서만 볼 것이 아니라, 선교적 관점에서 봐야 한다. 그래야만 다니엘서 전체가 말하려는 주제가 명확해진다.

실제로 다니엘이 환상을 본 후 유대인들은 큰 희망을 안고 고국으로 돌아간다. 그리고 그곳에서 무너진 성전을 다시 세우고, 새로운 마음으로 율법을 실행하려고 노력한다. 그러나 360년이 지나 예루살렘은 다시 큰 어려움을 겪게 되는데, 바로 이미 살펴본 것처럼 안티오코스 에피파네스가 성전을 모욕하고 유대교를 말살하려고 한 것이다. 그 반동으로 마카베오 항전이 시작되고 수많은 유대 사람이 이에 동참한다. 엄밀하게 말한다면 이들의 노력은 목숨을 걸고 유대교를 지키는 것이었다. 하지만 다니엘에게 목숨을 걸어야 할 것은 유대교가 지향하는 성전, 율법, 할례가 아니라 다니엘 2장에서 언급한 것처럼 장차 나타날 '하나님의 나라'여야 했다.

결론부터 이야기하면 주전 164년에 시작된 마카베오 항전의 결과, 유대교에는 다양한 분파가 등장한다. 조상들의 유전을 포함하여 율법의 일점일획도 고쳐서는 안 된다고 하며 외식하는 바리새파 사람들, 성전을 이용하여 자신들의 특권을 고수하려는 기득권층의 사두개파 사람들, 마카베오와 그의 형제들이 한 것처럼 무력 투쟁으로 자신들을 보호하려는 젤롯당(열심당) 사람들, 이도저도 싫어서 사람들을 떠나 광야로 들어가 은둔한 에세네파 사람들 모두 하나님이 진정으로 바란 모습이 아니었다.

바벨론의 포로에서 해방되어 본국으로 돌아갈 동족의 모습이 이렇다면 이스라엘의 장래는 암담하다. 그래서 다니엘은 해방될 것을 바라보며 기뻐하기에 앞서 이스라엘 백성이 하나님 앞에서 범죄한 것에 대해 통회한다.

> 우리는 이미 범죄하여 패역하며 행악하며 반역하여 주의 법도와 규례를 떠났사오며(단 9:5).

그리고 겸손하게 하나님의 용서를 구한다.

> 주여 들으소서 주여 용서하소서 주여 귀를 기울이시고 행하소서 지체하지 마옵소서 나의 하나님이여 주 자신을 위하여 하시옵소서 이는 주의 성과 주의 백성이 주의 이름으로 일컫는 바 됨이니이다(단 9:19).

하나님의 백성과 하나님의 관계는 저절로 유지되는 것이 아니다. 하나님의 백성은 하나님 앞에 겸비해 주님의 뜻을 따라야 한다.

기도의 능력

그러니 선지자들은 비관적일 수밖에 없다. 그리고 선지자들은 자신이 할 수 있는 일이 하나님께 기도하는 것밖에 없다고 생각할 것이다.

누가 뭐라 해도 다니엘 9장에서 가장 주목할 것은 다니엘의 기도다. 다니엘의 모습에서 우리가 가장 도전받는 것은 그가 기도의 사람이었다는 점이다. 기도는 아무것도 할 수 없는 상황에서 하는 마지막 저항 수단이 아니다. 기도는 하나님의 백성에게 주어진 특권이며, 어떤 견고한 진도 무너뜨릴 수 있는 가장 능동적인 영적 무기다. 기도는 어떤 상황에서도 '강한 자를 묶는 도구'가 될 수 있다.

> 곧 내가 기도할 때에 이전에 환상 중에 본 그 사람 가브리엘이 빨리 날아서 저녁 제사를 드릴 때 즈음에 내게 이르더니 내게 가르치며 내게 말하여 이르되 다니엘아 내가 이제 네게 지혜와 총명을 주려고 왔느니라 곧 네가 기도를 시작할 즈음에 명령이 내렸으므로 이제 네게 알리러 왔느니라 너는 크게 은총을 입은 자라 그런즉 너는 이 일을 생각하고 그 환상을 깨달을지니라(단 9:21-23).

다니엘이 기도할 때에 천사 가브리엘이 도착했는데, 그는 "네가 기도를 시작할 즈음에 명령이 내렸[다]"고 다니엘에게 알려 준다. 누가 명령을 내렸고, 어떤 명령이 내려졌는지는 분명하지 않다. 하지만 눈에 보이지 않는 영적 세계에서 하나님이 다니엘의 기도에 응답하고 계시다는 것을 느끼기에 충분한 말씀이다. 하나님이 우리의 기도를 들으시고 응답하신다는 것처럼 우리에게 큰 위로가 되는 말이 또 있을까!

기도의 사람

이미 다니엘 1장에서 다니엘은 포로로 끌려가 살게 된 적국에서 어떻게 지내야 할지를 주님께 구했을 것이다. 다니엘은 담대하게 자신의 정체성을 지키기 위해 음식을 구별해 먹기로 결심했다. 그것은 기도로 뒷받침되는 담대함이었다. 다니엘 2장에 등장하는 "깊고 은밀한 일"도 그의 능력이 아니라 기도를 통해 알게 된 것이었다. 다니엘 6장은 더 구체적으로 다니엘이 매일 하루에 세 번씩 행한 기도의 실천에 대해서 언급하고 있다.

다니엘 9장에서는 다니엘이 무려 세 이레(3주)에 걸쳐 기도하는데, 그 기도로 말미암아 드디어 천사 가브리엘을 통해 장차 일어날 일에 대한 설명을 듣는다. 따라서 선교적으로 다니엘서를 읽을 때 기도에 관한 이야기는 생략되거나 축소될 수 없다.

역사적으로도 선교와 기도는 밀접하게 관련되어 있다. 미국의 선교 운동 가운데 가장 유명한 학생 자원자 운동(Student Volunteer Movement[SVM])도 연원을 따져 올라가면, 우연히 비를 피해 들어간 몇 명의 젊은이가 건초 더미에서 기도한 것이 계기가 되었다. 그 기도 모임은 수만 명의 젊은이를 전 세계에 선교사로 파송하는 초석이 되었다. 중국 윈난성에 있는 리수족 사이에서 사역한 「산비」(OMF-로뎀북스 역간)의 주인공 제임스 프레이저는 자신을 위해 본국에서 매일 기도한 어머니와 친구들의 기도 모임이 자신의 사역에 돌파를 가져온 가장 중요한 힘이었다고 고백하였다.

신학자 데이비드 웰스는 기도를 "현상에 대한 반역"(rebelling against the status quo)이라고 말했다. 그는 우리가 사는 세상이 하나님과 대치하고 있음을 상기시킨다. 그리고 세상을 지배하고 있는 세력이 결코 만만치 않다는 사실 또한 상기시킨다. 하지만 하나님의 백성으로서 우리가 그런 상황에 굴복하는 것은 결코 하나님의 뜻이 아니다. 그런 세상에서 하나님의 뜻이 이루어지고 그 나라가 임하게 하기 위해 하나님의 백성이 해야 할 일이 바로 기도임을 강조한다.

예수님도 누가복음 18장에서 제자들에게 항상 기도하고 낙심하지 말라고 말씀하시면서 기도를 강조하셨다. 예수님은 억울한 일을 당한 과부와, 사람을 무시하는 재판관의 비유를 통해 실망하지 말고 계속 간청할 것을 권하셨다. 예수님의 비유에 등장하는 재판관은 애초에 과부의 청을 들어주고 정당한 재판을 할 의지가 없었다. 하지만 과부가 계속 간청하는 것이 귀찮아 나중에는 제대로 된 재판을 하게 되었다. 그 비유를 마무리하시면서 주님은 제자들에게 이렇게 말씀하셨다.

> 하물며 하나님께서 그 밤낮 부르짖는 택하신 자들의 원한을 풀어 주지

아니하시겠느냐 그들에게 오래 참으시겠느냐 내가 너희에게 이르노니 속히 그 원한을 풀어 주시리라 그러나 인자가 올 때에 세상에서 믿음을 보겠느냐 하시니라(눅 18:7-8).

따라서 종말을 기대하는 하나님의 백성에게 가장 필요한 것은 기도다. 하나님의 관심은 우리 개인의 관심사에만 머물지 않는다. 온 세상의 주인이신 하나님은 온 세상이 하나님을 예배하는 것에 더 관심을 가지신다. 따라서 우리의 기도 제목은 단순히 우리 개인이나 가족의 관심사를 넘어 온 세상이 하나님을 알고 하나님을 예배하게 되는 것이어야 한다.

일흔 이레

다니엘 9장을 해석하는 데 가장 어려운 것은 천사 가브리엘이 다니엘에게 일러 준 "일흔 이레"에 관한 부분이다. 이 책 서문에서도 분명히 밝혔지만 이 책은 다니엘서에 관한 주석이 아니다. 하지만 다니엘 9장에 언급된 일흔 이레의 의미를 여기서 조금 정리하고 넘어 가는 것이 좋을 것 같다.

다니엘 9장에 등장하는 세 번째 환상의 소재는 '70'이라는 숫자다. 일흔 이레는 70에 7을 곱한 값이지만 구체적으로 일흔 이레가 얼마의 기간을 의미하는지는 분명하지 않다. 전통적으로 학자들은 다니엘서에서 말하는 이레가 7일이나 7주, 혹은 7개월이 아니라 7년을 의미한다고 보았다. 그렇게 생각한다면 다니엘 9장에서 말하는 일흔 이레는 490년을 의미한다.

그런데 천사 가브리엘은 이 기간을 셋으로 나눈다. 첫 번째 부분은 일곱 이레인데, 49년을 말한다. 두 번째 부분은 예순두 이레로 계산하면 434년에 해당된다. 그리고 마지막 부분은 한 이레, 즉 나머지 7년을 말한다.

첫 번째 일곱 이레에 대해서 다니엘 9장 25절은 그 기간에 일어날 일을 이렇게 말하고 있다.

> 그러므로 너는 깨달아 알지니라 예루살렘을 중건하라는 영이 날 때부터 기름 부음을 받은 자 곧 왕이 일어나기까지 일곱 이레와 예순두 이레가 지날 것이요 그 곤란한 동안에 성이 중건되어 광장과 거리가 세워질 것이며.

천사가 다니엘에게 알려 준 "예루살렘을 중건하라는 영이 날 때"를 언제로 볼 것이냐에 대해서는 여러 관점이 있는데, 그 가운데서 세 가지 관점을 살펴보기로 한다.

안티오코스 4세적 관점

첫째, 안티오코스 4세적 관점이다. 이 관점을 안티오코스 4세적 관점이라고 명명한 것은 주전 167년에 성전을 훼손한 안티오코스 4세의 만행을 '한 왕의 백성이 와서 그 성읍과 성소를 무너뜨린 일'의 근거로 보기 때문이다.

앞에서도 언급한 바 있지만 다니엘 7-12장에 등장하는 네 가지 환상에 매번 등장하는 인물이 있다. 다니엘 7장에서는 '교만한 뿔'로, 다니엘 8장에서는 '뻔뻔하며 속임수에 능한 왕'으로, 다니엘 9장에서는 '제사와 예물을 금지할 왕'으로, 그리고 후술하겠지만 다니엘 11장에서는 '성소를 더럽히며 매일 드리는 제사를 폐하며 멸망하게 하는 가증한 것을 세울 자'로 표현되고 있다.

다니엘 9장에서는 단순히 그가 어떤 인물이며, 어떤 일을 할 것인가에 더해, 어떤 시간의 프레임 속에서 이런 일들이 일어날 것인가에 대해서 천사가 환상을 통해 다니엘에게 알려 주고 있다. 이것을 도표로 만들어 보면 다음과 같다.

연도 (주전)	사건	개요	일곱 이레	예순두 이레	한 이레
605	다니엘이 바벨론으로 잡혀감		↕		
559	고레스가 바사의 왕으로 통치		↕	↕	
175	안티오코스 4세의 통치	다니엘서에 나오는 거만한 뿔의 실제 인물로 추정됨		↕	
171	대제사장 오니아스의 죽음	뇌물을 주고 대제사장이 된 메넬라오스에 의해 살해됨			↕
167	예루살렘 성전 모독	안티오코스 에피파네스의 성전 훼손			↕
164	마카베오 가문의 봉기	예루살렘 성전을 재봉헌함			↕

【 안티오코스 4세적 관점 】

다니엘이 포로로 잡혀 온 주전 605년부터 고레스가 바사의 왕이 되는 주전 559년까지가 첫 번째 일곱 이레에 해당하는 49년이다. 그리고 다니엘을 포함하여 많은 유대인이 잡혀 온 주전 605년부터 '기름 부음 받은 자가 끊어지는 때'까지, 즉 예순두 이레에 해당되는 434년이 되는 해는 주전 171년인데, 그해에 예루살렘 성전의 대제사장인 오니아스가 메넬라오스에게 살해된다. 성경에서 기름 부음을 받는 사람은 왕, 예언자, 제사장이니, 대제사장 오니아스가 죽은 사건은 다니엘 9장 26절에서 말하는 '기름 부음을 받은 자가 끊어져 없어졌다'는 예언과 잘 들어맞는다고 할 수 있다.

흥미로운 것은 다니엘 9장 26절에서 기름 부음을 받은 자가 끊어져 없어졌다고 표현한 것이다. 여기서 이 표현이 염두에 두고 있을 만한 사건을 하나 살펴보는 것이 좋을 것 같다.

오니아스 때까지만 해도 대제사장은 아론 가문으로 이어져 왔다. 하지만 안티오코스 4세가 셀레우코스 왕국의 새로운 왕이 되었을 때, 오니아스의 친동생 야손이 안티오코스 4세에게 뇌물을 제공하기로 하고 자신이 대제사장으로 임명받는다.

하지만 야손보다 더 야비한 메넬라오스라는 인물이 나타난다. 메넬라오스는 야손이 안티오코스에게 보낸 사자였지만 안티오코스 4세를 찾아가 만났을 때 안티오코스 4세에게 더 많은 뇌물을 주겠다고 약속한 뒤 예루살렘으로 돌아와 야손을 내쫓고 대제사장 자리를 차지한다. 동생 야손 때문에 대제사장 자리에서 갑자기 물러나게 된 오니아스는 비록 야비한 방법을 사용했지만 동생 야손이 대제사장이 된 것은 그런대로 받아들였다. 그러나 아론 가문과 전혀 상관없는 메넬라오스라는 인물이 더 야비한 방법으로 대제사장이 된 것은 참을 수 없었고, 그를 쫓아내려 했지만 오히려 살해당하고 만다.

주전 167년에 안티오코스 4세는 이집트 원정에서 성공을 거두지 못해 분을 풀 길이 없었다. 그런데 예루살렘에 안티오코스 4세가 죽었다는 소문이 돌자 야손이 반란을 일으킨다. 이것을 핑계로 안티오코스 4세는 예루살렘에서 어마어마한 만행을 저지른다.

안티오코스 4세가 발표한 칙령으로 주전 167년부터 3년 동안 하나님의 성전이 더럽혀진다. 예루살렘뿐 아니라 지방에서도 상황은 마찬가지였다. 안티오코스 4세는 유대 전 지역에서 성전과 하나님을 모독했는데, 모데인이라는 마을에 살던 제사장 마타티아스는 이방신을 위한 제사를 드리라는 안티오코스 4세의 명령을 따르지 않았다. 그때 다른 유대인이 나서서 자신이 이방신을 위한 제사를 드리겠다며 제단 앞으로 나아간다. 제사장 마타티아스는 분개해서 칼로 그를 살해한다. 그 후 제사장 마타티아스는 이방신의 제단을 허물어 버리고 자신의 다섯 아들과 몇몇 동조자를 데리고 안티오코스 군대에 저항하기 시작했는데, 이것이 마카베오 항쟁이다. 마타티아스의 다섯 아들 가운데 가장 대표적으로 용맹을 떨친 이가 바로 셋째 아들인 유다 마카베오였다. 안티오코스 4세는 주전 164년에 죽을 때까지 마카베오 가문의 저항으로 인해 곤욕을 치러야만 했다.

이런 역사적 사실을 감안할 때, 대제사장 오니아스가 죽임을 당한 해인 주전 171년부터 마카베오 가문의 봉기에 의해 예루살렘 성전이 다시 봉헌된 해인 주전 164년까지 7년을 마지막 '한 이레'로 본다면 그 중간에 해당되는 주전 167년은 안티오코스 4세에 의해 자행된 성전 훼손이 이루어진 때를 암시하는 기간, 즉 다니엘 9장에서 "한 때와 두 때와 반 때"로 표현한 3년 반의 기간과 잘 맞는다.

그리스도적 관점

둘째, 그리스도적 관점이다. 이 관점을 그리스도적 관점이라고 부르는 것은 다니엘 9장 25절에서 말하는 '기름 부음을 받은 자', 곧 '왕'을 우리 구주 예수 그리스도로 본다는 의미다. 여기서 "예루살렘을 중건하라는 영"을 받은 시기를 느헤미야가 아닥사스다 왕의 명을 받고 성을 건축하기 시작할 때로 보는 것이다. 그때는 주전 458년으로 추정하고 있으며, 그 성의 광장과 거리까지 완성되는 데 "일곱 이레"에 해당하는 49년 정도가 걸렸다는 것이 많은 학자의 의견이다.

> 예순두 이레 후에 기름 부음을 받은 자가 끊어져 없어질 것이며 장차 한 왕의 백성이 와서 그 성읍과 성소를 무너뜨리려니와 그의 마지막은 홍수에 휩쓸림 같을 것이며 또 끝까지 전쟁이 있으리니 황폐할 것이 작정되었느니라(단 9:26).

그런데 다니엘 9장 26절은 예순두 이레 후에 기름 부음 받은 자가 끊어져 없어질 것임을 이야기한다. 그것은 그리스도께서 십자가에서 우리 죄를 위해 죽으실 것을 예언한 것으로 볼 수 있다. 예루살렘 성이 완공된 주전 409년부터 그리스도께서 십자가에 죽으신 주후 33년까지는 442년으로 예순두 이레에 해당되는 434년과 비슷한 기간이다.

그 후 마지막 "한 이레"가 남는데, 그 한 이레를 다니엘 9장에서 따로 떼어 언급하는 것을 보면 아마도 예수님의 죽으심과 부활 이후 정확히 7년 후에 이루어진 이야기라기보다는 그 어간의 어떤 시점에 이루어질 일에 대한 예언이라고 보는 것이 좋을 것이다.

예수 그리스도적 관점을 다음 도표로 정리해 보았다.

연도	사건	개요	일곱 이레	예순두 이레	한 이레
주전 458	아닥사스다 왕의 허락	느헤미야가 예루살렘 성을 짓기로 함	↕		
주전 409		예루살렘 성이 완성됨		↕	
주후 33	예수 그리스도의 죽음				
	예수 그리스도의 재림				↓

【 그리스도적 관점 】

그리스도적 관점에서 마지막 한 이레의 예를 하나 들어 보려고 한다. '장차 한 왕의 백성이 와서 성읍, 즉 예루살렘과 하나님의 성소를 무너뜨리는 일'이라고 볼 만한 사건은 주후 70년에 일어난 예루살렘의 파괴로 볼 수 있다. 로마의 장군으로 나중에 황제까지 된 베스파시아누스 장군과 그의 아들 티투스가 로마에 저항하는 마지막 유대인들을 죽이고 예루살렘을 완전히 파괴하고 성전을 훼손하는 사건이 일어났다. 이들은 독수리 날개가 펄럭이는 로마 깃발을 든 채 가증스럽게 성소에 들어갔고, 그곳에서 제우스에게 돼지를 번제로 드리기까지 했다. 이 부분은 예수님이 다니엘서를 인용하여 마태복음 24장에서 다시 예언하신 것이 정리된 것으로 볼 수 있다.

> 그러므로 너희가 선지자 다니엘이 말한바 멸망의 가증한 것이 거룩한 곳에 선 것을 보거든 (읽는 자는 깨달을진저) (마 24:15).

사건 중립적 관점

셋째, 중립적 관점이다. 이 관점은 IVP에서 역간한 BTS 시리즈 가운데 데일 랄프 데이비스의 「다니엘 강해」에서 통찰을 얻었다. 여기서 사용된 '중립적 관점'이란 "일흔 이레"를 특정한 역사적 사건들과 연관시키지 않는 것이다. 종말에 대한 예언을 해석하는 것은 결코 쉬운 일이 아니다. 많은 사람이 확신을 가지고 역사 속에서 일어난 사건들을 "일흔 이레"에 페어 맞추려고 했지만 그 결과는 그리 만족스럽지 않다. 예를 들어 안티오코스 4세적 관점은 과거의 사건을 통해 환상의 의미를 이해하려는 노력일 뿐 앞으로 전개될 종말을 설명하는 데에는 한계가 있으며, 그리스도적 관점도 그리스도의 초림으로 종말이 완성된 것이 아니라 장차 올 종말과 관련해서 본다면 설명에 한계가 있다.

마태복음 18장에는 일곱에 일흔을 곱하는 이야기가 등장한다. 베드로가 예수님께 나아와 형제를 몇 번이나 용서해야 하는지 묻는다. 그때 예수님은 베드로에게 일곱 번씩 일흔 번까지라도 용서하라고 하신다. 그렇다고 해서 예수님이 정확하게 490번을 용서하라고 하신 말씀은 아니다. 오히려 주님이 말씀하신 '490번의 용서'는 '끝이 없는 용서'로 이해해야 한다. 따라서 다니엘 9장에 나오는 "일흔 이레"도 정확하게 490년이라는 의미보다는 꽤나 긴 시간을 말한다고 보는 것이 타당하지 않을까 생각한다.

따라서 사건 중립적 관점은 "일흔 이레"란 역사적 사건에 연관된 것이라기보다 그저 유다 백성들이 고난을 통과해야 하는 기간을 말하는데, 이 긴 시간을 다시 세 기간으로 나눌 수 있다고 보는 것이다.

처음 "일곱 이레"는 49년 정도의 시간을 의미한다고 볼 수 있다. 49년이면 근 50년이 되는 시간인데, 우리나라가 36년간 일제의 압제에서 신음한 시간을 생각하면 이 49년이라는 고난의 시간은 얼마나 길게 느껴지겠는가? 하지만 유대인들이 헬라 제국의 왕들이나 로마 제국의 왕들에게 당한 어려움에 비하면 아주 긴 시간은 아니다.

"예순두 이레"는 앞의 일곱 이레에 비해 거의 아홉 배에 달하는 더 긴 고난의 시간을 말한다고 볼 수 있다. 마지막에 언급된 "한 이레"는 구체적인 시간을 특정하지 않았지만 언젠가 올 매우 고통스러운 시간을 의미한다. 마지막 "한 이레"는 앞에서 언급한 "일곱 이레"나 "예순두 이레"에 비해 짧지만 고통의 강도는 "일곱 이레"나 "예순두 이레"와는 비교되지 않는 힘든 시간을 예언한 것으로 보인다.

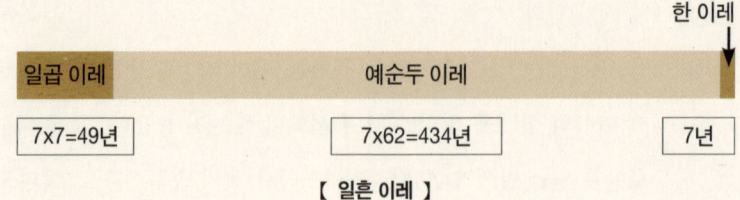

【 일흔 이레 】

　나는 개인적으로 세 번째인 사건 중립적 관점을 좋아한다. 그것은 역사상 일어난 특정 사건에 다니엘 9장의 일흔 이레를 꿰맞추지 않고 분명치 않은 것은 분명치 않은 대로 두는 것이 더 현명한 것 같기 때문이다. 내가 세 번째 견해를 좋아하는 또 한 가지 이유는 예수님이 다니엘서와 관련해서 이야기하실 때 '거룩한 곳에 가증한 것이 세워지는 때'를 과거의 사건이 아닌 앞으로 일어날 일로 말씀하셨기 때문이다.

　분명한 것은 종말의 시간이 하나님의 백성에게 결코 쉽지 않을 것이라는 점이다.

15장
큰 은총을 받은 사람
_ 다니엘 10장

다니엘 10-12장에 등장하는 마지막 환상은 다니엘서의 마지막을 장식하는 가장 중요한 환상인데, 앞서 본 세 개의 환상과 달리 제목이 알려져 있다. 천사는 다니엘에게 지금 보는 환상이 "큰 전쟁"에 관한 것이라고 말하며 환상의 준비부터 정리해 주고 있다. 그만큼 네 번째 환상은 부담스러우면서 동시에 명료하다.

다니엘서 후반부에 등장하는 네 가지 환상 모두 세 부분으로 구성되어 있다는 것은 이미 앞에서 여러 번 설명한 바 있다. 네 번째 환상도 환상 전 준비, 환상의 내용, 환상 후 해석의 세 부분으로 구성되어 있다. 앞에 나온 세 번의 환상에는 준비가 그리 길지 않은데 반해 네 번째 환상은 다니엘 10장 전체가 준비에 해당될 정도로 매우 긴 것이 특징이다.

다니엘 10장

다니엘은 힛데겔 강가에서 큰 전쟁에 관한 환상을 보게 된다. 다니엘은 그 환상을 보기 전부터 이스라엘 백성에게 닥칠 큰 어려움을 감지하고 있었고 그로 인해 매우 힘들어한다. 그런 이유로 세 이레 동안 금식하며 기도한다. 그러는 동안 다니엘은 세마포 옷을 입고 허리에는 순금 띠를 띤 한 사람을 보는데, 그의 몸은 황옥 같고 그의 얼굴은 번갯빛 같고 그의 눈은 횃불 같고 그의 팔과 발은 빛난 놋과 같고 그의 말소리는 무리의 소리와 같았다. 다니엘은 그 모습을 보는 동안 무척 두렵고 힘이 빠지는 경험을 한다.

이때 어떤 영적 존재가 나타나 다니엘을 위로한다. 그는 다니엘을 하나님의 은총을 받은 자라고 부르며 강건하라고 권한다. 천사는 다니엘에게 땅에서 이루어지는 전쟁 못지않게 천상에서 이루어지고 있는 영적 전쟁에 대해서도 알려 준다. 그는 또 바사 왕국의 군주가 이십일 일 동안 자신을 막았다는 사실과 마지막 날에 이스라엘 백성이 당할 일을 깨닫게 하기 위해 왔음을 알려 준다. 하지만 다니엘은 그 환상으로 인해 거의 죽은 것 같은 경험을 한다.

이때 사람의 모양을 한 다른 존재가 다시 나타나 다니엘을 만지며 강건하라고 위로한다. 그리고 그는 곧 바사 군주와 싸우려고 하는데, 그 후에는 헬라의 군주가 다시 나타날 것과 이스라엘의 군주 미가엘이 나타나 그들을 대항할 것을 알려 준다.

환상을 보는 사람들

우리는 환상을 보았다는 사람들에게 어떤 신비감을 느낄 수 있다. 환상을 보는 사람들은 뭔가 하나님과 더 가깝거나 경건의 생활을 더 잘하는 것으로 비춰진다. 그런 사람들은 대부분 영적 자신감이 충만하고 주위 사람들을 주눅 들게 만든다. 하지만 다니엘은 환상을 봄으로 말미암아 매우 지치고 힘들어한다. 환상을 통해서 앞으로 벌어질 어려움을 미리 보기 때문이다. 나는 이것을 앞 장에서 선지자적 비관주의라고 표현했다.

　이사야가 환상을 볼 때도 비슷한 일이 벌어졌다. 성경은 이사야가 여호와의 성전에서 환상을 본 모습을 이렇게 기록하고 있다.

> 웃시야 왕이 죽던 해에 내가 본즉 주께서 높이 들린 보좌에 앉으셨는데 그의 옷자락은 성전에 가득하였고 스랍들이 모시고 섰는데 각기 여섯 날개가 있어 그 둘로는 자기의 얼굴을 가리었고 그 둘로는 자기의 발을 가리었고 그 둘로는 날며 서로 불러 이르되 거룩하다 거룩하다 거룩하다 만군의 여호와여 그의 영광이 온 땅에 충만하도다 하더라 이같이 화답하는 자의 소리로 말미암아 문지방의 터가 요동하며 성전에 연기가 충만한지라 그때에 내가 말하되 화로다 나여 망하게 되었도다 나는 입술이 부

정한 사람이요 나는 입술이 부정한 백성 중에 거주하면서 만군의 여호와
이신 왕을 뵈었음이로다 하였더라 그때에 그 스랍 중의 하나가 부젓가락
으로 제단에서 집은바 핀 숯을 손에 가지고 내게로 날아와서 그것을 내
입술에 대며 이르되 보라 이것이 네 입에 닿았으니 네 악이 제하여졌고
네 죄가 사하여졌느니라 하더라 (사 6:1-7).

이사야 선지자는 하나님의 임재를 경험하는 순간 자신이 얼마나 부정한 존재인지를 깨닫는다. 아마 다니엘의 경우도 그러지 않았을까? 다니엘이 본 존재가 '세마포 옷을 입고 허리에는 순금 띠를 띠고 그의 몸은 황옥 같고 그의 얼굴은 번갯빛 같고 그의 눈은 횃불 같고 그의 팔과 발은 빛난 놋과 같고 그의 말소리는 무리의 소리와 같은 이'라고 기록된 것을 통해 요한계시록에 기록된 예수 그리스도가 아니었을까 생각해 본다.

촛대 사이에 인자 같은 이가 발에 끌리는 옷을 입고 가슴에 금띠를 띠고
그의 머리와 털의 희기가 흰 양털 같고 눈 같으며 그의 눈은 불꽃 같고
그의 발은 풀무 불에 단련한 빛난 주석 같고 그의 음성은 많은 물소리와
같으며 (계 1:13-15).

바리새파 중 바리새파라고 자신을 소개하며 유대교에 열심이던 사도 바울도 비슷한 경험을 이야기하고 있다.

무익하나마 내가 부득불 자랑하노니 주의 환상과 계시를 말하리라 내가
그리스도 안에 있는 한 사람을 아노니 그는 십사 년 전에 셋째 하늘에 이
끌려 간 자라 (그가 몸 안에 있었는지 몸 밖에 있었는지 나는 모르거니와

하나님은 아시느니라) 내가 이런 사람을 아노니 (그가 몸 안에 있었는지 몸 밖에 있었는지 나는 모르거니와 하나님은 아시느니라) 그가 낙원으로 이끌려 가서 말로 표현할 수 없는 말을 들었으니 사람이 가히 이르지 못할 말이로다 내가 이런 사람을 위하여 자랑하겠으나 나를 위하여는 약한 것들 외에 자랑하지 아니하리라 내가 만일 자랑하고자 하여도 어리석은 자가 되지 아니할 것은 내가 참말을 함이라 그러나 누가 나를 보는 바와 내게 듣는 바에 지나치게 생각할까 두려워하여 그만두노라 여러 계시를 받은 것이 지극히 크므로 너무 자만하지 않게 하시려고 내 육체에 가시 곧 사탄의 사자를 주셨으니 이는 나를 쳐서 너무 자만하지 않게 하려 하심이라(고후 12:1-7).

사도 바울은 제3자의 경험을 이야기하는 것 같지만 사실은 자기 자신의 경험을 이야기하고 있다. 사도 바울은 말로 형언할 수 없는 환상을 보았다고 말한다. 하지만 그는 그가 본 환상을 자랑하지 않고 오히려 자신의 연약함을 자랑하겠다고 말한다.

다니엘이 본 환상도 엄청난 것이었다. 하지만 그는 환상을 보았다는 것을 자신의 종교적 메달처럼 자랑하지 않는다. 오히려 환상 앞에서 자신의 모습이 얼마나 보잘것없는지를 드러내고 있다.

큰 은총을 받은 사람

다니엘은 천사의 설명을 통해 네 번째 환상이 장차 벌어질 "큰 전쟁"에 관한 것이라는 사실 때문에 매우 힘들어했다. 다니엘은 다니엘 10장 16절에서 "이 환상으로 말미암아 근심이 내게 더하므로 내가 힘이 없어졌나이다"

라고 말한다.

하지만 이런 상황에서 천사 가브리엘로 보이는 영적 존재가 다니엘에게 나타나 환상을 보기 위해 준비하도록 도와준다. 다니엘 10장 18절은 사람의 모양 같은 것 하나가 다니엘을 만지며 강건하게 해주었다고 기록하고 있다. 다니엘을 만지며 강건하게 해준 존재가 누구인지는 분명하지 않지만 영적인 존재임이 틀림없으며 많은 주석가가 그를 하나님이 보내신 천사라고 생각한다.

흥미로운 것은 그 존재가 다니엘을 부르는 호칭이다. 그는 다니엘 10장 19절에서 다니엘을 "큰 은총을 받은 사람이여"라고 부른다. 이 말은 11절에도 나오고, 이미 다니엘 9장 23절에서도 사용된 바 있다. 은총은 '사랑을 받는다'는 뜻이며, '매우 소중한 사람'이라는 뜻으로도 이해된다. 그 말을 듣자 다니엘은 곧 힘을 얻고 이렇게 말한다.

> 내 주께서 나를 강건하게 하셨사오니 말씀하옵소서 (단 10:19).

큰 은총을 받은 사람은 그저 하나님의 백성이라는 호칭만을 누리는 사람이 아니다. 하나님이 하시는 일에 자신을 드리는 사람이다. 하나님은 그런 사람들과 함께하겠다고 하셨고, 그들을 강건하게 하사 하나님의 일을 하게 하신다.

영적인 눈

우리는 영적인 세계를 잘 보지 못한다. 그것은 아마도 하나님이 일반 사람들에게 허락하시지 않기 때문일 것이다. 하지만 우리가 보지 못한다고 해서 영적 세계가 존재하지 않는 것은 아니다. 하나님은 특별한 일이 있을 때 특별한 목적을 가지고 천상의 상황을 보여 주신다.

가장 대표적인 모습은 열왕기하에 나오는 엘리사 선지자와 관련된 이야기가 아닐까 한다. 엘리사를 잡기 위해서 아람 군대가 왔을 때 엘리사와 함께 있던 시종은 매우 두려워한다. 하지만 천상의 상황을 알 수 있는 엘리사는 전혀 다르게 반응한다.

> 왕이 이에 말과 병거와 많은 군사를 보내매 그들이 밤에 가서 그 성읍을 에워쌌더라 하나님의 사람의 사환이 일찍이 일어나서 나가 보니 군사와 말과 병거가 성읍을 에워쌌는지라 그의 사환이 엘리사에게 말하되 아아, 내 주여 우리가 어찌하리이까 하니 대답하되 두려워하지 말라 우리와 함께한 자가 그들과 함께한 자보다 많으니라 하고 기도하여 이르되 여호와여 원하건대 그의 눈을 열어서 보게 하옵소서 하니 여호와께서 그 청년의 눈을 여시매 그가 보니 불 말과 불 병거가 산에 가득하여 엘리사를 둘렀더라(왕하 6:14-17).

세계로 복음을 증거하러 간 하나님의 백성은 모두 이런 영적인 눈을 가진 사람들이다. 인도네시아 북부 수마트라에 사는 원주민 바딱 족에게 복음을 전하러 간 독일 선교사 노멘슨은 식인종이던 이 부족이 사는 마을을 바라보면서 '골짜기마다 교회가 세워지는 환상'을 보았다. 그리고 150년이 지나 그 환상은 현실이 되었다.

필자도 인도네시아 족자카르타에서 캠퍼스의 많은 대학생을 보며 강단 계단 구석에서 무릎을 꿇고 매일 기도했다. 하지만 사역의 열매는 없었다. 그러던 어느 날 하나님이 사도행전 18장 말씀을 묵상하게 하셨다. 그것은 사도 바울이 타락한 도시 고린도에서 본 환상이기도 하다.

> 밤에 주께서 환상 가운데 바울에게 말씀하시되 두려워하지 말며 침묵하지 말고 말하라 내가 너와 함께 있으매 어떤 사람도 너를 대적하여 해롭게 할 자가 없을 것이니 이는 이 성중에 내 백성이 많음이라 하시더라(행 18:9-10).

그리고 하나님은 그 환상이 현실이 되게 하셨다. 영어를 배우겠다고 온 다섯 명으로 시작된 모임은 7년 만에 수백 명의 대학생이 주님을 믿고 매주 모여 주님을 찬양하는 큰 모임으로 성장했다.

엘리사처럼, 그리고 다니엘처럼 영적인 눈이 열려 하나님의 군대가 우리를 둘러싸고 보호하고 있는 것을 알 수 있다면 우리는 어떤 상황에서도 결코 두려워하지 않을 것이다.

16장
남왕국과 북왕국
_ 다니엘 11장

다니엘 10-12장에는 큰 전쟁에 관한 마지막 환상이 기록되어 있다. 본격적으로 환상을 기록한 다니엘 11장은 복잡한 전쟁의 기록으로 구성되어 있어 길고 지루하게 느껴지기도 하지만, 그 의미들을 역사적 사건들과 비교해서 확인해 보면 흥미를 느낄 수도 있을 것이다.

다니엘 11장

다니엘 11장에서 천사는 장차 일어날 사건을 매우 자세히 설명해 준다. 대부분의 이야기는 강력하던 헬라 왕 알렉산드로스 이후에 벌어지는 남왕국과 북왕국 사이의 전쟁과 관련되어 있다. 남왕국이나 북왕국 모두 책략과 계략으로 서로를 공격한다. 지루한 전쟁의 기록 뒤에 북왕국의 왕이 영화로운 땅에 들어가 유다 사람들을 힘들게 하는 이야기가 계속 진행된다.

하지만 그를 이어 왕이 된 자는 더욱 거만하고 잔인해서 군대를 데리고 성소를 더럽히고 매일 드리는 제사를 폐하고 멸망하게 하는 가증한 것을 세운다. 그는 영화로운 땅에 들어가 성소를 더럽힐 뿐만 아니라 주변의 많은 나라를 멸망시킬 것이다. 그 가운데는 애굽, 리비아, 구스도 포함된다. 하지만 그는 동북에서 들리는 소문을 듣고 번민하며 분노하여 많은 무리를 죽이려고 한다. 그는 장막 궁전을 바다와 영화롭고 거룩한 산 사이에 세우려 하지만 곧 종말에 이르게 된다. 하지만 그를 도와줄 자는 아무도 없다.

마지막 날에 있을 전쟁에 대한 환상을 구체적으로 보는 것은 아무나 감당할 수 있는 일이 아니다. 하나님께 "큰 은총을 받은 사람"이라고 불리는 사람, 천사의 만져 줌을 경험한 사람만이 그 힘든 상황에 대한 예언을 받아들일 수 있는 것이다. 그리고 다니엘 11장에서 북왕국과 남왕국의 왕이 수백 년 동안 일으키는 의미 없는 소란에 대한 예언을 듣는다. 하지만 결국 하나님을 대적하는 한 왕의 이야기로 모든 것은 귀결된다.

역사적 사건들

다니엘에게 환상을 이야기해 주는 인물이 다니엘 11장 2절에서 "이제 내가 참된 것을 네게 보이리라"고 하는 말은 매우 흥미롭다. 개역개정 성경에는 단순하게 "참된 것"이라고 기록되어 있는데, 공동번역 성경에는 이 부분이 "반드시 이루어질 일"이라고 번역되어 있다. 즉 다니엘 11장에서 다니엘이 본 환상이 역사 속에서 반드시 이루어질 것이라는 말이다. 이 장에서는 역사 속에서 어떤 일들이 이루어졌는지는 구체적으로 살펴볼 것이다.

다니엘 11장에 나오는 전쟁을 많은 학자가 알렉산드로스 대왕 이후 갈라진 네 나라 가운데 이스라엘의 북쪽에 자리 잡은 셀레우코스 왕국의 왕들과, 이스라엘의 남쪽에 자리 잡고 있던 프톨레마이오스 왕국의 왕들 사이에 일어난 역사와 비교하기 때문에 참고로 이를 살펴보려고 한다. 왼쪽 칸에 표시된 숫자는 다니엘 11장의 절을 의미하며, 오른쪽 칸의 내용은 이와 유사한 일이 역사 속에서 일어난 것을 참고로 적어 본 것이다.

다니엘 11장	역사적 사건
2절_ 이제 내가 참된 것을 네게 보이리라 보라 바사에서 또 세 왕들이 일어날 것이요 그 후의 넷째는 그들보다 심히 부요할 것이며 그가 그 부요함으로 강하여진 후에는 모든 사람을 충동하여 헬라 왕국을 칠 것이며	페르시아 제국의 세 왕은 캄비세스, 스메르디스, 그리고 1차 페르시아 전쟁을 시작한 다리우스 1세이며, 헬라 왕국을 치려고 많은 준비를 한 왕은 다리우스 1세의 아들 크세르크세스인데, 그는 주전 480년에 대군을 이끌고 그리스를 쳐들어간다.
3절_ 장차 한 능력 있는 왕이 일어나서 큰 권세로 다스리며 자기 마음대로 행하리라	여기서 말하는 능력 있는 왕이란 페르시아를 정복한 알렉산드로스 대왕을 가리킨다.
4절_ 그러나 그가 강성할 때에 그의 나라가 갈라져 천하 사방에 나뉠 것이나 그의 자손에게로 돌아가지도 아니할 것이요 또 자기가 주장하던 권세대로도 되지 아니하리니 이는 그 나라가 뽑혀서 그 외의 다른 사람들에게로 돌아갈 것임이라	알렉산드로스 대왕은 원정 중에 죽게 되는데, 후손이 없어 알렉산드로스 대왕의 장군들에 의해 헬라 제국은 네 나라로 갈라지게 된다.
5절_ 남방의 왕은 강할 것이나 그 군주들 중 하나는 그보다 강하여 권세를 떨치리니 그의 권세가 심히 클 것이요	남쪽의 프톨레마이오스 왕국이 처음에는 가장 강했으나 결국 북쪽에 있는 셀레우코스 왕국이 더 커지게 된다.
6절_ 몇 해 후에 그들이 서로 단합하리니 곧 남방 왕의 딸이 북방 왕에게 가서 화친하리라 그러나 그 공주의 힘이 쇠하고 그 왕은 서지도 못하며 권세가 없어질 뿐 아니라 그 공주와 그를 데리고 온 자와 그를 낳은 자와 그때에 도와주던 자가 다 버림을 당하리라	남왕국의 프톨레마이오스 2세는 북쪽 왕국과 사이좋게 지내기 위해 자신의 딸 베레니케를 이미 부인이 있는 셀레우코스 왕국의 안티오코스 2세에게 시집보내지만 전 왕비 라오디케에 의해 모두 살해되고 라오디케의 아들인 셀레우코스 2세가 왕이 된다.

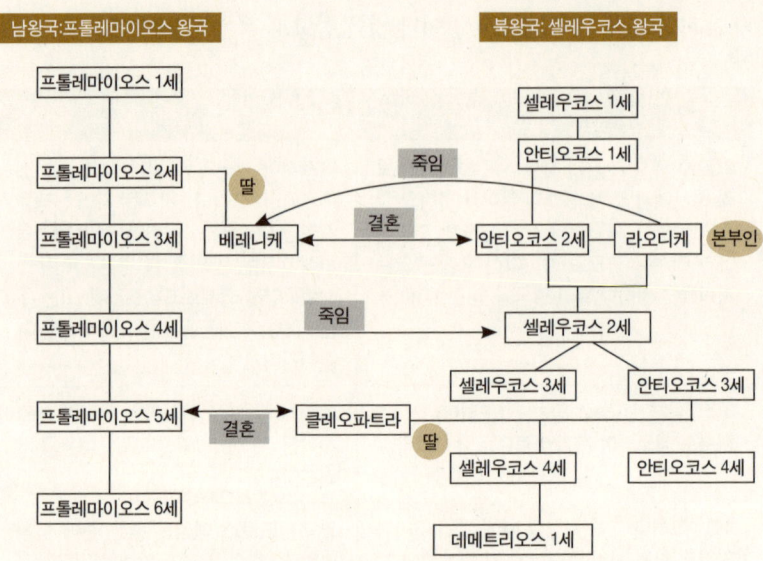

독자들에게 도움이 되고자 남왕국 프톨레마이오스 왕국과 북왕국 셀레우코스 왕국의 가계도를 정리하였다. 프톨레마이오스 왕국의 왕은 모두 '프톨레마이오스'라는 호칭에 1세, 2세 등으로 표시해서 비교적 이해하기 쉽다. 하지만 북왕국은 '셀레우코스'와 '안티오코스'를 번갈아 가며 1세, 2세 등으로 불렀기 때문에 매우 혼란스럽다.

다니엘 11장	역사적 사건
7-8절_ 그러나 그 공주의 본 족속에서 난 자 중의 한 사람이 왕위를 이어 권세를 받아 북방 왕의 군대를 치러 와서 그의 성에 들어가서 그들을 쳐서 이기고 그 신들과 부어 만든 우상들과 은과 금의 아름다운 그릇들은 다 노략하여 애굽으로 가져갈 것이요 몇 해 동안은 그가 북방 왕을 치지 아니하리라	베레니케의 오빠인 프톨레마이오스 3세가 북방을 공격해서 자기 누이와 조카를 죽인 안티오코스 2세의 전처 라오디케를 포로로 잡아 처형하고 셀레우코스 땅에서 큰 승리를 거둔다.
9절_ 북방 왕이 남방 왕의 왕국으로 쳐들어갈 것이나 자기 본국으로 물러가리라	주전 242년에 라오디케의 아들 셀레우코스 2세가 이집트를 공격하지만 실패한다.

10절_ 그러나 그의 아들들이 전쟁을 준비하고 심히 많은 군대를 모아서 물이 넘침같이 나아올 것이며 그가 또 와서 남방 왕의 견고한 성까지 칠 것이요	셀레우코스 2세의 아들 안티오코스 3세가 프톨레마이오스 왕국과의 전쟁을 준비한다.
11절_ 남방 왕은 크게 노하여 나와서 북방 왕과 싸울 것이라 북방 왕이 큰 무리를 일으킬 것이나 그 무리는 그의 손에 넘겨 준 바 되리라	하지만 일명 필로파토르라고 하는 프톨레마이오스 4세가 안티오코스 3세에게 승리를 거둔다.
12절_ 그가 큰 무리를 사로잡은 후에 그의 마음이 스스로 높아져서 수만 명을 엎드러뜨릴 것이나 그 세력은 더하지 못할 것이요	프톨레마이오스 4세는 방탕하고 주색을 밝히는 형편없는 왕이었지만 훌륭한 부하 덕분에 주전 217년, 안티오코스 3세의 대군을 라피아 전투에서 물리친다. 안티오코스 3세의 군대 중 17,000명이 죽고 나머지는 고스란히 프톨레마이오스 왕국으로 넘어간다.
13절_ 북방 왕은 돌아가서 다시 군대를 전보다 더 많이 준비하였다가 몇 때 곧 몇 해 후에 대군과 많은 물건을 거느리고 오리라	안티오코스 3세가 더 많은 군대를 이끌고 이집트를 다시 공격하여 이전의 수치스러운 패배를 만회하는데, 이때는 프톨레마이오스 4세가 이미 죽고, 그 아들 프톨레마이오스 5세는 겨우 네 살이었다.
14절_ 그때에 여러 사람이 일어나서 남방 왕을 칠 것이요 네 백성 중에서도 포악한 자가 스스로 높아져서 환상을 이루려 할 것이나 그들이 도리어 걸려 넘어지리라	안티오코스 3세는 프톨레마이오스 왕국을 다시 공격하기 위해 마케도니아 왕 필리포스 4세와 동맹을 맺는다. 프톨레마이오스 왕국을 의지하고 있던 예루살렘은 안티오코스 3세 군대의 공격을 이겨 내지 못한다.
15절_ 이에 북방 왕은 와서 토성을 쌓고 견고한 성읍을 점령할 것이요 남방 군대는 그를 당할 수 없으며 또 그가 택한 군대라도 그를 당할 힘이 없을 것이므로	안티오코스 3세가 프톨레마이오스 왕국의 군대와 연합군을 공격해서 항복을 받아 낸다.
16절_ 오직 와서 치는 자가 자기 마음대로 행하리니 그를 당할 사람이 없겠고 그는 영화로운 땅에 설 것이요 그의 손에는 멸망이 있으리라	안티오코스 3세가 프톨레마이오스 왕국을 공격하는 데에 성공한 후, 유대는 셀레우코스 왕국의 지배하에 들어가게 되며 이것은 유대 민족에게 큰 어려움을 주는 계기가 된다.

17절_ 그가 결심하고 전국의 힘을 다하여 이르렀다가 그와 화친할 것이요 또 여자의 딸을 그에게 주어 그의 나라를 망하게 하려 할 것이나 이루지 못하리니 그에게 무익하리라	안티오코스 3세가 프톨레마이오스 왕국에 영향력을 행사하기 위해 그의 딸 클레오파트라를 프톨레마이오스 5세에게 주나 그 딸은 오히려 아버지를 배반하고 남편의 나라인 프톨레마이오스 왕국을 돕는다.
18절_ 그 후에 그가 그의 얼굴을 바닷가로 돌려 많이 점령할 것이나 한 장군이 나타나 그의 정복을 그치게 하고 그 수치를 그에게로 돌릴 것이므로	안티오코스 3세는 서쪽 전선으로 군대를 끌고 갔지만 그리스의 테르모필레에서 로마군에게 패배를 맛보고, 그 당시 안티오코스의 군대는 로마 군대의 두 배였음에도 불구하고 다시 마그네시아 전투에서도 패배한다.
19절_ 그가 드디어 그 얼굴을 돌려 자기 땅 산성들로 향할 것이나 거쳐 넘어지고 다시는 보이지 아니하리라	로마 제국은 안티오코스 3세에게 거대한 전쟁 배상금을 부과한다. 안티오코스 3세는 전쟁 배상금을 지불할 돈을 모으기 위해 제우스 신전의 보물을 약탈하는데, 제우스의 열성 지지자에게 살해당한다.
20절_ 그 왕위를 이을 자가 압제자를 그 나라의 아름다운 곳으로 두루 다니게 할 것이나 그는 분노함이나 싸움이 없이 몇 날이 못 되어 망할 것이요	안티오코스 3세의 뒤를 이은 셀레우코스 4세가 부하인 헬리오도로스로 하여금 예루살렘 성전 보물을 몰수하게 한다. 하지만 헬리오도로스는 성전에서 천사들이 공격하는 환상을 보고 돌아와 셀레우코스 4세를 독살한다.

앞서 언급된 부분들을 역사적 사건과 비교해 보는 것은 매우 흥미롭다. 다니엘이 본 환상은 이처럼 역사 속에서 실제로 진행되었다. 다니엘 11장 20절까지의 결론은 결국 유대 지역이 안티오코스 3세에 의해서 남쪽의 프톨레마이오스 왕국의 지배에서 북쪽의 셀레우코스 왕국의 지배하에 들어가게 되며, 그로 인해 유대 백성들은 더욱 혹독한 시간을 보내게 되었다는 것이다.

안티오코스 에피파네스의 등장

이제 다니엘 11장 21절부터 새로운 왕이 등장하는데, 그는 앞서 등장한 어떤 왕과도 비교되지 않을 만큼 잔인한 인물이다.

다니엘 11장	역사적 사건
21절_ 또 그의 왕위를 이을 자는 한 비천한 사람이라 나라의 영광을 그에게 주지 아니할 것이나 그가 평안한 때를 타서 속임수로 그 나라를 얻을 것이며	안티오코스 3세의 아들인 안티오코스 4세는 속임수를 써서 자기 형인 셀레우코스 4세의 아들인 데메트리오스 1세의 왕위를 가로챈다.
22-23절_ 넘치는 물 같은 군대가 그에게 넘침으로 말미암아 패할 것이요 동맹한 왕도 그렇게 될 것이며 그와 약조한 후에 그는 거짓을 행하여 올라올 것이요 소수의 백성을 가지고 세력을 얻을 것이며	안티오코스 4세는 돈으로 사람들을 매수해서 자신을 지지하도록 하는 데 성공한다.
24절_ 그가 평안한 때에 그 지방의 가장 기름진 곳에 들어와서 그의 조상들과 조상들의 조상이 행하지 못하던 것을 행할 것이요 그는 노략하고 탈취한 재물을 무리에게 흩어 주며 계략을 세워 얼마 동안 산성들을 칠 것인데 때가 이르기까지 그리하리라	그는 부하들에게 전리품을 나누어 주는 등 후하게 베푼다.
25-27절_ 그가 그의 힘을 떨치며 용기를 다하여 큰 군대를 거느리고 남방 왕을 칠 것이요 남방 왕도 심히 크고 강한 군대를 거느리고 맞아 싸울 것이나 능히 당하지 못하리니 이는 그들이 계략을 세워 그를 침이니라 그의 음식을 먹는 자들이 그를 멸하리니 그의 군대가 흩어질 것이요 많은 사람이 엎드러져 죽으리라 이 두 왕이 마음에 서로 해하고자 하여 한 밥상에 앉았을 때에 거짓말을 할 것이라 일이 형통하지 못하리니 이는 아직 때가 이르지 아니하였으므로 그 일이 이루어지지 아니할 것임이니라	안티오코스 4세와 프톨레마이오스 6세는 화해하는 듯하면서 계속 적대적인 관계를 유지한다.

28절_ 북방 왕은 많은 재물을 가지고 본국으로 돌아가리니 그는 마음으로 거룩한 언약을 거스르며 자기 마음대로 행하고 본토로 돌아갈 것이며	안티오코스 4세는 예루살렘 성전을 약탈해서 많은 금을 가져간다.
29-30절_ 작정된 기한에 그가 다시 나와서 남방에 이를 것이나 이번이 그 전번만 못하리니 이는 깃딤의 배들이 이르러 그를 칠 것임이라 그가 낙심하고 돌아가면서 맺은 거룩한 언약에 분노하였고 자기 땅에 돌아가서는 맺은 거룩한 언약을 배반하는 자들을 살필 것이며	프톨레마이오스 6세의 구원 요청을 받고 이집트로 달려온 로마 장군 포필리우스가 안티오코스 4세의 군대를 막아서서 돌아갈 것을 명령한다. 안티오코스 4세는 제대로 싸워 보지도 못하고 부하들 앞에서 망신을 당한 후 굴욕적으로 본국으로 돌아간다.
31절_ 군대는 그의 편에 서서 성소 곧 견고한 곳을 더럽히며 매일 드리는 제사를 폐하며 멸망하게 하는 가증한 것을 세울 것이며	로마군에 모욕적 패배를 당하고 화가 난 안티오코스 4세는 고향으로 돌아가는 도중에 예루살렘으로 가서 자신이 이집트에서 전쟁을 벌이는 동안 뒤에서 제사장들이 중심이 되어 반란을 꾀했다는 핑계로 예루살렘 성소에서 드리는 제사와 율법 지키는 것과 할례 등을 금지한다.
32절_ 그가 또 언약을 배반하고 악행하는 자를 속임수로 타락시킬 것이나 오직 자기의 하나님을 아는 백성은 강하여 용맹을 떨치리라	안티오코스 4세의 헬라화 정책에 반기를 드는 용감한 사람들이 등장한다. 가장 대표적인 사람은 제사장 마타티아스와, 마카베오를 포함한 그의 아들들이다.
33절_ 백성 중에 지혜로운 자들이 많은 사람을 가르칠 것이나 그들이 칼날과 불꽃과 사로잡힘과 약탈을 당하여 여러 날 동안 몰락하리라	하지만 그들은 얼마 버티지 못했으며, 이스라엘의 회복 운동은 끝나고 만다.
34-35절_ 그들이 몰락할 때에 도움을 조금 얻을 것이나 많은 사람들이 속임수로 그들과 결합할 것이며 또 그들 중 지혜로운 자 몇 사람이 몰락하여 무리 중에서 연단을 받아 정결하게 되며 희게 되어 마지막 때까지 이르게 하리니 이는 아직 정한 기한이 남았음이라	이스라엘의 남은 자들은 어려움을 통해서 더욱 여호와를 의지하면 순수한 믿음을 지키려고 한다.

다니엘 11장 21-35절은 안티오코스 4세라는 한 인물에 대해 집중적으로 예언하고 있다. 그의 집권 기간은 불과 20년도 되지 않는 짧은 기간이었다. 이것은 앞에서 살펴본 다니엘 11장 1-20절의 기간이 무려 300년인 것과 대조적이다. 시간적으로는 짧은 기간이지만 안티오코스 4세가 한 일을 질로 따진다면 이 정도의 긴 설명이 필요할지도 모른다.

이후에 나타날 인물

이제 다니엘 11장 36절부터는 안티오코스 4세가 아닌 새로운 인물에 대한 예언이 등장한다. 이것을 안티오코스 4세가 아닌 새로운 인물로 생각하는 이유는 다니엘 11장 45절을 제외하면 다니엘 11장 36절 이후에 나오는 사건들이 안티오코스 4세와 거의 관련이 없어서다. 따라서 아마도 36절부터

다니엘 11장	역사적 사건
36절_ 그 왕은 자기 마음대로 행하며 스스로 높여 모든 신보다 크다 하며 비상한 말로 신들의 신을 대적하며 형통하기를 분노하심이 그칠 때까지 하리니 이는 그 작정된 일을 반드시 이루실 것임이라	안티오코스 4세가 자신을 스스로 높여 제우스의 현현이라고 불렀지만 그렇다고 해서 그가 모든 일을 이룬 것은 아니다.
37-44절_ 그가 모든 것보다 스스로 크다 하고 그의 조상들의 신들과 여자들이 흠모하는 것을 돌아보지 아니하며 어떤 신도 돌아보지 아니하고 그 대신에 강한 신을 공경할 것이요 또 그의 조상들이 알지 못하던 신에게 금은보석과 보물을 드려 공경할 것이며 그는 이방신을 힘입어 크게 견고한 산성들을 점령할 것이요 무릇 그를 안다 하는 자에게는 영광을 더하여 여러 백성을 다스리게도 하며 그에게서 뇌물을 받고 땅을 나눠 주기도 하리라 마지막 때에 남방 왕이 그와 힘을 겨룰 것이나 북방 왕이 병거와 마병과 많은 배로 회오리 바람처럼 그에게로 마주 와서 그 여러 나라에 침공하여 물이 넘침같이 지나갈 것이요 그가 또 영화로운 땅에 들어갈 것이요 많은 나라를 패망하게 할 것이나 오직 에돔과 모압과 암몬 자손의 지도자들은 그의 손에서 벗어나리라 그가 여러 나라들에 그의 손을 펴리니 애굽 땅도 면하지 못할 것이니 그가 권세로 애굽의 금은과 모든 보물을 차지할 것이요 리비아 사람과 구스 사람이 그의 시종이 되리라 그러나 동북에서부터 소문이 이르러 그를 번민하게 하므로 그가 분노하여 나가서 많은 무리를 다 죽이며 멸망시키고자 할 것이요	안티오코스 4세는 돈으로 사람들을 매수해서 자신을 지지하도록 하는 데 성공한다. 하지만 이후 기록들과 그의 행적들을 자세히 살펴보면 일치하지 않는 점이 많다. 안티오코스는 자기의 얼굴이 들어간 주화에 '신의 현현'이라는 글자를 넣기는 했어도 제우스에게 제사를 지낸 것으로 보아 자신을 모든 신보다 높였다고 할 수 없다. 그는 자신의 조상들이 경배하지 않은 신을 경배하지도 않았다. 오히려 그는 그리스에 있는 판테온을 흉내내어 예루살렘 성전 안에 제우스를 위한 제단을 세우기도 했다. 또 안티오코스는 이집트와 그 주변 나라들을 지배하지도 못했으며, 이스라엘이 아닌 페르시아 땅에서 죽었다.
45절_ 그가 장막 궁전을 바다와 영화롭고 거룩한 산 사이에 세울 것이나 그의 종말이 이르리니 도와줄 자가 없으리라	안티오코스 4세는 자신이 제우스와 같은 능력이 있고 심지어 물결도 다스린다고 사람들 앞에서 큰소리쳤지만 그의 종말에는 주변 사람들에게 아무런 도움을 받지 못한다.

이야기하는 인물은 안티오코스 4세가 아닌 다른 인물, 즉 말세에 나타나 하나님의 백성에게 더 큰 고통을 안겨 줄 인물이 아닌가 추측된다.

다니엘 11장 2-45절은 남왕국과 북왕국의 왕들이 벌이는 전쟁 이야기를 그리고 있는데, 매우 복잡한 것처럼 보이지만 독자들은 성경에 기록된 내용이 무엇을 이야기하려는지 쉽게 파악할 수 있을 것이다. 왕들이 최선을 다해 싸우지만 전쟁은 참으로 부질없다는 것이다. 그런 세상의 전쟁은 대부분 명분을 가지고 시작한다. 하지만 시간이 흐른 뒤에 객관적으로 보면 그 명분들이 인간의 욕심과 탐심에서 비롯되었다는 것을 알 수 있다.

그러나 안타깝게도 그 왕들의 전쟁에서 가장 크게 희생당한 사람들이 바로 유대 민족이었다. 아마도 이런 이유로 다니엘은 10장에서 이 환상을 생각하며 힘들어했을 것이다.

상징적 인물_ 적그리스도

이제까지 정리한 것들을 토대로 판단해 보면 다니엘 11장에서 언급하는 '이 뻔뻔스러운 왕'은 안티오코스 4세로 보인다. 하지만 그가 '최종적 적그리스도'라면 마태복음 24장에서 예수님이 다니엘서를 인용해 앞으로 나타날 "멸망의 가증한 것"으로 언급하지 않으셨을 것이다. 그렇다면 다니엘 11장에 등장하는 이 뻔뻔스러운 왕은 역사 속에 등장하는 안티오코스 에피파네스라고 생각하는 것과 동시에 장차 나타날 적그리스도의 모형이라고 말할 수 있을 것이다.

역사적으로 볼 때 셀레우코스의 왕이던 안티오코스 에피파네스에 필적할 만한 공포스러운 인물은 많았다. 가장 대표적인 적그리스도로 간주된 부류는 이슬람의 군주들이었다. 물론 이슬람 군주들 가운데 평화적이고 이 성적이며 그리스도인들을 존중한 사람도 있다. 하지만 많은 군주가 그리스도인들을 이슬람으로 개종시키려고 무력을 사용했다. 특별히 대표적인 기독교 지역이던 스페인에서 14세기까지 이슬람교도들은 그리스도인들에게 큰 고난을 안겨 주었다. 이뿐 아니라 지중해의 서쪽, 남쪽, 그리고 동쪽을 감싸고 있던 이슬람교도들은 해적 행위를 통해 북쪽에 있는 그리스도인들을 노예로 잡아다가 강제 노역을 시키며 괴롭히기도 했다.

적그리스도라고 명확하게 말할 수는 없지만 중세 시대 유럽의 그리스도인들에게 가장 위협적인 존재는 아마도 몽골 제국의 칭기즈칸과 그 후에였을 것이다. 13세기 중반에 몽골 제국은 현재 체코에 해당하는 지역을 넘어 오스트리아의 빈 앞까지 침략해 들어왔다. 몽골 군인들은 공포감을 조성하기 위해 사람들을 무자비하게 죽였다. 폴란드로 처들어간 몽골군은 저항하는 군인들의 귀를 잘라 아홉 개의 거대한 자루에 가득 채워 승리를 축하했다. 이 소식은 유럽 전역으로 빠르게 퍼져 나갔으며, 유럽 사람들은 이런 몽골의 공격을 하늘이 내린 벌로 생각하고 공포에 떨며 기도할 정도였다.

근세 들어와 적그리스도라고 불린 대표적인 인물을 들라면 아마도 프랑스의 나폴레옹이 해당될 수 있을 것이다. 특히 러시아 정교의 그리스도인들 관점에서는 나폴레옹이야말로 종말에 나타난 적그리스도로 보이기에 충분했을 것이다.

가장 최근에 유럽 사람들에게 적그리스도라고 불리기에 가장 적합한 인물은 '히틀러'라고 할 수 있다. 그는 나치 제국을 통해 엄청난 권력을 가지려 했고, 자신을 반대하는 교회나 목사들을 악랄하게 핍박했다. 무엇보다 나치 정권하에서 수백만 명이 학살당한 동시대 유대인들에게는 히틀러야말로 다니엘서에 기록된 적그리스도로 보기에 충분했을 것이다.

하지만 역사의 그 누구도 성경이 말하는 완성된 적그리스도가 아니었으며, 아직 주님의 재림이 이루어지지도 않았다. 아직도 끝은 아니다. 종말은 계속 진행되고 있다. 하지만 분명한 것은 종말이 이미 예정되어 있다는 것이다.

17장
자기 일에 충실하며
_ 다니엘 12장

다니엘 12장은 큰 전쟁이라고 이름 붙여진 마지막 네 번째 환상의 마무리이기도 하지만 동시에 다니엘서 전체의 결론이기도 하다. 우리는 이미 앞 장에서 장차 일어날 전쟁의 모형으로 북왕국과 남왕국의 지루한 전쟁의 역사와, 그것이 하나님의 백성에게 준 고통들을 살펴보았다. 그것은 앞으로 일어날 종말의 큰 전쟁의 예고편에 지나지 않는다. 다니엘 12장을 통해 하나님은 종말의 시간을 맞이하는 하나님 백성의 자세가 어떠해야 하는지를 보여 주신다.

다니엘 12장

다니엘 11장에서 다니엘은 환상을 들려준 사람에게 북왕국과 남왕국 사이에 벌어지는 끊임없는 전쟁의 끝에 천사 미가엘이 일어나며 큰 환난이 있을 것이라는 이야기를 듣는다. 하지만 바로 그때에 하나님의 백성들 가운데 책에 기록된 자들이 구원받을 것이라는 이야기도 듣는다.

마지막 때에는 죽은 자들이 살아날 것이며, 그들 가운데 영생을 얻는 사람들도 있지만 영원히 부끄러움을 받을 사람도 있을 것이다. 지혜로운 사람들은 세상의 끝이 이르는 것을 보면서 많은 사람을 옳은 데로 인도할 것이며, 하늘의 별과 같이 영원토록 빛날 것이다. 그 천사는 다니엘에게 '가라'고 말하며 이 계시는 마지막 때까지 간수하고 봉함할 것이라고 말한다. 그때가 되면 많은 사람이 연단을 받아 스스로 정결하게 하며 희게 할 것이지만 악한 사람은 악을 행할 것이며, 악한 자는 아무것도 깨닫지 못하지만 지혜 있는 자는 깨달을 것이라고 알려 준다. 그는 또한 매일 드리는 제사를 폐하고 멸망하게 하는 가증한 것이 세워지는 때부터 천이백구십 일을 지낼 것인데, 그때를 지나 천삼백삼십오 일까지 이르는 사람은 복이 있는 사람이라고 일러 준다.

이보다 더 선교적인 예언의 말씀이 있을까? 이 말씀들은 구약 성경에 나오는 어느 구절보다도 부활과 영생에 대해 분명하게 이야기하고 있으며, 그 진리 가운데로 사람들을 돌아오게 하는 일에 대해 이야기하고 있다.

전쟁과 고난

다니엘서의 마지막 환상의 메시지는 하나님의 백성이 장차 올 고난을 견뎌야 한다고 전한다. 다니엘 10장에서 말하는 "전쟁"이라는 단어는 히브리어로 '고난'을 의미하는 '차바'라는 단어와 같다. 따라서 다니엘 10장부터 시작되는 네 번째 환상의 제목을 '큰 전쟁'이라고 할 수 있지만, '큰 고난'이라고도 할 수 있을 것이다.

사도 베드로는 하나님이 우리를 부르신 것은 그리스도의 고난에 참여하는 것이라고 했다.

> 이를 위하여 너희가 부르심을 받았으니 그리스도도 너희를 위하여 고난을 받으사 너희에게 본을 끼쳐 그 자취를 따라오게 하려 하셨느니라(벧전 2:21).

갈라디아서 6장 17절 말씀에 사도 바울은 자신의 몸에 예수의 흔적을 가졌다고 말한다.

> 이 후로는 누구든지 나를 괴롭게 하지 말라 내가 내 몸에 예수의 흔적을 지니고 있노라.

헬라어 '스티그마'(στίγμα)는 우리말 성경에 '흔적'이라고 번역되어 있는데, 이것은 두 가지를 의미한다. 하나는 '낙인'이다. 소나 말을 방목하는 목장에서는 자기 소유의 가축을 남의 가축과 구분하기 위해 달군 인두로 가축의 엉덩이나 귀 등에 표시해 둔다.

하지만 동시에 낙인이라는 말을 사람에게 쓸 때는 그 사람의 오점이나 나쁜 소문을 뜻한다. 어떤 사람의 품행이 나쁘다고 한번 소문이 나면 우리는 그 사람이 '낙인 찍혔다'고 말한다. 사도 바울이 예수의 흔적을 가졌다고 한 것은 예수 그리스도의 표시가 될 수도 있지만 그리스도 때문에 뒤집어써야 하는 오명, 낙인을 포함하는 의미다.

몇 년 전 파키스탄에 있는 한 신학교 학장인 '아쉬케나지'라는 분의 간증을 들은 적이 있다. 그의 가족은 원래 '달리트'라는 최하층 카스트에 속했다. 그들은 짐승의 시체 등을 치우는 일로 생계를 유지했다.

오래전에 그의 할머니가 살던 동네에 '디트'라는 사람이 다른 마을에 있는 선교사가 인도하는 모임에 가서 예수님을 영접하게 되었다. 디트에게 복음을 전한 서양 선교사는 디트에게 몇 달 동안 그곳에 머물면서 함께 교리 문답을 공부하고 세례를 받으라고 권했다. 하지만 디트는 빨리 자기 동네에 가서 사람들에게 그리스도를 전하고 싶어 했다.

그 후 상당한 시간이 지난 후 디트는 수십 명에 달하는 자기 동네 사람들을 데리고 그 선교사에게 나타났다. 그리고 이 사람들이 모두 예수님을 믿으니 세례를 베풀어 달라고 부탁했다. 선교사는 자기가 인도하는 교리 문답 공부에 참석하지 않은 사람들이 진정으로 예수님을 믿는지 확신할 수 없었다. 그 선교사는 이 사람들이 교리 문답을 공부하지 않았기 때문에 예수 믿는 증거를 찾을 수 없다며 세례 주는 것을 거절했다. 그러자 사람들은 예수님을 믿는 증거를 가지고 있다고 말하며 상의를 벗어 선교사에게 자신들의 등을 보여 주었다. 등에는 예수님을 믿었다는 이유로 집에서 두들겨 맞은 자국들이 선명했다. 그들의 몸에 있는 '스티그마'를 본 선교사는 더는 아무 말도 할 수 없었다. 그때 예수님을 믿은 사람들을 교육하기 위해 선교사가 미션 스쿨을 세웠는데, 그곳에서 공부한 최초의 학생 가운데 한 명이 아쉬케나지 학장의 할머니였다고 한다. 이처럼 큰 고난을 겪은 사람들은 그리스도를 믿는 증거를 육체에 지니고 있다.

부활의 소망

다니엘 12장 2-3절에는 환상을 본 후 천상의 존재가 다니엘에게 들려준 구원에 관한 내용이 다음과 같이 기록되어 있다.

> 땅의 티끌 가운데에서 자는 자 중에서 많은 사람이 깨어나 영생을 받는 자도 있겠고 수치를 당하여서 영원히 부끄러움을 당할 자도 있을 것이며 지혜 있는 자는 궁창의 빛과 같이 빛날 것이요 많은 사람을 옳은 데로 돌아오게 한 자는 별과 같이 영원토록 빛나리라.

구약 성경에도 부활에 관한 이야기가 등장한다. 하지만 다니엘서처럼 부활에 대해서 분명하게 이야기하는 부분은 없을 것이다. 구약에 직접 부활이 언급된 적은 없지만 유추를 통해 부활에 대한 그림을 찾아낼 수는 있다. 가장 대표적인 부활의 그림은 아브라함이 아들 이삭을 모리아산에서 제물로 바치는 장면에서 찾아볼 수 있다.

하나님은 어느 날 아브라함에게 100세에 얻은 아들 이삭을 모리아산에 가서 제물로 바치라고 요구하신다. 성경에는 아브라함이 아무런 불평도 하지 않고 아들을 데리고 모리아산으로 가는 장면이 나오는데, 그의 마음속에는 별의별 생각이 다 들었을 것이다. 아브라함은 하나님이 자신에게 일러 주신 곳에 도착한다. 그리고 그곳에 제단을 쌓고 나무를 벌여 놓고 자기 아들 이삭을 결박하여 제단 나무 위에 놓고 손을 내밀어 칼을 잡고 아들을 죽이려 한다.

우리가 다 아는 것처럼 아브라함이 제단에서 이삭을 드리는 이야기의 결론은 해피엔딩이다. 하나님은 이삭에게 손을 대지 못하게 하시고 숫양을 준비해 주신다. 그런데 히브리서는 아브라함이 아들 이삭을 죽이려고 한 일을 부활과 관련해서 설명하고 있다.

> 아브라함은 시험을 받을 때에 믿음으로 이삭을 드렸으니 그는 약속들을 받은 자로되 그 외아들을 드렸느니라 그에게 이미 말씀하시기를 네 자손이라 칭할 자는 이삭으로 말미암으리라 하셨으니 그가 하나님이 능히 이삭을 죽은 자 가운데서 다시 살리실 줄로 생각한지라 비유컨대 그를 죽은 자 가운데서 도로 받은 것이니라 (히 11:17-19).

아브라함은 하나님의 딜레마를 잘 알고 있었다. 그는 하나님이 이삭을 아들로 주시기 전에 하신 하나님의 약속이 변경되지 않을 것을 믿었다. 아브라함에게 주신 하나님의 약속은 사라의 아들, 즉 이삭을 통해 아브라함의 자손이 하늘의 별같이, 해변의 모래같이 많아지리라는 것이다. 하나님이 이삭을 죽이신다면 그분이 수년 동안 해주신 약속은 어떻게 되는 것인가? 그런데 하나님이 이삭을 죽여 제물로 바치라고 하신다. 그렇다면 아브라함은 자기는 아들을 죽일 수밖에 없지만 하나님이 반드시 이삭을 다시 살리실 것이라고 결론을 내지 않았을까? 그러니 아브라함이 이삭을 하나님께 드릴 때 부활할 것을 믿었다는 히브리서 기자의 설명은 매우 합당하다.

종말을 기다리는 하나님의 백성에게 부활의 소망만큼 중요한 것은 없다. 사도 바울은 고린도 교회에 보낸 편지에서 성도들에게 부활의 중요성을 강조하고 있다. 부활 때문에 우리가 현재 받는 고난이 의미 있는 것이다.

> 만일 죽은 자들이 도무지 다시 살아나지 못하면 죽은 자들을 위하여 세례를 받는 자들이 무엇을 하겠느냐 어찌하여 그들을 위하여 세례를 받느냐 또 어찌하여 우리가 언제나 위험을 무릅쓰리요 형제들아 내가 그리스도 예수 우리 주 안에서 가진 바 너희에 대한 나의 자랑을 두고 단언하노니 나는 날마다 죽노라 내가 사람의 방법으로 에베소에서 맹수와 더불어 싸웠다면 내게 무슨 유익이 있으리요 죽은 자가 다시 살아나지 못한다면 내일 죽을 터이니 먹고 마시자 하리라 (고전 15:29-32).

자신의 일에 충실하라

다니엘서 후반부의 주제는 종말이다. 그리스도의 초림으로 이미 시작된 종말은 분명히 끝이 올 것이다. 그런데 종말에 대해 이야기하면 사이비 종교들이 말하는 종말의 폐해를 떠올리는 경우가 많다. 30년 전 '다가올 미래'라는 의미의 '다미선교회'가 사람들을 미혹해서 1992년 10월 28일에 주님이 재림하신다며 흰옷을 입고 한 장소에 모여 주님의 재림을 기다리고 있는 장면이 매스컴을 통해 보도된 적이 있었다. 다미선교회는 주님이 재림하시면 이 세상에 있는 모든 것이 의미 없다며 신도들에게 재산을 모두 바치게 하고 가정을 파탄으로 몰고 가는 폐해를 일으키기도 했다.

다니엘 12장에서 환상을 전달해 주는 이가 다니엘에게 두 번에 걸쳐 한

말에 주의를 기울여야 한다. 9절에서 "다니엘아 갈지어다", 그리고 다시 13절에서 "너는 가서 마지막을 기다리라"라고 하는 부분이다. 개역개정 성경으로 읽으면 이 부분이 쉽게 해석되지 않는다. 하지만 이 부분을 유진 피터슨이 번역한 「메시지」(복있는사람 역간) 성경으로 읽으면 더 분명해진다. 유진 피터슨은 이 부분을 이렇게 번역했다.

"다니엘아, 너는 그저 네 할 일을 계속하여라"(9절).

"그러니 네가 어떻게 해야겠느냐? 불안해하거나 염려하지 말고, 네 할 일을 해나가라"(13절).

종말 신앙을 가진 사람들 가운데 자신의 일을 등한히 하는 사람들이 초대 교회에도 많이 있었던 모양이다. 데살로니가 교회 성도들을 향해 사도 바울은 이렇게 권면하고 있다.

우리가 너희와 함께 있을 때에도 너희에게 명하기를 누구든지 일하기 싫어하거든 먹지도 말게 하라 하였더니 우리가 들은즉 너희 가운데 게으르게 행하여 도무지 일하지 아니하고 일을 만들기만 하는 자들이 있다 하니 이런 자들에게 우리가 명하고 주 예수 그리스도 안에서 권하기를 조용히 일하여 자기 양식을 먹으라 하노라(살후 3:10-12).

인내가 필요한 시간

다니엘서 후반부의 환상을 마무리하면서 종말론적 트라이앵글을 다시 한 번 언급하고 싶다.

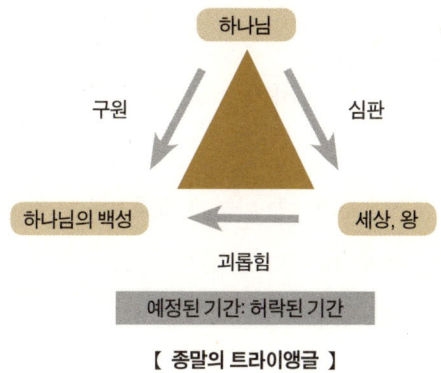

【 종말의 트라이앵글 】

종말이 되면 세상의 왕이 하나님의 백성을 괴롭힐 것이다. 하지만 하나님이 허락하신 예정된 기간이 지나면 하나님은 세상을 향해서는 심판을, 하나님의 백성에게는 구원을 베푸실 것이다. 하지만 그 종말의 시간은 하나님의 나라가 모든 민족에게 전파되는 선교의 시간이기도 하다. 종말이 가까이 올수록 하나님의 백성은 움츠러들지 말고 소망 속에서 하나님 나라를 기다리며 복음을 증거해야 한다.

다니엘 12장은 사람들이 천이백구십 일 동안 어려움을 당할 것이라고 말한다. 하지만 조금 더 지나 천삼백삼십오 일까지 참아야 한다. 산술적으로만 계산하면 45일 차이다. 하지만 이것은 실제로 우리가 알고 있는 달력상의 45일이라기보다는 상징적인 기간일 것이다. 마치 일흔 이레에서 마지막 이레처럼 말이다.

종말에 닥칠 어려움은 상상하기 힘들다. 그것은 악랄한 왕의 정부처럼 올 수도 있고, 상상하기 어려운 자연 재해처럼 올 수도 있다. 어쩌면 인간들이 만들어 놓은 핵의 폭발 같은 것을 통해 올 수도 있다. 분명한 것은 어려움은 끝난다는 것이다. 성도들은 그 기간을 인내하며 기다려야 한다. 주님이 곧 오신다. 그리고 고난의 기간은 마침내 끝날 것이다.

어려운 해석

우리는 다니엘 7장부터 시작되는 환상에 대해 여전히 많은 질문에 봉착하게 된다. 이런 것들을 해석하려다 오히려 올무에 걸린 사람이 얼마나 많은가. 초대 교회 내에서도 성경에 있는 모호한 부분들을 제대로 해석하지 못해서 많은 폐해가 있었던 모양이다. 그런 이유로 사도 베드로는 주님의 재림과 관련하여 억지로 해석하지 말라고 권면하고 있다.

> 그러나 주의 날이 도둑같이 오리니 그날에는 하늘이 큰 소리로 떠나가고 물질이 뜨거운 불에 풀어지고 땅과 그중에 있는 모든 일이 드러나리로다 이 모든 것이 이렇게 풀어지리니 너희가 어떠한 사람이 되어야 마땅하냐 거룩한 행실과 경건함으로 하나님의 날이 임하기를 바라보고 간절히 사모하라 그날에 하늘이 불에 타서 풀어지고 물질이 뜨거운 불에 녹아지려니와 우리는 그의 약속대로 의가 있는 곳인 새 하늘과 새 땅을 바라보도다 그러므로 사랑하는 자들아 너희가 이것을 바라보나니 주 앞에서 점도 없고 흠도 없이 평강 가운데서 나타나기를 힘쓰라 또 우리 주의 오래 참으심이 구원이 될 줄로 여기라 우리가 사랑하는 형제 바울도 그 받은 지혜대로 너희에게 이같이 썼고 또 그 모든 편지에도 이런 일에

> 관하여 말하였으되 그중에 알기 어려운 것이 더러 있으니 무식한 자들
> 과 굳세지 못한 자들이 다른 성경과 같이 그것도 억지로 풀다가 스스로
> 멸망에 이르느니라 그러므로 사랑하는 자들아 너희가 이것을 미리 알았
> 은즉 무법한 자들의 미혹에 이끌려 너희가 굳센 데서 떨어질까 삼가라
> (벧후 3:10-17).

국내외를 막론하고 모든 이단이 다니엘서에 기록된 어려운 부분들을 억지로 해석하려다가 오히려 자신들의 올무에 빠져 버렸다. 다니엘에게 환상을 해석해 주는 이가 마지막으로 권면하는 것도 사도 베드로의 권면과 궤를 같이 하고 있다. 모세가 신명기에서 이스라엘 백성에게 준 권면도 우리가 꼭 기억해야 한다.

> 감추어진 일은 우리 하나님 여호와께 속하였거니와 나타난 일은 영원히
> 우리와 우리 자손에게 속하였나니 이는 우리에게 이 율법의 모든 말씀을
> 행하게 하심이니라 (신 29:29).

우리에게는 하나님께서 지키라고 명하신 부분이 많다. 모호한 것들을 알기 위해 시간을 허비하면서 하나님이 명하신 말씀을 지키지 않는다면 그것은 매우 어리석은 일이다.

PART FOUR

4

드러난 비밀

만일 이 책이 다니엘서에 대한 주석이라면 다니엘 12장까지 다룬 3부에서 책을 끝냈어야 한다. 하지만 이 책은 다니엘서를 선교적으로 읽도록 돕는 가이드북이다. 따라서 나는 다니엘서 선교적 읽기의 마무리를 위해서는 무언가 더 필요하다는 생각에 4부를 포함시켰다.

3부에서는 다니엘서 후반부에 나오는 네 가지 환상을 살펴보았다. 그 환상 가운데서도 '사악한 왕'으로 등장하는 인물에 대해 많은 지면을 할애해 다루었다. 3부에서 다니엘이 환상을 본 후 상당한 기간이 지나고 나서 등장한 안티오코스 에피파네스의 만행을 통해 동시대의 유대인들이 느꼈을 종말적 상황을 그려 보았다면, 이제 4부에서는 예수 그리스도가 오시기 전, 유대인들이 하나님의 목적에서 어떻게 다시 멀어졌는지와, 예수 그리스도에서 시작된 하나님 나라가 어떻게 확산되는지를 그려 보려고 한다.

18장에서는 다니엘이 본 마지막 환상 그 이후부터 예수님이 등장하는 시기까지 유대에서 어떤 일이 벌어졌는지를 살펴보려고 한다. 유대인들은 자신들의 신앙을 지키기 위해 노력하는 과정에서 네 가지 유대교 분파를 발전시켰다. 이들의 등장은 역사 속에서 필연적이었는지도 모른다. 하지만 이들은 모두 하나님이 원하시는 선교적 삶과 거리가 멀었다.

19장에서는 다니엘 2장에 등장하는 '공중에 뜨인 돌', 즉 하나님의 나라를 시작한 그 돌이신 예수 그리스도의 오심과, 그리스도를 따라 복음을 세상 끝까지 전한 제자들을 부르시는 과정을 살펴볼 것이다.

20장에서는 예수 그리스도의 사역을 이어간 제자들의 삶을 살펴볼 것이다. 이들은 복음 전파를 위해 유대인들이 명예로 여기며 목숨 걸고 지키려 한 할례와 율법의 문제, 그리고 성전 중심의 신앙을 내려놓았다. 그 결과 오늘날 기독교가 그리스도를 따르는 세계적인 운동으로 발전된 과정을 살펴볼 것이다.

로마 제국 안에서 그리스도의 복음을 증거한 제자들이 처음부터 용감하게 하나님의 나라를 전하겠다고 나선 것은 아니었다. 그들은 성경을 선교적으로 읽으면서 변화를 경험하게 되었다. 21장에서는 성경을 선교적으로 읽은 제자들이 어떤 변화를 경험했는지를 살펴볼 것이다.

18장
여명을 기다리며

바벨론에 포로로 잡혀간 이스라엘 백성에게 고레스의 칙령은 분명 해방의 선언이요, 희망의 포고였다. 하지만 그들을 기다리고 있는 것은 무지갯빛의 달콤한 미래만이 아니었다. 본 장에서는 바벨론에서 고국으로 돌아온 유대인들이 그리스도가 오시기 전까지 유대 지역에서 겪은 일들을 정리하려고 한다.

이스라엘 땅으로의 귀환

바빌로니아(바벨론)로 잡혀간 유대인들은 세 차례에 걸쳐 유대로 돌아왔다. 1차 귀환은 주전 538년, 키루스(고레스) 왕의 칙령에 의해 이루어졌다. 유대인들은 황폐한 유대 지역의 영토를 방치하는 것보다 돌아가서 땅을 개간하고 예루살렘을 재건해 페르시아(바사)에 조공을 바치는 것이 더 실리적이라고 판단했다. 당시 바빌로니아에 살던 유대인 15만 명 가운데 1차로 4만여 명이 유대 총독으로 임명된 스룹바벨의 인도 아래 예루살렘으로 돌아갔다. 이들을 중심으로 새로운 성전 재건 사업이 시작되었다. 새 성전은 솔로몬

왕 때 지어진 성전에 비하면 매우 단순하고 규모도 작았지만 주전 515년에 성전이 봉헌되었다.

주전 458년, 성경학자인 에스라와 함께 돌아온 유대인들이 더 있는데, 에스라의 귀환으로 말미암아 유대 지역에는 놀라운 신앙 부흥 운동이 일어난다. 이 시절에는 유대를 통치하는 왕이 없었고, 성전의 대제사장을 중심으로 신정 정치가 이루어졌다.

주전 444년 유대 총독으로 임명받은 느헤미야를 따라 3차 귀환이 이루어졌는데, 느헤미야는 본토 유대인들이나 사마리아 사람들의 방해에도 예루살렘 성곽을 개축하였다.

페르시아 제국은 비교적 이민족의 종교와 문화에 관대했기 때문에 유대에 살던 이스라엘 사람들은 큰 어려움 없이 지낼 수 있었다. 하지만 이 땅 위에서의 평화가 언제까지나 보장되지는 않았다. 페르시아 제국을 제패하고 새롭게 등장한 헬라 제국과 그 뒤를 이어 나타난 로마 제국은 모두 유대인들의 삶에 예상하지 못한 큰 어려움을 가져다주었다.

그리스와 유대

그리스는 알렉산드로스 대왕이 동방 원정에 나서기 전까지 이스라엘과 직접적인 연관이 없었다. 앞에서 설명한 것처럼 마케도니아의 왕 알렉산드로스는 페르시아 원정길에 오르게 되는데, 주전 333년에 소아시아 반도의 동남쪽에 위치한 이수스강 근처에서 벌어진 전투에서 페르시아 군을 대파한다. 계속 동진할 것으로 예상되던 알렉산드로스 대왕의 군대는 방향을 바꾸어 이집트를 향해 남진하는데 그 과정에서 자연스럽게 알렉산드로스 대왕은 예루살렘에 들르게 된다.

예루살렘 가까이 있던 도시 국가 '티레'(두로)는 알렉산드로스 대왕에게 저항하여 엄청난 피해를 입지만, 예루살렘은 평화롭게 알렉산드로스 대왕을 맞게 된다. 일설에 따르면 알렉산드로스 대왕이 꿈을 꾸었는데, 꿈에 화려한 색상의 옷을 입은 제사장이 나타나 자신을 인도했다고 한다. 그런데 예루살렘에 이르러 보니 그가 바로 예루살렘 성전에 있는 유대교 대제사장이었다는 것이다. 어찌되었건 알렉산드로스 대왕은 여호와의 성전에 들어가서 번제를 드리기까지 했다고 하니 예루살렘의 유대인들은 알렉산드로스 대왕과 평화롭게 잘 지낸 것 같다. 하지만 알렉산드로스 대왕이 갑자기 죽고 나서 이스라엘은 엄청난 어려움에 직면하게 된다.

알렉산드로스 대왕 사후 헬라 제국은 네 나라로 갈라지는데, 이스라엘을 중심으로 북쪽에는 셀레우코스 왕국이, 남쪽에는 프톨레마이오스 왕국이 들어선다. 프톨레마이오스 왕국은 유대를 주전 319년부터 주전 198년까지 122년간 지배했지만, 유대와 그런대로 좋은 관계를 유지하고 있었다.

하지만 셀레우코스의 안티오코스 3세가 프톨레마이오스 왕국과 벌인 전쟁에서 승리하면서 이스라엘의 지배권은 프톨레마이오스 왕국에서 셀레우코스 왕국으로 넘어간다. 불행하게도 셀레우코스의 안티오코스 3세는 자신의 영토를 넓히는 과정에서 그리스 본토를 지배하게 된 로마 제국과 충돌하는데, 결국 로마와의 전쟁에서 패배한다. 로마는 안티오코스 3세에게 엄청난 전쟁 배상금을 물렸다. 안티오코스 3세는 로마에 배상금을 갚기 위해 신전을 약탈하는 등 이스라엘 백성에게 큰 위협이 되었다.

그 후 안티오코스 3세의 아들인 안티오코스 4세는 예루살렘의 제사장들을 잡아 처단하고 성전에 들어가 성전을 훼손한다. 유대인들에게 안식일을 지키지 못하게 하고, 자녀들에게 할례를 베풀지도 못하게 한다. 이런 조치에 반대해서 더욱 열심히 안식일을 지키는 등 유대교를 지키려는 사람들이 생겼는데, 그들을 '하시딤'이라고 불렀다. 하시딤에 가담한 사람들은 안티오코스 4세가 보낸 사람들에게 엄청난 학살을 당했다.

마카베오의 항전

이 책 14장 "일흔 이레"에서 셀레우코스 왕국의 안티오코스 4세가 행한 유대교 말살 정책에 저항한 제사장 마타티아스와 그의 다섯 아들에 대해서 이미 설명한 바 있다.

    제사장 마타티아스의 셋째 아들인 유다 마카베오는 안티오코스 4세에 의해 훼손된 성전을 다시 세우고 정화하여 하나님께 봉헌하는 식을 거행

하였다. 이스라엘 백성은 8일 동안 성회를 열어 성전 봉헌을 기념했다. 이 날이 바로 요한복음 10장 22절에 등장하는 '수전절'이다. 요한복음은 이 수전절이 겨울이라고 기록하고 있는데, 유다 마카베오가 성전을 봉헌한 때가 바로 주전 164년 12월이다. 오늘날에도 유대인들은 '하누카'라는 이름으로 이날을 기념하고 있다.

이후로도 유다 마카베오는 얼마 되지 않는 군사로 안티오코스의 군대를 무찔러 승리한다. 유다 마카베오가 전사하자 그의 막냇동생 요나단 마카베오가 군대를 지휘하게 된다. 하지만 요나단도 전사하자 마타티아스의 둘째 아들인 시몬 마카베오가 유대를 통치한다.

주전 142년, 유다 마카베오와 그를 이어 요나단, 시몬으로 이어진 마카베오 혁명의 결과, 셀레우코스 왕국으로부터 유다는 독립을 쟁취한다. 시몬이 쿠데타로 죽임을 당하자 그의 아들 요한 힐카누스가 유대의 대제사장으로 실질적인 통치를 하게 되는데, 역사에서는 이때부터를 '하스모니안 왕조'라 부른다.

요한 힐카누스는 주변 적들과의 전쟁에서 용감하게 승리한다. 힐카누스는 사마리아 사람들이 세겜에 세운 여호와의 제단을 파괴해 버리기도 한다. 힐카누스는 요단 동편 이두매(에돔)를 정복해서 많은 이를 유대교로 개종시켰는데, 이때 개종한 사람이 후에 유대의 분봉왕이 된 헤롯 대왕의 아버지인 '안티파터'다. 안티파터는 유대교로 개종한 후 힐카누스의 부하가 되어 공을 세우는데, 페트라라는 난공불락의 요새지를 공격하는 데도 가담하여 큰 공을 세운다.

로마와 유대

유대는 로마에서 제법 거리가 먼 곳에 있어 교류할 기회가 없었으나 주전 3세기에 일어난 포에니 전쟁 이후 로마 제국의 팽창으로 인해 결국 유대와 로마는 만날 수밖에 없게 된다. 로마가 유대에 영향을 끼치게 된 것은 셀레우코스 왕국을 지배하면서 시작되었다. 로마 제국이 보기에 유대는 시리아에 붙어 있는 작은 나라이기 때문에 그리 신경 쓸 필요가 없었다. 그래서 로마에서는 당시 시리아의 중심인 안티오키아(안디옥)에 총독을 파견하는 것만으로 유대 지역을 통치하기에 충분하다고 생각했다.

하지만 다른 지역에서는 총독의 막강한 권한만으로도 이민족들을 쉽게 지배할 수 있었는데, 로마 제국 안에서 유일하게 유일신을 믿는 유대인들은 다루기 어렵다는 사실을 충분히 인지한 뒤, 로마는 유대 지역을 위한 총독을 따로 파견하기로 한다.

힐카누스 2세가 유대를 다스리고 있을 당시 로마에는 폼페이우스와 율리우스 카이사르가 서로 권력 다툼을 하고 있었다. 이때 힐카누스는 율리우스 카이사르에게 많은 돈을 가져다주었는데, 이것이 유대의 입장에서는 최선의 선택이었다. 힐카누스 2세가 시리아를 잠시 방문하러 온 카이사르에게 자신을 대신할 사신으로 보내 만나게 한 사람이 바로 안티파터다. 안티파터는 이 일을 계기로 카이사르를 포함한 로마 지도자들과 좋은 관계를 맺고 출세의 가도를 달리게 된다.

안티파터의 아들들 가운데 헤롯이라는 이름의 둘째 아들은 아버지를 닮아 정치적 야망이 대단했다. 그는 아버지의 후광으로 유대 지역의 분봉왕으로 임명된다. 헤롯은 로마와도 관계를 잘 유지했지만, 유대인들의 환심을 사기 위해서도 많은 노력을 기울인다. 그는 힐카누스의 손녀 마리암네와 결혼하여 하스모니안 가문과의 관계를 돈독히 하려 한다. 하지만 성격이 잔인한 헤롯은 하스모니안 가문의 유력한 인물들을 처형하고 그들의 재산을 몰수한다. 헤롯은 자기 부인과 아들까지 죽여 하스모니안 가문과의 모든 인연을 끊어 버린다.

그러는 중에도 헤롯은 유대인들을 기쁘게 할 일을 찾는다. 그는 바벨론 포로에서 돌아온 유대인들이 다시 건축한 두 번째 성전이 솔로몬이 지은 처음 성전에 비해 매우 초라한 것을 보고 유대인들의 환심을 사기 위해 거대한 규모의 성전을 새로 짓는다. 복음서에서 예수님과 제자들이 방문한 예루살렘 성전은 바로 이 헤롯이 지은 성전이다. 참고로 그 어간의 사건들을 연표로 만들어 보았다.

연도(주전)	사건
175	안티오코스 4세 에피파네스 즉위
167	안티오코스 4세의 성전 훼손
164	마카베오 혁명
135	요한 힐카누스의 즉위/하스모니안 왕조의 시작
64	폼페이우스의 성전 침입
49	율리우스 카이사르가 루비콘 강을 건넘
46	안티파터가 유대의 행정장관으로 임명됨
37	헤롯 대왕이 분봉왕이 됨
27	아우구스투스 카이사르(가이사 아구스도)의 즉위
원년	예수 그리스도의 탄생

유대교의 네 가지 분파

예수 그리스도께서 이 땅에 오시기 전 유대교에는 네 종류의 그룹이 크게 활약하고 있었다. 이 네 그룹은 신약 성경에도 자주 등장하기 때문에 독자들에게 익숙하리라 생각한다.

첫째는 사두개파다. 사두개파는 주로 하스모니안 가문이 가지고 있던 제사장들을 중심으로 하는 기득권층이었다. 사두개인들 가운데는 제사장은 아니지만 돈 많은 상인, 정부 관료, 사회의 특수 계층 사람이 많았다. 이들은 엄밀한 의미에서 종교 집단에 속한 사람들이라기보다는 사회의 권력 계층이라고 할 수 있었다. 이들은 모세오경만 하나님의 말씀으로 받아들였고, 천사와 부활을 믿지 않았으며, 장로들의 전통도 받아들이지 않았다.

그리스도께서 등장하신 것은 사두개인들에게 가장 큰 위협이었다. 예수님은 공공연하게 '성전을 허물면 사흘 만에 다시 지을 것'(요 2:19)이라고 예언하셨다. 또 예수님은 헤롯의 성전을 보시고 '성전이 허물어져 돌 위에 돌 하나도 남지 않을 것'(마 24:2, 막 13:2, 눅 19:44)이라고 하셨다. 주님의 말씀대로 주후 70년에 예루살렘 성전이 파괴되었을 때 사두개인들은 모두 사라지고 말았다.

둘째는 바리새파다. 이들은 안티오코스 4세가 율법을 폐기하고 안식일을 지내지 못하게 하는 것에 반대해서 일어난 하시딤 운동과 깊은 관련이 있다. 바리새파는 하나님의 율법에 관심이 많았다. 이들은 모세오경만 하나님의 말씀으로 받아들이려는 사두개인들과 대조적으로 유대교의 많은 유전과 전승을 받아들였다. 사두개인들이 귀족적인 것과 달리 바리새파 사람들은 대중적이었다. 이들은 천사나 부활을 믿었다. 바리새파 사람들은 송아지 가죽으로 만든 경문에 '쉐마'(들으라)를 적어 이마에 두르고 손목에 매고 다니며 자신이 바리새파에 속한다는 사실을 드러내려고 노력했다.

하나님 나라를 전파하는 데 가장 큰 장애는 바로 바리새인들이었다. 이들에게 할례와 율법은 어떤 조건에서도 지켜야 할 금과옥조였다. 사도행전을 보면 주님의 제자들 가운데에도 바리새파가 있었다. 이들은 할례받지 않은 이방인이 주님을 믿는 것을 불완전한 구원이라고 생각했다. 이들로 인해 초대 교회 내에 계속 문제가 생겼다. 사도 바울도 바리새파에 속한 사람이었지만, 그는 할례와 율법이라는 걸림돌을 치움으로 이방인들이 하나님 나라에 들어올 수 있음을 깨닫고 바리새인들의 이런 주장을 끝까지 막아섰다.

셋째는 에세네파다. 이들도 바리새인들과 마찬가지로 헬라 제국의 유대교 말살 정책의 반동으로 나타난 하시딤 운동이라는 공통의 뿌리를 갖고 있다. 에세네파는 처음에 바리새파와 비슷한 길을 걸었지만, 주전 88년에 하시딤의 지도자와 바리새파 간의 격렬한 논쟁이 일어난 후로 바리새파에서 멀어졌다. 이들은 사두개인들이 지배하는 성전은 더는 유대교의 진정한 중심이 될 수 없다고 생각하고 종말 신앙을 강조하며 산이나 광야로 도피해 들어가 공동체 생활을 했다. 이들은 하나님의 말씀을 두루마리 형태로 필사하는 일을 했다. 후에 쿰란이라는 곳의 동굴 여러 곳에서 이들이 사용했을 것으로 보이는 성경과 성문서들이 상당량 발견되었다.

넷째는 젤롯당이다. 성경에서는 '셀롯당'이라고 부르는데, 예수님의 제자 가운데도 "셀롯인 시몬"(행 1:13)이라는 사람이 있었다. 이들은 로마 정부에 대항하여 군사적 저항을 하는 그룹이었다. 이들의 원류는 마카베오 운동이라고 할 수 있다. 젤롯당은 마카베오와 그의 추종자들이 셀레우코스 군대에 저항한 것처럼 로마에 대해서도 군사적인 방법을 동원하여 격렬하게 저항했다. 그들은 대의를 위해서라면 고통과 죽음도 하찮게 여겼다. 그들은 헬라의 영향을 받은 유대인들이 여호와 이외에 다른 이방신을 '주'라고 부르는 것을 극도로 싫어했다. 자신들의 믿음을 지키기 위해 목숨을 걸고 투쟁을 계속하다가 주후 70년 로마가 예루살렘을 공격할 때 모두 장렬한 최후를 맞았다.

중요한 점은 이 네 그룹 모두 하나님이 원하시는 선교적 삶과는 거리가 멀다는 것이다.

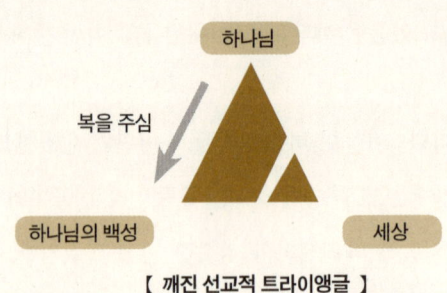

【 깨진 선교적 트라이앵글 】

앞서 이미 살펴보았지만 선교적 삶이란 이 삼각형에서 세상과의 괴리가 없어야 하는데, 이들은 모두 세상과 분리되어 성전 중심, 율법주의, 현실 도피, 무력 투쟁과 같은 모습을 보여 주고 있다.

다니엘 2장에서 하나님은 모든 제국이 끝나고 하나님의 나라가 시작될 것을 다니엘과 그의 친구들, 그리고 더 나아가 느부갓네살 왕의 궁정에 있는 많은 사람에게 알려 주셨다. 그 후로도 다니엘서에는 하나님의 위대하심이 모든 나라와 모든 백성과 모든 언어를 사용하는 사람들에게 증거되고 하나님이 예배를 받으시는 이야기로 가득하다.

불행하게도 고레스의 칙령에 의해 유다로 돌아간 유대 사람들은 다니엘이 본 이 같은 선교적 비전을 잊은 것 같다. 그들은 다시 성전 중심으로 살면서 이방인을 배척하고, 율법을 지키는 것으로 자신을 의롭게 생각하며, 세상과 괴리된 삶을 살려고 하거나 무장 투쟁을 통해 하나님의 나라를 이루려고 했다. 이들은 모두 하나님을 향한 열심이 있었지만 안타깝게도 하나님의 목적에서는 멀어져 있었다. 하지만 해가 뜨기 전이 가장 어두운 것처럼 유대인들이 겪은 어둠과 혼돈의 시간은 그리스도의 오심이 가까이 왔다는 징조이기도 했다.

19장
하나님 나라의 시작

전장인 18장 "여명을 기다리며"를 읽은 독자들은 유다가 헬라의 왕들과 로마의 장군들에게 유린당하는 것을 가슴 아프게 읽었을 것이다. 아마도 우리가 느끼는 아픔을 다니엘은 환상을 통해 수십 배, 아니 어쩌면 수백 배나 더 크게 느꼈을 것이다. 하지만 그런 고통 속에서 이미 다니엘을 통해 예언된 하나님의 나라는 시작되고 있었다.

헬라와 로마가 만들어 놓은 무대

헬라 제국과 로마 제국이 유대인들에게 여러 면에서 고통을 안겨 준 것은 사실이다. 하지만 헬라와 로마는 그리스도께서 승천하신 후 제자들에 의해 복음이 온 땅에 전파되기 위한 무대를 마련해 주었다. 헬라 제국과 로마 제국이 예수 그리스도로 시작된 하나님 나라와 복음 전파를 위해 만들어 놓은 다섯 가지 무대를 살펴보자.

첫째 무대는 헬라 제국과 로마 제국 안에서 보편적으로 사용된 헬라어다. 알렉산드로스 대왕은 헬라 문화와 언어에 대단한 자부심을 가지고 있었다. 그는 자신이 점령한 곳마다 헬라어를 사용하도록 강요했다. 이때부터 일상 언어였던 코이네 헬라어가 헬라 제국 안에서 공용어로 사용되었다. 놀랍게도 신약 성경은 모두 코이네 헬라어로 기록되었다. 코이네 헬라어로 기록된 신약 성경은 번역이라는 과정을 거치지 않고 많은 지역에서 그대로 읽힐 수 있었다. 후에 헬라 지역 대부분이 로마 제국의 영토가 되지만 로마 제국 안에서도 사람들은 라틴어보다는 국제어가 되어 버린 헬라어를 더 보편적으로 사용했다.

둘째 무대는 헬라어로 번역된 구약 성경이다. 프톨레마이오스 왕국의 두 번째 왕인 프톨레마이오스 2세 때 알렉산드리아의 도서관에 장서로 보관하기 위해 구약 성경을 번역하는 작업이 있었다는 것은 이미 언급한 바 있다. 구약 성경을 번역하게 된 명분은 당대 최고의 도서관에 보관하기 위한 것이었지만, 구약 성경이 헬라어로 번역되자 히브리어가 익숙하지 않은 유대인 디아스포라들도 자신들에게 익숙한 헬라어로 성경을 읽을 수 있게 되었다. 뿐만 아니라 유대교에 관심이 있는 헬라인들도 성경을 읽음으로 하나님에 대해 알 수 있게 되었다.

셋째 무대는 놀랍게 발달된 도로망이다. "모든 길은 로마로 통한다"는 말이 있다. 모든 길이 로마로 통한다는 말은 어느 길로 가든 제국의 수도에 이른다는 의미가 아니다. 로마 사람들은 토목건축에 매우 뛰어났다. 그들은 제국의 모든 지역이 서로 연결되는 길을 만들었다. 로마 사람들이 말하는 길은 사람들이 걸어 다니거나 조랑말 수레가 지나다니는 정도의 길이 아니었다. 로마 사람들은 로마 군대의 전차가 전속력으로 달릴 수 있는 길만을 '길'이라 불렀다. 그런 길을 만들기 위해 로마 사람들은 언덕을 깎아 평평하게 하고, 골짜기에 튼튼한 돌로 다리를 놓았다. 길 양쪽으로 빗물이 빠지는 하수도를 만들고, 도로 위는 돌이나 콜타르로 포장했다. 로마 사람들이 이런 길을 만든 것은 군사와 통치를 목적으로 한 것이었지만, 하나님은 복음이 로마 제국 전체로 빨리 전달되는 데 로마의 길을 사용하셨다.

넷째 무대는 로마 제국 안의 안전 보장이다. 율리우스 카이사르 이후 로마는 세계에서 가장 안전한 지역이 되었다. '팍스 로마나'는 로마 안에서만 누릴 수 있는 평화, 즉 안전 보장을 의미했다. 로마 제국 이전에는 지중해에 해적이 창궐했다. 율리우스 카이사르도 군인으로 있던 젊은 시절에 지중해에서 활동하는 해적들에게 붙잡힌 적이 있었다. 하지만 로마 제국이 지중해를 지배하면서 해적 떼는 완전히 소탕되었다. 여행자들은 해적이나 도적의 방해 없이 자유롭고 안전하게 제국 안을 이동할 수 있었다.

다섯째 무대는 유대인 디아스포라들이다. 헬라 제국과 로마 제국에는 많은 유대인이 흩어져 살고 있었다. 당시 유다 지역에 살던 유대인 수가 백만 명 가량으로 추정되는데, 로마 제국에 흩어져 살던 유대인의 수는 오백만 명으로 추산된다. 무려 다섯 배나 되는 유대인들이 유다 지역 밖에서 활동한 것이다. 이들을 헬라어로 '디아스포라'라고 불렀다. 이들 중에는 자발적으로 비즈니스를 위해 해외로 간 사람도 있었고, 비자발적으로 예루살렘에서 끌려간 사람도 있었다. 하지만 대부분의 유대인 디아스포라는 생활력이 강해 어떤 열악한 상황에서도 살아남았다. 유대인들은 '시너고그'라는 회당을 세우고 그 주변에 모여 살았다. 회당 근처에는 유대교에 관심을 갖는 헬라인이 많았다. 이들은 자신들이 믿는 신들과 매우 다른 '여호와 하나님'을 예배하고 싶어 했다. 어떤 이들은 헬라어로 이미 번역된 구약 성경을 읽기도 하고, 유대인들이 하는 기도와 금식에도 동참했다. 어떤 이들은 주변의 가난한 사람들에게 자선을 베풀고, 유대교 회당을 지을 때 거액을 헌금하기도 했다. 하지만 이들은 할례를 받거나 부정한 음식을 먹지 않는 유대인들의 관습은 따르려고 하지 않았다. 이런 사람들을 성경에서는 '하나님을 경외하는 사람들', 영어로는 'God-fearers'라고 부른다. 사도행전에 등장하는 가이사랴의 로마 백부장 고넬료가 대표적으로 하나님을 경외하는 사람이었다.

그때에 가이사 아구스도가 영을 내려

그리스도의 오심으로 세계 역사는 나뉘어졌다. 우리가 사용하는 서력은 그리스도의 탄생을 원년으로 계산한다. 따라서 그리스도가 오시기 전의 역사는 그리스도가 오심을 향해 수렴하고 있다고 할 것이다. 주님이 오신 시점을 역사적으로 명확하게 밝혀 주는 성경의 기록이 있다. 그것은 누가가 전해 준 복음서 2장에 기록되어 있다.

> 그때에 가이사 아구스도가 영을 내려 천하로 다 호적하라 하였으니(눅 2:1).

성경은 가이사 아구스도가 로마를 통치하고 있을 때 예수님이 베들레헴에서 태어나셨다고 기록하고 있다.

로마는 오래전 왕정을 폐지하고 공화정으로 정치 체제를 바꾸었다. 로마는 원로원을 중심으로 국가적 중대사를 결정하는 공화정이었다. 하지만 로마가 확장되는 과정에서 외부와 전쟁을 많이 하게 되었고, 결국 국가 권력이 군대를 통솔하는 최고 군 통수권자에게 몰리는 현상을 막을 수 없었다. 이 과정에서 가장 두각을 드러낸 인물이 율리우스 카이사르다. 공화정인 로마가 한 사람에게 권력이 집중되어 왕정으로 변질될 것을 염려한 원로원 회원들은 결국 카이사르를 암살한다. 율리우스 카이사르의 막대한 권

력은 유언에 따라 그의 양아들 옥타비아누스에게 승계되었다.

원로원은 옥타비아누스에게 '가장 위대한 사람'이라는 의미의 '아우구스투스'(Augustus)라는 칭호를 부여하였다. 하지만 옥타비아누스는 이미 자기 양아버지 카이사르의 지위를 물려받아 '엠페로'(emperor)라 불리는 군 통수권자의 권한을 가지고 있었는데 우리는 이 명칭을 '황제'라 부른다.

명칭이야 어떻든 옥타비아누스가 권력을 쟁취하던 당시 로마 제국은 이전의 어느 제국도 가져 보지 못한 힘을 가지고 있었고, 그 권력의 정점에 바로 옥타비아누스, 즉 카이사르 아우구스투스(가이사 아구스도)가 있었다. 그는 자기가 가지고 있는 권력을 우리가 사용하는 달력에도 반영시켰다. 8월은 영어로 'August'인데, 이것은 아우구스투스를 영어식으로 발음한 것이다. 1월부터 홀수 달은 31일이고 짝수 달은 30일인데, 아우구스투스는 이런 규

칙을 바꾸어 자기 이름이 들어간 짝수 달 8월의 날수를 30일이 아닌 31일로 정했다. 이것은 아우구스투스의 권력이 얼마나 대단했는지를 보여 주는 증거다.

이런 강력한 통치자 가이사 아구스도가 다스리던 때에 예수 그리스도는 당시 보잘것없는 유다 지방의 작은 도시 베들레헴의 마구간에서 목수의 아들로 태어나셨다. 그리고 예수님은 30년의 무명 시절을 보내셨다.

예수 그리스도의 오심은 다니엘 2장에 나오는, 사람 손으로 만들지 않은 공중에 떠 있는 돌멩이 같았지만 그로부터 시작된 하나님의 나라는 산을 이루고 지난 2,000년 동안 세계 속에서 없어지지 않는 나라로 서게 되었다.

세례 요한의 외침

우리가 읽고 있는 구약 성경에서 마지막 선지서는 말라기다. 말라기의 마지막 부분이 흥미롭다.

> 보라 여호와의 크고 두려운 날이 이르기 전에 내가 선지자 엘리야를 너희에게 보내리니 그가 아버지의 마음을 자녀에게로 돌이키게 하고 자녀들의 마음을 그들의 아버지에게로 돌이키게 하리라 돌이키지 아니하면 두렵건대 내가 와서 저주로 그 땅을 칠까 하노라 하시니라 (말 4:5-6).

말라기 선지자를 통해 하나님은 이스라엘 백성에게 마지막 때에 엘리야를 보내겠다고 예언하셨다. 그가 아버지의 마음을 자녀들에게, 자녀들의 마음을 아버지에게로 돌이키게 할 것이라고 하셨다. 이 모습은 주님이 오시기 전에 등장한 세례 요한의 모습과 매우 비슷하다. 마태복음에 기록된

요한의 모습을 한번 살펴보자.

> 그때에 세례 요한이 이르러 유대 광야에서 전파하여 말하되 회개하라 천국이 가까이 왔느니라 하였으니 그는 선지자 이사야를 통하여 말씀하신 자라 일렀으되 광야에 외치는 자의 소리가 있어 이르되 너희는 주의 길을 준비하라 그가 오실 길을 곧게 하라 하였느니라 이 요한은 낙타털 옷을 입고 허리에 가죽 띠를 띠고 음식은 메뚜기와 석청이었더라(마 3:1-4).

선지자 엘리야를 구약 성경은 이렇게 표현하고 있다.

> 그들이 그에게 대답하되 그는 털이 많은 사람인데 허리에 가죽 띠를 띠

었더이다 하니 왕이 이르되 그는 디셉 사람 엘리야로다(왕하 1:8).

당시 이스라엘의 왕은 아하시야였다. 그는 이스라엘 역사상 가장 악한 왕인 아합의 아들이었다. 그가 다락 난간에서 떨어져 죽을 상황이 되자 부하들을 보내 에그론의 신 바알세붑에게 자신의 운명에 대해 물어보려고 한다. 그러자 엘리야 선지자는 아하시야 왕의 부하들 앞에 나타나 이스라엘에 하나님이 없어 에그론의 신 바알세붑에게 물으려 하냐며 왕이 반드시 죽을 것이라고 예언한다. 부하들에게서 이를 들은 아하시야 왕이 '그 말을 한 사람이 어떻게 생겼느냐'고 묻자 왕의 부하들은 앞서 인용한 말씀처럼 왕에게 일러 준다. 그 말을 듣고 왕은 신하들이 말하는 사람이 디셉 출신의 선지자 엘리야임을 바로 알아차린다.

세례 요한과 엘리야의 공통점은 털옷을 입고 허리에 가죽 띠를 띤 외모만이 아니었다. 세례 요한의 증거를 직접 받은 예수님이 세례 요한을 엘리야라고 말씀하셨다.

모든 선지자와 율법이 예언한 것은 요한까지니 만일 너희가 즐겨 받을진대 오리라 한 엘리야가 곧 이 사람이니라(마 11:13-14).

그러니 말라기 선지자의 예언이 그대로 성취된 셈이다. 세례 요한의 등장은 오랫동안 이스라엘 백성이 기다려 온 메시아의 출현이 임박했음을 암시했다. 많은 이스라엘 사람은 세례 요한이 메시아가 아닐까 하고 기대했지만, 세례 요한은 자신은 메시아가 아니고 메시아의 길을 예비하기 위해서 왔다고 말했다.

공생애를 시작하기 직전 예수님은 세례 요한에게 나아가 겸손히 세례를 받으셨다. 그리고 세례 요한은 사람들 앞에서 예수님을 '세상 죄를 지고 가는 어린양'(요 1:29)이라고 증언했다.

나사렛 예수

예수님은 하나님의 독생자셨지만 그분의 등장은 초라했다. 왕이나 고관대작의 집에서 금 수저를 물고 태어난 것도 아니고, 화려한 학식이나 능력을 가진 슈퍼맨으로 등장하지도 않으셨다. 예수님은 이스라엘 북쪽 갈릴리에서 자라시고 그곳에서 사역을 시작하셨다. 갈릴리는 예수님이 태어나시기 1,000년 전부터 별 볼 일 없는 지역으로 평가받고 있었다.

> 갈릴리 땅의 성읍 스무 곳을 히람에게 주었으니 이는 두로왕 히람이 솔로몬에게 그 온갖 소원대로 백향목과 잣나무와 금을 제공하였음이라 히람이 두로에서 와서 솔로몬이 자기에게 준 성읍들을 보고 눈에 들지 아니하여 이르기를 내 형제여 내게 준 이 성읍들이 이러한가 하고 이름하여 가불 땅이라 하였더니 그 이름이 오늘까지 있느니라(왕상 9:11-13).

솔로몬이 성전 건축을 마치고 성전 건축에 혁혁한 공을 세운 두로왕 히람에게 갈릴리 성읍 스무 곳을 상으로 주었는데 갈릴리 성읍들이 히람의 눈에 차지 않았던 것이다. 그래서 히람은 갈릴리를 '사슬에 묶여 있는 땅'이라는 의미로 "가불"이라고 불렀다.

그때부터 1,000년이 지난 후 예수님이 활동할 당시에도 갈릴리는 평판이 그리 좋지 못했다. 갈릴리 중에서도 나사렛은 더 낙후된 곳으로 여겨졌다. 요한복음 1장에서 나다나엘은 예수님이 나사렛 출신이라는 것을 알고

"나사렛에서 무슨 선한 것이 날 수 있느냐"(요 1:46)고 조롱 섞인 말을 한 적이 있다.

하지만 예수님은 갈릴리를 의도적으로 선택하셨다. 예수님이 갈릴리를 사역지로 선택하신 이유를 마태는 그 이방 땅 수리아에 예수님의 소문이 퍼지기 위해서였다고 기록하고 있다. 그러니 예수님은 사역을 시작하실 때부터 이스라엘 사람들만이 아니라 다른 민족까지 구원하려는 계획을 가지신 것이 틀림없다.

> 예수께서 온 갈릴리에 두루 다니사 그들의 회당에서 가르치시며 천국 복음을 전파하시며 백성 중의 모든 병과 모든 약한 것을 고치시니 그의 소문이 온 수리아에 퍼진지라 사람들이 모든 앓는 자 곧 각종 병에 걸려서 고통당하는 자, 귀신들린 자, 간질하는 자, 중풍병자들을 데려오니 그들을 고치시더라 갈릴리와 데가볼리와 예루살렘과 유대와 요단강 건너편에서 수많은 무리가 따르니라(마 4:23-25).

예수님의 제자들

그런데 예수님은 병자를 고치며 무리를 돌보시는 일을 혼자 하신 것이 아니다. 예수님은 공생애 초기부터 열두 명의 제자를 부르셨다. 예수님은 자신이 하던 사역, 즉 아픈 자들을 고쳐 주고, 가난한 자들에게 복음을 전하는 일을 제자들과 함께하셨다. 때로는 제자들을 둘씩 다른 마을로 보내서 사역을 하도록 지시하시고 그들이 돌아왔을 때 어떤 일이 있었는지 평가하는 시간을 갖기도 하셨다. 이처럼 제자들을 훈련하신 것은 주님이 목표를 가지고 의도적으로 하신 중요한 사역이었다.

요한복음 9장 4절에는 태어날 때부터 앞을 보지 못한 소경의 눈을 뜨게 해주시면서 예수님이 함께 있던 제자들에게 말씀하시는 장면이 나온다. 예수님은 자기에게 부탁하신 하나님의 일을 제자들을 불러서 하시겠다고 분명하게 말씀하신다.

> 때가 아직 낮이매 나를 보내신 이의 일을 우리가 하여야 하리라 밤이 오리니 그때는 아무도 일할 수 없느니라.

예수님은 십자가에서 죽으시고 부활하신 후 제자들이 보는 앞에서 승천하셨다. 그리고 제자들에게 모든 권세를 주시고 모든 민족에게 가서 세례를 주고 주님이 말씀하신 것을 가르치고 지키게 하라고 명하셨다. 제자들은 주님의 명령을 그대로 실천에 옮겼다.

예수님이 하나님의 일을 함께하려고 불러 세운 제자들도 대부분 갈릴리 출신이었으며, 유명하거나 지위가 있는 사람들이 아니었다. 그들은 어부, 세금 징수원 등 다양한 업종에 종사하며 하루하루 살아가던 평범한 사람들이었다.

이들은 예수님이 승천하신 후 성령 충만을 경험했다. 제자들이 전한 복음을 듣고 수천 명의 사람이 회개하고 주님께 돌아왔다. 제자들은 자신들을 공격하는 사두개인들, 바리새인들에게 연약함 속에서 그리스도를 변증했다. 사도행전에서 예루살렘의 고위 성직자들은 예수님의 제자들이 유대교 지도자들이 생각하는 학문적 깊이는 없었지만 하나님의 말씀을 증거하는 모습에 놀랐다.

> 그들이 베드로와 요한이 담대하게 말함을 보고 그들을 본래 학문 없는

범인으로 알았다가 이상히 여기며 또 전에 예수와 함께 있던 줄도 알고
(행 4:13).

하지만 이들에게 중요한 것은 지식이나 세상적인 힘이 아니었다. 이들은 부인할 수 없는 일, 곧 그리스도께서 죽으시고 부활하심으로 우리 죄를 사하시고, 우리를 구원하셨으며, 마지막 때에 심판주로 오실 것을 믿고, 그 일에 증인이 된 사람들이었다. 그들은 자신들이 사랑하는 선생님의 말씀만을 믿고 예루살렘에 왔고, 예수님의 죽음 이후 어려운 상황에서 부활을 경험하고 어떤 고난에도 굴하지 않으며 자신들의 생명을 바쳐서 그분의 죽음과 부활의 증인으로 살겠다고 헌신한 사람들이었다.

20장
명예인가 명예인가

탁자 위에는 여러 가지 동전이 놓여 있었다. 동전에는 카이사르 아우구스투스의 초상이 새겨진 것도 있고, 힐카누스 2세의 동상이 그려진 것도 있었다. 어떤 동전은 구리로, 어떤 동전은 철로, 아주 드물지만 은으로 된 동전도 있었다. 세리 출신의 마태와 다른 두 명의 제자는 가치가 서로 다른 동전을 부지런히 계수하고 있었다. 탁자 앞에는 서너 명의 다른 제자들이 계수가 끝난 동전을 줄 서서 기다리고 있는 과부들에게 나누어 주고 있었다. 주일 예배가 끝나면 많은 과부가 탁자 앞으로 몰려들었다. 수백 명의 과부에게 돈을 제대로 나누어 주는 일은 쉽지 않았다. 그러나 교회가 하는 사역 가운데 가장 큰 사역이 바로 가난한 이들에게 필요한 식량을 사도록 동전을 나누어 주는 일이기에 제자들은 소홀히 할 수 없었다.

그때 몇 명의 신자가 베드로를 불러내어 한쪽 구석으로 데려가서 뭔가 심각한 이야기를 나누었다. 탁자에서 동전을 계수하여 과부들에게 나누어 주고 있던 제자들은 계속 작업을 하면서도 마음은 베드로와 이야기하는 사람들에게 가 있었다. 그들이 대화하는 분위기가 몹시 심각했기 때문이다.

한참 시간이 지난 뒤 베드로가 돌아와 열한 명의 다른 제자를 불러 모았다. 그리고 자기를 찾아온 신자들과 어떤 이야기를 나눴는지 들려주었다. 베드로를 찾아온 사람들은 헬라파 유대인들인데, 헬라파 과부들이 구제에서 제외되는 경우가 있다며 불평을 했다는 것이다. 순간 열한 명의 제자들의 얼굴이 굳어졌고 침묵이 흘렀다. 조금 후에 그중 한 명이 격앙된 목소리로 말했다.

"아니, 그런 것을 가지고 저 사람들이 우리에게 불평했다는 말입니까? 저는 정말 무슨 큰일이라도 난 줄 알았습니다. 저 사람들도 우리가 얼마나 힘들게 이 사역을 하고 있는지 알 텐데, 그런 말을 했다니 정말 어이가 없네요. 더욱이 우리는 예수님이 직접 세우신 사도라고요. 우리가 고생해서 교회가 이만큼 안정된 것인데, 자기들이 대접을 받지 못했다고 불평하다니요……."

흥분한 제자를 베드로가 제재하고 나섰다.

"아닙니다. 저도 처음에 저 사람들과 이야기를 할 때는 우리가 하는 사역에 대해 저 사람들에게 감사가 부족하다는 생각이 들어 실망도 되고 화도 났습니다. 하지만 저분들이 하는 말을 들으며 깊이 생각해 보니 우리가 뭔가 잘못하고 있다는 생각이 들었습니다. 탁자에서 헌금을 계수하고 과부들에게 나누어 주는 일은 오히려 헬라파에서 하면 더 좋을 것 같습니다."

아까 흥분하던 제자가 더 흥분하며 물었다.

"그러면 우리는 뭘 한다는 말입니까? 재정 출납에 관한 이 중요한 일을 신참들에게 맡긴다고요?"

베드로가 입가에 미소를 지으며 부드럽게 대답했다.

"네, 맞습니다. 그 중요한 일을 헬라파에게 맡기고, 우리는 뒤로 물러납시다. 우리에게는 말씀을 전하고 기도하는 더 중요한 사역이 있지 않습니까."

조금 극화해서 들려드린 이 이야기는 사도행전 6장에 등장하는 히브리파와 헬라파 신자들 사이에 벌어진 일이다. 성경의 기록을 직접 보자.

> 그때에 제자가 더 많아졌는데 헬라파 유대인들이 자기의 과부들이 매일의 구제에 빠지므로 히브리파 사람을 원망하니 열두 사도가 모든 제자를 불러 이르되 우리가 하나님의 말씀을 제쳐 놓고 접대를 일삼는 것이 마땅하지 아니하니 형제들아 너희 가운데서 성령과 지혜가 충만하여 칭찬 받는 사람 일곱을 택하라 우리가 이 일을 그들에게 맡기고 우리는 오로지 기도하는 일과 말씀 사역에 힘쓰리라 하니 온 무리가 이 말을 기뻐하여 믿음과 성령이 충만한 사람 스데반과 또 빌립과 브로고로와 니가노르와 디몬과 바메나와 유대교에 입교했던 안디옥 사람 니골라를 택하여 사도들 앞에 세우니 사도들이 기도하고 그들에게 안수하니라 하나님의 말씀이 점점 왕성하여 예루살렘에 있는 제자의 수가 더 심히 많아지고 허다한 제사장의 무리도 이 도에 복종하니라 (행 6:1-7).

사도행전 6장에 나오는 "히브리파"는 '히브리어를 하는 사람들'이라는 뜻이고, "헬라파"는 '헬라어를 하는 사람들'이라는 뜻이다. 이 사건을 통해 예루살렘 교회의 리더십이 히브리파에서 헬라파로 넘어가는 것을 볼 수 있다.

히브리파는 대부분 갈릴리에서 예수님을 따르던 예수님의 제자들이었다. 그들은 예수님을 따르는 동안 온갖 고생을 다 한 사람들이었다. 히브리파는 단순히 히브리어를 사용하는 제자들이라는 의미를 넘어 그리스도께 직접 제자 훈련을 받고 사도로 세움받은 사람들이었다. 그러니 히브리파가 불평하는 헬라파에게 역정을 낼 만도 했다.

하지만 성령이 충만한 제자들은 달랐다. 이들은 자기들의 기득권을 모두 내려놓고 장차 벌어질 타문화 사역을 위해 헬라파가 준비되도록 겸손하게 뒤로 물러서기로 결정했다.

헬라파 유대인의 역할

예수님은 제자들에게 복음을 땅 끝까지 증거하라고 명령하셨다. 하지만 예수님의 제자들이 복음을 땅끝까지 증거할 때 직면해야 하는 큰 문제가 있었는데, 그것은 바로 언어와 문화라는 장벽을 넘는 것이었다.

당시 이스라엘을 포함해 중근동 지역의 도시에 살던 많은 사람은 헬라어를 사용하고 있었다. 하지만 농어촌 지역에서는 지방 언어가 주로 사용되었다. 갈릴리 출신의 예수님의 제자들도 헬라어보다는 히브리어를 일상적으로 사용했다. 어떤 언어를 사용하느냐가 문화를 결정한다. 즉 히브리어를 사용한다는 이야기는 히브리 문화 속에 사는 사람들이라는 뜻이다.

선교란 한 문화 안에 있던 복음을 문화를 넘어 다른 문화로 전달하는 타문화 사역이다. 따라서 한 문화에만 익숙한 사람들은 특별한 훈련을 받기 전에 타문화 사역을 감당하기가 어렵다. 하나님은 갈릴리 출신의 제자들이 가지고 있는 문화적 한계를 이미 아셨다. 오순절에 성령이 임하자 사도들이 모두 만방에 나가 복음을 전한 것으로 생각하는 사람이 많지만, 성경에 기록된 사실은 매우 다르다. 하나님은 예루살렘 교회 안에 타문화 사역을 할 사람들을 준비시키셨다.

사도행전 2장에 기록된 것처럼 오순절에 성령이 불의 혀처럼 제자들에게 내려왔고, 성령 충만한 제자들은 다른 언어로 말하기 시작했다. 외국어를 제대로 할 줄 모르는 제자들이 오직 성령의 충만함으로 다른 언어로 말한 것은 엄청난 사건이었다. 하지만 사도들이 매번 입을 열 때마다 동일한 외국어를 반복해서 말할 수는 없었다. 그럴 수 있다면 모든 선교사는 언어를 배우기 위해 번거로운 언어 학습 과정을 거치지 않아도 될 것이다. 타문화에서 복음을 전하기 위해서는 다른 언어를 할 줄 알고 타문화를 이해하는 사람들이 필요하다. 초대 교회에도 그런 사람들이 필요했는데, 그들이 바로 유대인 디아스포라였다. 이들은 명절을 지키기 위해 예루살렘에 왔다가 평소에 히브리어를 사용하는 제자들이 자신들의 지방 언어로 하나님의 놀라운 소식을 전하는 것을 듣고 신기하게 여겼다.

> 그때에 경건한 유대인들이 천하 각국으로부터 와서 예루살렘에 머물러 있더니 이 소리가 나매 큰 무리가 모여 각각 자기의 방언으로 제자들이 말하는 것을 듣고 소동하여 다 놀라 신기하게 여겨 이르되 보라 이 말하는 사람들이 다 갈릴리 사람이 아니냐 우리가 우리 각 사람이 난 곳 방언으로 듣게 되는 것이 어찌 됨이냐(행 2:5-8).

이때 예루살렘에서 믿은 사람의 수가 수천에 이른다고 사도행전은 기록하고 있는데, 이들 중 상당수는 유대인 디아스포라였을 것이고, 이들이 교회 내에서 헬라파로 불린 것이다.

성전과 하나님

사도행전 6장에서 새롭게 선출된 헬라파 중심의 지도자들은 교회 안에서뿐 아니라 교회 밖에서도 그리스도를 증거하는 일에 두각을 나타낸다. 그 대표적인 인물이 바로 스데반이다. 스데반은 공회에 끌려가 그리스도를 증거하다가 화가 난 유대인들에게 순교를 당한다. 스데반이 공회에 모인 유대 지도자들 앞에서 말한 내용 중에 유대인을 화나게 만든 것은 바로 성전에 대한 도전이었다.

다윗이 하나님 앞에서 은혜를 받아 야곱의 집을 위하여 하나님의 처소를 준비하게 하여 달라고 하더니 솔로몬이 그를 위하여 집을 지었느니라 그러나 지극히 높으신 이는 손으로 지은 곳에 계시지 아니하시나니 선지자가 말한 바 주께서 이르시되 하늘은 나의 보좌요 땅은 나의 발등상이니 너희가 나를 위하여 무슨 집을 짓겠으며 나의 안식할 처소가 어디냐 이 모든 것이 다 내 손으로 지은 것이 아니냐 함과 같으니라 목이 곧고 마음과 귀에 할례를 받지 못한 사람들아 너희도 너희 조상과 같이 항상 성령을 거스르는도다 너희 조상들이 선지자들 중의 누구를 박해하지 아니하였느냐 의인이 오시리라 예고한 자들을 그들이 죽였고 이제 너희는 그 의인을 잡아 준 자요 살인한 자가 되나니 너희는 천사가 전한 율법을 받고도 지키지 아니하였도다 하니라 그들이 이 말을 듣고 마음에 찔려 그를 향하여 이를 갈거늘(행 7:46-54).

스데반의 이야기는 한 군데도 틀리지 않았다. 열왕기상에 보면 솔로몬 왕이 성전을 완성하고 하나님께 드리는 기도가 나온다. 그 내용을 그대로 인용하면 다음과 같다.

하나님이 참으로 땅에 거하시리이까 하늘과 하늘들의 하늘이라도 주를 용납하지 못하겠거든 하물며 내가 건축한 이 성전이오리이까(왕상 8:27).

솔로몬은 아버지 다윗의 유언을 받들어 정성껏 여호와의 성전을 지었다. 하지만 솔로몬은 하나님이 성전에 머무는 분이 아니시라는 것을 확실히 알고 있었다. 우주가 모두 여호와의 것인데, 무엇이 부족해서 하나님이 인간의 손으로 만든 집에 거하신다는 말인가? 사도행전 7장에서 스데반은 구약 성경의 내용을 인용한 것뿐이지만 성전 중심의 사고를 갖고 있는 유대인들은 스데반의 이야기를 더는 들어줄 수가 없었다.

초대 교회 당시 유대교 지도자들은 유대주의에 함몰되어 다니엘이 본 것과 같은, 전 세계를 향한 하나님의 계획, 즉 그 깊고 은밀한 일에는 관심이 없었다. 유대인들에게는 헬라인들에 의해 훼손되었다가 복원된 성소가 무엇보다 중요한 신앙의 중심이 되어 버렸다. 그래서 그들은 성전의 가치를 폄하하는 스데반을 그대로 둘 수 없었다. 사람들은 스데반을 데리고 나가 돌로 쳐서 죽였다. 그들은 스데반을 죽임으로 그의 입을 막으려 했지만 스데반의 죽음은 오히려 복음이 온 세상에 퍼지는 계기가 되었다. 사도행전 8장은 이 일을 이렇게 기록하고 있다.

> 사울은 그가 죽임 당함을 마땅히 여기더라 그날에 예루살렘에 있는 교회에 큰 박해가 있어 사도 외에는 다 유대와 사마리아 모든 땅으로 흩어지니라 경건한 사람들이 스데반을 장사하고 위하여 크게 울더라 사울이 교회를 잔멸할새 각 집에 들어가 남녀를 끌어다가 옥에 넘기니라 그 흩어진 사람들이 두루 다니며 복음의 말씀을 전할새(행 8:1-4).

스데반이 죽고 예루살렘 안에서 엄청난 박해가 시작되자 사도들을 제외한 제자들, 아마도 대부분 헬라어를 할 줄 아는 헬라파 사람들이 흩어지기 시작했다. 그리고 그들이 두루 다니며 복음을 전했다고 사도행전은 기록하고 있다.

안디옥에서 생긴 일

이 흩어진 사람들의 이야기는 사도행전 11장 19-21절에 다시 등장한다. 이 흩어진 사람들의 활약에 특별한 주의를 기울일 필요가 있다.

> 그때에 스데반의 일로 일어난 환난으로 말미암아 흩어진 자들이 베니게와 구브로와 안디옥까지 이르러 유대인에게만 말씀을 전하는데 그중에 구브로와 구레네 몇 사람이 안디옥에 이르러 헬라인에게도 말하여 주 예수를 전파하니 주의 손이 그들과 함께하시매 수많은 사람들이 믿고 주께 돌아오더라.

사도행전 11장에는 흩어진 사람들이 예루살렘에서 출발하여 유대와 사마리아를 거쳐 드디어 베니게와 구브로와 안디옥에 이르러 복음을 전한 이야기가 전개된다. 이들은 처음에 자신들과 언어와 문화가 같은 유대인들에게만 복음을 전했다. 하지만 구브로와 구레네 출신들 가운데 어떤 사람들은 과감하게 헬라인들에게도 복음을 전했다.

유대인인 흩어진 사람들이 헬라인에게 복음을 전한 것은 그 당시 유대인과 헬라인의 민족적 감정을 생각할 때 상상하기 어려운 일이었다. 유대인들은 300년이나 되는 시간 동안 헬라인들에게 지배당하며 살아왔다. 유대인들은 헬라인의 집에 들어가지 않았다. 그들은 자녀들에게 헬라인을 개라고 가르쳤다. 이런 상황에서 안디옥으로 간 흩어진 사람들이 헬라인에게도 복음을 전했다는 사실은 얼마나 놀라운 일인지 모른다.

게다가 이들은 헬라인이 사용하는 종교적 용어인 '퀴리오스'라는 용어를 사용하였다. 우리말로 '주'라고 번역한 이 단어는 헬라인들이 자신들의 신을 부를 때 사용하는 호칭이었다. 에든버러 대학에서 오랫동안 선교학을 강의한 앤드류 월즈 교수는 이것을 흩어진 사람들이 '상징 빼앗기'(symbol theft)를 한 것이라고 해석했다. 상징 빼앗기란 선교사들이 이교도들에게 복음을 전할 때 그들이 사용하는 종교적 용어나 상징을 취하는 것이다. 그렇게 하면 이교도들은 우리가 전하는 복음을 자신들의 문화 코드로 잘 이해할 수 있다. 이러한 사역의 결과, 안디옥에서 수많은 헬라인이 예수를 믿게 되었다.

안디옥에서 헬라인들이 예수를 믿게 되었다는 소문이 예루살렘에 전해졌을 때, 예루살렘 교회는 베드로나 요한과 같은 전형적인 유대인 출신 지도자를 보내는 대신 구브로에서 태어나 자란 바나바를 보낸다. 그리고 바나바는 안디옥 사역을 위해 현재의 터키 반도 남쪽에 위치한 다소에서 태어나 자란 사울을 초청한다. 바나바와 사울은 타문화적으로 잘 준비된 유대인 디아스포라였다. 안디옥 교회는 자신들에게만 말씀을 전하는 것이 아니라 다른 이방 지역으로 가서 복음을 전하도록 이들을 파송한다.

> 예루살렘 교회가 이 사람들의 소문을 듣고 바나바를 안디옥까지 보내니 그가 이르러 하나님의 은혜를 보고 기뻐하여 모든 사람에게 굳건한 마음으로 주와 함께 머물러 있으라 권하니 바나바는 착한 사람이요 성령과 믿음이 충만한 사람이라 이에 큰 무리가 주께 더하여지더라 바나바가 사울을 찾으러 다소에 가서 만나매 안디옥에 데리고 와서 둘이 교회에 일년간 모여 있어 큰 무리를 가르쳤고 제자들이 안디옥에서 비로소 그리스도인이라 일컬음을 받게 되었더라 (행 11:22-26).

바나바와 사울은 흩어진 사람들이 개척한 안디옥 교회에 교사로 와서 성도들을 가르쳤다. 성령이 충만한 안디옥 교회는 바나바와 사울이 다른 곳에 복음을 증거하도록 재파송한다.

> 안디옥 교회에 선지자들과 교사들이 있으니 곧 바나바와 니게르라 하는 시므온과 구레네 사람 루기오와 분봉 왕 헤롯의 젖동생 마나엔과 및 사울이라 주를 섬겨 금식할 때에 성령이 이르시되 내가 불러 시키는 일을 위하여 바나바와 사울을 따로 세우라 하시니 이에 금식하며 기도하고 두 사람에게 안수하여 보내니라 (행 13:1-3).

헬라인과 유대인의 갈등

바울과 바나바는 처음에 자신들의 고향을 중심으로 사역한 것으로 보인다. 바나바의 고향인 구브로에서, 후에는 바울의 고향과 가까운 밤빌리아와 루스드라, 그리고 비시디아 안디옥에서 복음을 전한다. 바울과 바나바가 복음을 전한 결과, 안디옥에서 일어난 일과 비슷한 일들이 일어났다. 많은 헬라인이 복음에 반응한 것이다. 사도행전 13장은 비시디아 안디옥에서 일어난 상황을 다음과 같이 기록하고 있다.

> 회당의 모임이 끝난 후에 유대인과 유대교에 입교한 경건한 사람들이 많이 바울과 바나바를 따르니 두 사도가 더불어 말하고 항상 하나님의 은혜 가운데 있으라 권하니라 그 다음 안식일에는 온 시민이 거의 다 하나님의 말씀을 듣고자 하여 모이니 유대인들이 그 무리를 보고 시기가 가득하여 바울이 말한 것을 반박하고 비방하거늘 바울과 바나바가 담대히 말하여 이르되 하나님의 말씀을 마땅히 먼저 너희에게 전할 것이로되 너희가 그

것을 버리고 영생을 얻기에 합당하지 않은 자로 자처하기로 우리가 이방인에게로 향하노라 주께서 이같이 우리에게 명하시되 내가 너를 이방의 빛으로 삼아 너로 땅 끝까지 구원하게 하리라 하셨느니라 하니 이방인들이 듣고 기뻐하여 하나님의 말씀을 찬송하며 영생을 주시기로 작정된 자는 다 믿더라 주의 말씀이 그 지방에 두루 퍼지니라(행 13:43-49).

이런 상황에서 가장 당황한 것은 유대 배경의 그리스도인들이었다. 태어나서 8일 만에 유대인의 전통에 따라 할례를 받고 구약에서 말하는 정결한 음식만 먹는 유대인들은 할례받지 않고 율법을 지키지 않는 헬라인 그리스도인을 보면서 '온전하지 않은 구원'을 받은 것이라고 생각했다. 하지만 바울과 바나바는 이들이 예루살렘에서 내려와 안디옥에 있는 헬라인 그리스도인들에게 '이방인 출신 그리스도인들은 반드시 할례를 받고 율법을 지켜야 한다'고 가르치는 것을 단호히 반대했다. 성령으로 충만한 안디옥교회 장로들은 이 문제를 사도들과 논의하라며 바울과 바나바를 예루살렘으로 보낸다.

어떤 사람들이 유대로부터 내려와서 형제들을 가르치되 너희가 모세의 법대로 할례를 받지 아니하면 능히 구원을 받지 못하리라 하니 바울 및 바나바와 그들 사이에 적지 아니한 다툼과 변론이 일어난지라 형제들이 이 문제에 대하여 바울과 바나바와 및 그중의 몇 사람을 예루살렘에 있는 사도와 장로들에게 보내기로 작정하니라(행 15:1-2).

헬라인에게는 헬라식으로

예루살렘 교회도 이 문제를 심각하게 받아들였다. 그래서 모든 사도가 모여 토론하고, 바나바와 사울의 이야기도 듣고, 그들과 정반대 입장에 있던 바리새파 출신 제자들의 이야기도 들어 보았다. 그 과정이 어떻게 진행되었는지 사도행전의 기록을 살펴보자.

> 많은 변론이 있은 후에 베드로가 일어나 말하되 형제들아 너희도 알거니와 하나님이 이방인들로 내 입에서 복음의 말씀을 들어 믿게 하시려고 오래전부터 너희 가운데서 나를 택하시고 또 마음을 아시는 하나님이 우리에게와 같이 그들에게도 성령을 주어 증언하시고 믿음으로 그들의 마음을 깨끗이 하사 그들이나 우리나 차별하지 아니하셨느니라 그런데 지금 너희가 어찌하여 하나님을 시험하여 우리 조상과 우리도 능히 메지 못하던 멍에를 제자들의 목에 두려느냐(행 15:7-10).

사도행전 15장 7절에 "많은 변론이 있은 후에"라고 기록한 것으로 보아 아마도 회의는 여러 날 진행되었을 것으로 보인다. 회의는 공개적으로 진행되었고, 양쪽 주장을 서로 잘 경청하며 자신의 소신을 정확히 이야기하는 분위기였던 것 같다. 팽팽하던 회의 분위기에 중요한 발언을 해서 의견이 모아지기 시작한 것은 베드로가 한 말 때문이었다.

아마도 베드로가 "우리에게와 같이 그들에게도 성령을 주어"라고 말한 것은 사도행전 10장에 나오는 헬라인 고넬료의 집을 방문한 경험을 이야기하는 것 같다. 로마 백부장 고넬료의 집에서 베드로가 복음을 전했을 때, 제자들은 할례받지 않은 이방인들도 오순절에 제자들이 받은 동일한 성령(행

2장)을 받는 것을 목격하였다. 유대적 세계관으로 가득하던 베드로와 제자들은 그 광경을 보고 충격을 받았다. 고넬료와 그 가족이 성령을 받는 광경을 사도행전 10장은 이렇게 기록하고 있다.

> 베드로가 이 말을 할 때에 성령이 말씀 듣는 모든 사람에게 내려오시니 베드로와 함께 온 할례받은 신자들이 이방인들에게도 성령 부어 주심으로 말미암아 놀라니 이는 방언을 말하며 하나님 높임을 들음이러라 이에 베드로가 이르되 이 사람들이 우리와 같이 성령을 받았으니 누가 능히 물로 세례 베풂을 금하리요 하고(행 10:44-47).

사도행전 15장에 이어지는 발언에서 베드로는 조상들이 모세의 인도를 받아 애굽에서 나오자마자 이스라엘 백성에게 할례를 베풀고 율법을 지키도록 가르친 이후 1,400년 동안 금과옥조로 여겨 온 유대의 전통을 "멍에"라고 표현하고 있다. 사실 이스라엘 사람들에게 할례와 율법은 그들의 '명예'였다. 우리가 앞에서 이미 살펴 본 것처럼 바벨론에서 돌아온 이후 에스라를 포함한 학자들은 목숨을 걸고 율법을 지키려 했고, 마카베오 같은 이들은 혁명을 통해 율법을 지키려고 했다. 그런데 베드로는 이제 자신들이 가장 명예롭게 여기던 할례와 율법을 "멍에"라고 말하고 있는 것이다.

베드로는 고넬료의 회심을 보면서 복음이 이방인들에게 전해지기 위해서는 그리스도 외에 어떤 것도 덧붙여서는 안 된다는 것을 분명하게 깨달은 것이다. 베드로는 유대인들 사이에 유대의 방식으로 그리스도가 전해진 것처럼 헬라인들 사이에서는 그리스도가 헬라식으로 전해져야 한다고 말한 것이다.

베드로의 말에 동조한 것은 예수님의 동생인 사도 야고보였다. 그는 당시 예루살렘 교회에서 가장 존경받는 지도자였다. 그는 예루살렘 회의 결과를 다음과 같이 정리한다.

> 사람을 택하여 우리 주 예수 그리스도의 이름을 위하여 생명을 아끼지 아니하는 자인 우리가 사랑하는 바나바와 바울과 함께 너희에게 보내기를 만장일치로 결정하였노라 그리하여 유다와 실라를 보내니 그들도 이 일을 말로 전하리라 성령과 우리는 이 요긴한 것들 외에는 아무 짐도 너희에게 지우지 아니하는 것이 옳은 줄 알았노니 우상의 제물과 피와 목매어 죽인 것과 음행을 멀리 할지니라 이에 스스로 삼가면 잘되리라 평안함을 원하노라 하였더라(행 15:25-29).

"성령과 우리는……." 이 얼마나 간결하고 강력한 표현인가! 누가 감히 인간들이 모여 의논하고 결정한 일을 "성령과 우리는"이라고 표현할 수 있을까? 하지만 정말 성령 충만했던 초대 교회는 그렇게 표현할 수 있었다. 이제 이방인들이 할례받지 않고 율법을 지키지 않으면서 자신들의 방식으로 예수 그리스도를 따르는 것은, 교회 안에 있는 몇 사람의 의견이 아니라 누구도 부인할 수 없는 전 교회와 성령님의 승인이라고 인정한 것이다.

이처럼 초대 교회 지도자들의 결정으로 복음은 아무런 거침이 없이 로마 제국 내 이방인들 사이에서 신속하게 증거되기 시작했다. 이제 복음은 유대 문화라는 끈을 끊어 버리고 헬라인들에게 자유롭게 증거된 것이다.

21장
마음이 뜨거워지다

안식일 다음날 오후 늦은 시간, 예루살렘에서 10킬로미터 떨어진 엠마오로 가는 길은 비교적 한산했다. 두 사내는 서로 아무 말도 하지 않고 무거운 발걸음을 옮기고 있었다. 두 사람의 얼굴에는 실망과 좌절이 역력했다. 한동안 말없이 걷다가 글로바라는 사내가 침묵을 깨고 입을 열었다.

"그분이 우리가 그토록 바라던 메시아가 맞을까? 내 생각에는 아닌 것 같아."

글로바의 친구가 한동안 입을 열지 못하다가 겨우 대답했다.

"내 생각도 그래. 선생님이 진정한 메시아라면 이스라엘을 회복할 능력이 있었어야지. 아니, 그 정도는 아니라도 십자가에서 비참하게 돌아가시지는 않았어야지."

사내의 입에서는 깊은 한숨이 새어 나왔다.

글로바가 다시 입을 열었다.

"아니지. 처음에는 선생님이 대단한 능력을 보여 주셨잖아. 이스라엘 역사상 그분처럼 능력 있는 선지자가 있었냐고! 자네는 베다니에서 나사로가 살아나서 동네 사람들에게 이야기하는 것을 본 적이 있다며?"

글로바의 친구도 모처럼 밝은 얼굴로 응수했다.

"그럼. 그래서 나도 확신했어. 이런 선지자라면 이스라엘의 영광을 회복할 수 있는 메시아가 틀림없다고."

아까보다 더 깊은 슬픔이 사내의 얼굴을 덮었다.

글로바가 갑자기 목소리를 낮추며 친구에게 물었다.

"아니, 그런데, 그건 또 뭐야? 어떤 사람이 선생님이 부활했다고 하잖아. 자네는 그 말을 믿을 수 있어?"

다른 사내가 고개를 저으며 대답했다.

"자기가 선생님을 본 것도 아니래. 여자 몇 명이 향품을 시체에 넣으려고 무덤에 갔는데, 무덤이 비어 있었대. 그걸 가지고 선생님이 부활하셨다며 호들갑을 떤 거지."

그때 옆을 지나던 한 나그네가 둘의 대화에 끼어들었다.

"혹시 두 분이 하는 이야기가 무슨 이야기인지 좀 알 수 있을까요?"

글로바가 옆을 슬쩍 보았지만 말을 건넨 사내는 후드로 머리를 덮고 있어 얼굴이 잘 보이지 않았다. 아니, 글로바는 자기에게 지금 말을 걸어오는 남자가 누구인지 관심도 없었다. 그렇다고 나그네의 질문을 그냥 무시하기도 그렇고 해서 심드렁하게 되물었다.

"우리가 이야기하는 내용은 최근 예루살렘에서 있었던 가장 핫한 뉴스인데, 정말 몰라서 묻는 겁니까? 당신도 예루살렘에서 오는 모양인데, 아니, 당신만 그 유명한 소식을 모른다면 당신은 어디 외국에서 오셨소?"

그 사내는 다시 진지하게 물었다.

"외국인은 아닙니다만 두 분이 말씀하던 일이 무슨 일인지 제게도 들려주시면 감사하겠습니다." 글로바의 이야기가 시작되었다. 하지만 그것은 이야기보다 넋두리에 가까웠다.

"우리가 따르던 나사렛 출신의 예수라는 분에 관한 일입니다. 그분은 하나님과 모든 백성 앞에서 말과 일에 능하신 선지자셨어요. 그래서 우리는 가진 것을 다 놓아두고 그분을 따랐습니다. 그분이 이스라엘을 회복시킬 메시아라고 믿은 거죠."

"그래서요?"

사내가 재촉하는 바람에 글로바는 크게 한숨을 쉬고 다시 말을 이었다.

"그런데, 이제 다 끝났어요. 대제사장들과 관리들이 그 선생님을 사형 판결에 넘겨주어 십자가에 못 박아 버렸어요. 우리는 그분이 진정으로 이스라엘을 구할 수 있는 분이라고 믿었는데……. 이제 모든 것이 끝났다고요."

혀를 끌끌 차며 말을 마무리하려는 글로바에게 사내는 다시 물었다.

"그런데 아까 하시는 말씀에는 여자들이 그분이 부활한 것을 보았다고 했다던데……."

그 사내의 질문이 아직 끝나지도 않았는데 글로바는 얼른 말을 막았다.

"말도 안 되는 소리잖아요. 죽은 사람이 어떻게 살아나요?"

그렇게 말하고 글로바는 자신이 내뱉은 말에 자신도 놀랐다. 조금 전만 해도 나사로가 부활한 것을 자기 입으로 이야기하지 않았던가. 그는 얼른 손을 자기 입에 대었다가 뗀 후 말을 이었다.

"아니, 부활할 거라면 처음부터 죽지 않으셔야죠. 선생님이 죽은 지 사흘째라고요. 정말 웃기는 게 뭔지 아세요. 우리처럼 예수를 따르던 사람들 중에 여자가 몇 명 있었는데, 그 여자들이 말도 안 되는 소리를 하더라고요. 여자 몇 명이 선생님 시신에 향품을 넣어 드리려고 새벽에 무덤에 갔다네요. 그런데 선생님의 시체는 보지 못하고 돌아와서는 선생님이 살아나셨다고 알려 준 천사를 만났다고 전해 준 겁니다. 그 여자들의 말을 듣고 우리

동료 몇 명이 무덤에 가 본 모양입니다. 그 사람들도 빈 무덤을 확인했다고 하네요. 우리 선생님은 당연히 보지 못했고요."

엠마오로 가는 제자들

누가복음 24장에는 아주 재미있는 에피소드가 하나 등장한다. 예수님은 부활하신 후 두 명의 제자에게 나타나셨다. 이들은 예수님이 죽으셨다는 사실에 충격을 받고 실망하여 예루살렘을 떠나 엠마오라는 곳으로 가는 중이었다.

제자들은 예수님이 이스라엘을 속량할 수 있는 분이라고 굳게 믿고 있었다. 그들은 이스라엘 민족으로 그런 기대와 믿음을 가질 만한 충분한 근거가 있었다.

주전 600년경에 다니엘과 그의 친구들이 바벨론으로 끌려간 것은 유다라는 나라의 종말처럼 보였다. 하지만 하나님이 희망을 남겨 주셨다. 그것은 예레미야 선지자가 예언한 것처럼 70년의 고생이 끝나고 예루살렘으로 다시 돌아갈 것이라는 예언이었는데, 바사 제국의 고레스 왕 때에 드디어 이루어진 것이다.

하지만 그것은 고난의 끝이 아니었다. 유다는 그 후에 나타난 헬라 제국의 지배를 받았는데, 앞에서 살펴본 것처럼 헬라 제국은 유대인들을 괴롭혔다. 가장 혹독한 시간은 주전 167년 셀레우코스 왕국의 안티오코스 에피파네스에 의해 자행된 예루살렘 파괴였다. 성전이 훼손되고, 유대교는 금지되었다. 믿음을 지키려는 사람 수만 명이 살해되고 노예로 팔려갔다.

그 후 로마가 또다시 예루살렘을 괴롭혔다. 로마의 장군 크라수스는 파르티아 원정을 떠나면서 예루살렘에 들러 성전 안에 있는 금 수천 달란트를 탈취해 갔다. 누가가 전한 복음서에는 당시 로마 총독이던 빌라도가 갈릴리 사람들의 피를 제물에 섞었다는 기록도 있다(눅 13:1). 로마의 통치가 부당하다고 생각하는 유대인들은 저항을 계속했다. 예수님이 활동하시던 당시 이스라엘 백성은 다니엘서에서 예언한 종말의 위기를 실감하며 살고 있었다. 이런 상황에서 이스라엘 백성은 자신들을 속량할 메시아가 올 것이라는 강렬한 희망을 가지고 있었다.

이스라엘을 회복시킬 메시아라고 생각될 만한 사람이 이전에도 여러 명 나타났었다. 제사장 마타티아스의 아들 마카베오가 나서서 유대교 신앙을 회복시키는 듯했다. 마카베오 혁명 이후 하스모니안 왕조가 들어서고 요한 힐카누스가 주변 민족들을 무찌를 때만 해도 이스라엘은 다시 예전의 부흥으로 돌아가는 것 같았다. 하지만 그 꿈은 로마 군인들에 의해 여지없이 짓밟히고 말았다.

그런 와중에 새로 나타난 '예수'라는 선지자는 이전에 나타난 영웅들과 차원이 달랐다. 그분은 눈먼 사람의 눈을 뜨게 해주셨고, 죽은 사람을 살아나게 하셨다. 보리떡 다섯 개로 수천 명을 먹이는 기적도 베푸셨다. 이 정도라면 로마로부터 자신들을 속량할 만한 능력이 충분할 것이라고, 엠마오로 가고 있는 두 제자는 생각한 것이다.

그런데 그 예수님이 십자가에서 힘없이 돌아가셨다. 죽으면 모든 것이 끝이다. 뭘 더 기대한단 말인가. 어떤 사람들이 예수님이 다시 부활했다는 소문을 전해 주기도 했지만 엠마오로 가고 있는 두 제자에게 그런 이야기는 그저 풍문일 뿐 믿음이 가는 이야기는 아니었다. 그러니 두 사람은 희망을 품고 그 선지자를 따라간 예루살렘을 피해 안전한 곳으로 가는 것이 당연하지 않느냐고 오히려 예수님께 반문하는 것이다. 심지어 그들은 예수님과 대화하면서도 자신들이 대화하는 분이 예수님이라고는 상상도 못하고 있었다. 그런 제자들과 대화하고 계신 예수님은 어떤 느낌이었을까?

앞서 극화시킨 엠마오로 가던 제자들 이야기를 조금 더 연장해 보려고 한다. 현명한 독자들은 이 이야기가 내 상상 속에서 나온 이야기라는 것을 충분히 이해하리라 생각한다.

성경에 나타난 예수 그리스도

후드를 쓴 사내가 글로바에게 물었다.

"저도 사실은 그분에 대해 모르는 바는 아닙니다. 그런데 두 분의 말씀을 들으며 두 분이 조금 어리석은 생각을 하고 계신 것은 아닌지 염려됩니다."

두 사람 모두 낯선 이의 말이 도발적이라고 생각했지만, 더 흥분한 쪽은 글로바의 친구였다.

"여보세요, 말씀이 심한 것 같은데, 초면에 뭘 가지고 우리에게 어리석다고 말하는 겁니까?"

낯선 이는 침착하게 말을 이어 나갔다.

"두 분이 그 선지자의 제자셨다면 성경을 잘 아시지 않나요?"

두 사람이 거의 동시에 대답했다.

"그런 편입니다. 우리 선생님은 정말 훌륭한 성경 교사였어요. 우리는 성경을 많이 공부했습니다."

낯선 이의 얼굴은 잘 보이지 않았지만 그의 목소리는 왠지 친근하게 들렸다.

"그렇다면 이사야 선지자가 고난받는 종에 대해 이야기한 부분을 기억하세요?"

글로바가 얼른 대답했다.

"아, 그 부분이요? 거의 외우고 있습니다.

'우리가 전한 것을 누가 믿었느냐. 여호와의 팔이 누구에게 나타났느냐. 그는 주 앞에서 자라나기를 연한 순 같고 마른 땅에서 나온 뿌리 같아서 고운 모양도 없고 풍채도 없은즉 우리가 보기에 흠모할 만한 아름다운 것이 없도다. 그는 멸시를 받아 사람들에게 버림받았으며 간고를 많이 겪었으며 질고를 아는 자라. 마치 사람들이 그에게서 얼굴을 가리는 것같이 멸시를 당하였고 우리도 그를 귀히 여기지 아니하였도다. 그는 실로 우리의 질고를 지고 우리의 슬픔을 당하였거늘 우리는 생각하기를 그는 징벌을 받아 하나님께 맞으며 고난을 당한다 하였노라. 그가 찔림은 우리의 허물 때문이요 그가 상함은 우리의 죄악 때문이라. 그가 징계를 받으므로 우리는 평화를 누리고 그가 채찍에 맞으므로 우리는 나음을 받았도다. 우리는 다 양 같아서 그릇 행하여 각기 제 길로 갔거늘 여호와께서는 우리 모두의 죄악을 그에게 담당시키셨도다. 그가 곤욕을 당하여 괴로울 때에도 그의 입을 열지 아니하였음이여 마치 도수장으로 끌려가는 어린양과 털 깎는 자 앞에서 잠잠한 양같이 그의 입을 열지 아니하였도다······.'"

이사야서를 암송하던 글로바가 더 암송하지 못하고 입을 닫았다. 옆 친구도 아무 말도 하지 않고 있었다. 그들의 마음속에 뭔가 이상한 생각이 들기 시작했다. 그 어색한 침묵을 깬 것은 낯선 이의 질문이었다.

"왜들 갑자기 조용해지셨나요?"

이번에는 글로바의 친구가 대답했다.

"그러니까 선생님의 죽으심은 이사야 선지자가 말씀하신 대로였는데······ 아, 제가 뭔가 큰 착각을 하고 있었던 것 같습니다."

글로바도 끼어들었다.

"저도 왜 지금까지 그 생각을 못했는지 모르겠습니다. 선생님은 그냥 힘이 모자라 십자가에서 돌아가신 것이 아니네요. 그분은 성경에 기록된 대로 돌아가셨네요. 그러면 그분은 성경에 기록된 대로 부활하신 것이 맞네요."

낯선 이의 말투는 이제 더 확신에 찼다.

"그것뿐일까요? 하나님의 나라가 이제 시작되는 것도 성경에 기록되어 있지 않은가요?"

글로바의 얼굴에 환한 미소가 떠올랐다.

"아, 다니엘서에 나오는 느부갓네살 왕의 금 신상!!!"

글로바의 친구가 말을 이었다.

"맞아요. 바벨론 제국, 바사 제국, 헬라 제국, 그리고 로마 제국, 이 네 제국이 끝나고 공중에서 날아온 돌멩이로 시작되는 하나님의 나라! 아, 메시아가 오셔서 외치신 하나님의 나라, 바로 그거군요?"

이제 두 사람의 말 속에서 점점 홍분이 고조되는 것이 느껴졌다. 그러는 사이에 날은 완전히 어두워졌다. 다행히 주막의 불빛이 눈에 들어오기 시작했다.

"혹시 오늘밤은 어디서 지낼 예정이신가요?"

글로바가 이렇게 물은 것은 그 낯선 이와 대화를 더 하고 싶어서였다.

"저는 조금 더 가야 합니다."

글로바는 주막에 들어가 저녁 식사만이라도 자기들과 함께하자고 권했다. 낯선 이는 그들의 제안을 받아들였다.

주막 안은 주인이 음식을 준비하는 주방에만 작은 호롱불이 있었고 무척 어두웠다. 두 사람은 낯선 이의 얼굴을 보려고 했지만 호롱불을 등지고 앉아 있어 제대로 얼굴을 볼 수 없었다.

그들은 낯선 이와 식탁에 앉아 대화를 나누면서 더 많은 성경 이야기가 자신들의 선생님에 대해 언급하고 있다는 것을 발견했다.

드디어 주막 주인이 간단한 저녁 식사를 가져다주었다. 소반 위에는 떡 한 덩어리와 포도주가 있었다. 두 사람은 낯선 이에게 식사를 위해 기도해 달라고 부탁했다. 낯선 이는 기도해 달라는 요청을 선뜻 받아들였다.

"하나님, 우리에게 일용할 양식을 주서서 감사합니다. 하나님의 나라가 하늘에서 이루어진 것같이 이 땅 위에도 이루어지게 하여 주시길 원합니다. 우리 영의 눈이 열려 하나님의 진리를 보게 하여 주시길 원합니다. 감사합니다. 아멘!"

두 사람이 기도를 마치고 눈을 떴을 때 낯선 이는 보이지 않았다. 글로바의 친구가 외쳤다.

"그분이야!"

그들은 날이 밝자마자 예루살렘으로 돌아갔다.

제자들의 변화

누가복음 24장에 나오는 에피소드 속에서 예수님은 자신의 정체를 밝히는 대신 두 제자에게 성경을 풀어 주셨다. 이번에는 누가복음의 기록을 그대로 살펴보자.

> 이르시되 미련하고 선지자들이 말한 모든 것을 마음에 더디 믿는 자들이여 그리스도가 이런 고난을 받고 자기의 영광에 들어가야 할 것이 아니냐 하시고 이에 모세와 모든 선지자의 글로 시작하여 모든 성경에 쓴 바 자기에 관한 것을 자세히 설명하시니라 그들이 가는 마을에 가까이 가매

> 예수는 더 가려 하는 것같이 하시니 그들이 강권하여 이르되 우리와 함께 유하사이다 때가 저물어가고 날이 이미 기울었나이다 하니 이에 그들과 함께 유하러 들어가시니라(눅 24:25-29).

누가의 표현에는 조금 과장이 있는 것 같다. 누가복음 24장 27절에는 "모세와 모든 선지자의 글로 시작하여"라고 기록되어 있다. 그러나 분명한 것은 예수님이 구약 성경 가운데 그리스도에 대해 언급한 많은 부분을 두 명의 제자에게 다시 상기시키셨으리라는 것이다. 그리고 아마 다니엘서도 그중에 포함되었을 것이다.

중요한 것은 예수님이 가르쳐 주신 성경을 읽은 제자들에게서 일어난 변화다.

> 그들의 눈이 밝아져 그인 줄 알아보더니 예수는 그들에게 보이지 아니하시는지라 그들이 서로 말하되 길에서 우리에게 말씀하시고 우리에게 성경을 풀어 주실 때에 우리 속에서 마음이 뜨겁지 아니하더냐 하고 곧 그 때로 일어나 예루살렘에 돌아가 보니 열한 제자 및 그들과 함께한 자들이 모여 있어 말하기를 주께서 과연 살아나시고 시몬에게 보이셨다 하는지라 두 사람도 길에서 된 일과 예수께서 떡을 떼심으로 자기들에게 알려지신 것을 말하더라(눅 24:31-35).

엠마오로 가는 도상에서 예수님께 성경을 배운 제자들에게 일어난 네 가지 변화를 살펴보면서 이 책을 마무리하려고 한다.

첫째, 그들의 눈이 밝아졌다. 눈뜬 소경이라는 말처럼 예수님과 함께 대화하면서도 제자들은 자신들이 지금 대화하고 있는 예수님을 알아보지 못했다. 이들은 눈이 있다고 하나 제대로 보지 못하고 있는 것이다. 요한복음 9장에서 시각 장애인이 눈뜨는 이야기를 하면서 이미 언급한 바 있지만 성경에서는 앞을 보지 못하는 것을 단순히 육신적인 문제보다 영적인 문제를 지적하기 위해 사용하는 경우가 많다. 이제 성경을 통해 두 제자는 눈뜨는 경험을 한 것이다.

둘째, 마음이 뜨거워졌다. 제자들의 마음이 뜨거워졌다는 말은 하나님에 대한 사랑과 헌신의 회복을 의미한다. 실망하고 차가워진 마음으로 예루살렘을 등지고 엠마오로 가는 제자들에게 다시 소망이 생기고 마음이 뜨거워진 것처럼 우리가 주님을 섬기기 위해서는 하나님에 대한 사랑과 헌신이 회복되어야 한다. 성경을 선교적으로 읽는 것이야말로 우리의 마음이 뜨거워지는 최선의 방법이다.

셋째, 가던 길을 돌이켜 예루살렘으로 돌아갔다. 예루살렘은 위험한 곳이었다. 그토록 따르던 예수님을 로마 병정과 관원들이 십자가에 못 박아 죽인 곳이다. 그렇다면 예수님의 추종자인 자신들의 목숨도 위태로울 수 있는 곳이었다. 하지만 이제 그들은 용기를 갖게 되었다. 그들이 예루살렘을 향해 돌아선 순간은 역사를 뒤집는 순간이었으며, 세상을 뒤집는 순간이었다.

넷째, 그는 다른 제자들과 함께 예수의 죽음과 부활을 증거하는 증인의 대열에 합류하기로 했다. 증인을 뜻하는 헬라어는 순교라는 헬라어와 어원이 같다. 두 제자는 증인이 되기 위해 자기 목숨을 내걸어야 하는 용기가 필요했다. 이들은 이제 다른 사람이 전해 준 말에 근거한 신앙의 소유자들이 아니다. 그들이 직접 예수님을 만난 경험을 토대로 증인의 삶을 살기로 한 것이다. 아니 그보다 그들이 읽은 성경이 증거하는 대로 증인의 삶을 살기로 한 것이다.

이런 모습은 다니엘서에 있는 다니엘과 친구들에게서도 발견할 수 있다. 다니엘과 친구들의 처지도 예수님의 제자들과 그리 다르지 않았다. 이스라엘은 바벨론에 패했고 자신들은 적국의 포로로 잡혀 와서 적국 왕의 신하로 봉사해야 하는 처지였다. 가장 수치스러운 상황이라고 해도 과언이 아닐 것이다. 하지만 다니엘과 그의 친구들은 다니엘 2장에서 영원한 하나님 나라의 비밀을 깨달았다. 자신들을 멸망시킨 그 강력한 나라가 결국 망하고 궁극적으로 하나님의 나라가 도래할 것이라는 사실은 절망 가운데 있던 다니엘과 세 친구로 하여금 새롭게 눈뜨게 하고, 가슴을 뜨겁게 하고, 고난의 자리로 다시 돌아가 머물며, 증인의 삶을 살 수 있는 용기와 희망을 심어 준 것이다.

에필로그
epilogue

「다니엘서를 선교적으로 읽으면 깊고 은밀한 일이 보인다」 원고를 쓰기 시작한 것은 2019년 9월부터였으니, 거의 10개월을 원고와 씨름한 셈이다. 보통은 강의와 설교 등 다른 사역으로 바쁜 가운데 틈을 내어 원고를 다듬었는데, 이번에는 코로나19의 유행으로 대부분의 강의와 설교가 취소되는 덕분에(?) 원고를 읽고 충분히 다듬을 수 있었고, 완성도 높은 원고를 죠이선교회 출판부에 보내게 되었다.

이 책이 나오기까지

우선 글쓰기를 마칠 수 있게 해주신 우리 주님께 감사를 드린다. 이 책을 완성하는 데는 몇몇 그룹의 도움이 컸다는 것을 꼭 밝혀 두고 싶다.

첫째는 두레교회 청년부다. 2018년 여름에 두레교회 청년부 수련회에서 말씀을 전해 달라는 부탁을 받았다. 그저 다니엘에 대해 말씀을 전해 달라는 부탁만 듣고 다니엘서 말씀을 묵상하기 시작했다. 그 말씀을 준비하면서 나는 다니엘서가 매우 선교적인 성경임을 깨달았다.

둘째는 매달 모이는 광교선교회 정기 모임이다. 광교선교회는 내가 선교지로 가기 전 회계학을 가르친 세무대학 기독학생회 회원들을 중심으로 매달 모여서 성경 공부를 하고 선교사들을 위해서 기도하는 모임인데, 2019-2020년에 다니엘서를 공부했다. 광교선교회의 성경 공부는 일방적으로 가르치는 방식이 아니라 모든 회원이 성경을 읽고 함께 토론하는 형식으로 진행되는데, 회원들의 신선한 관점과 아이디어들이 이 책을 쓰는 데 큰 자극이 되었다.

셋째는 2019년 초와 2020년 초에 걸쳐 인도네시아 죠이 수양회에서 다니엘서를 함께 공부한 것이다. 필자는 2019년 수양회에서 다니엘 6장까지만 가르쳤다. 의도한 것은 아니었지만 혹시 다음 해에 초청해 준다면 다니엘 7-12장을 더 공부하겠다고 했는데, 인도네시아 죠이 학생들이 2020년 초에 나를 다시 초청해 주었다. 이때도 일방적인 설교나 강의보다는 학생들이 성경을 읽고 서로 나누는 것을 중심으로 하는 참여적 성경 공부를 했는데, 인도네시아 학생들의 성경 공부에 대한 열의 때문에 나도 다니엘서에 대해 더 많은 생각과 연구를 하게 되었다.

해석이 어려운 부분들

다니엘서에는 여전히 해석이 어려운 부분이 많다. 혹시 이 책을 읽으면서 다니엘서에 있는 어려운 부분이 제대로 해석되지 않아 실망하신 분들이 있다면 죄송하다는 말씀을 드리고 싶다. 책 맨 앞에서도 밝혔지만, 이 책의 목적은 다니엘서를 해석하는 것이 아니라 독자들로 하여금 다니엘서를 선교적으로 읽도록 돕는 것이다. 혹시라도 독자들 가운데 다니엘서를 깊이 이해하고 싶은 분이 있다면 다니엘서에 관한 훌륭한 주석들을 참고하시기를 부탁드린다.

    다니엘서에는 어려운 부분이 많은 것이 사실이다. 하지만 우리가 분명히 깨달아 알 수 있는 부분도 많다. 이해하기 어려운 부분들 가운데 많은 부분은 지난 2,000년의 교회 역사 속에 하나님이 허락해 주신 성경 전문가들을 통해서 그 뜻이 비교적 분명해졌다. 하지만 다니엘서에는 여전히 우리에게 감추어진 것들이 있다. 그것은 여호와 하나님께 속한 것이다. 그것을 풀려고 하다가 이단에 빠질 필요가 없다. 하나님이 우리와 우리 자손에게 알려 주신 것을 우리가 명심하고 지켜 행하면 될 일이다.

차기작을 준비하며

평생 일곱 권의 책을 쓰고 싶다고 했는데, 벌써 여덟 번째 책을 마쳤다. 조금 욕심을 내어 아홉 번째 책을 쓰게 된다면 "로마서를 선교적으로 읽으면 하나님의 의가 보인다"라는 제목의 책이 될 것이다. 다니엘서에 대한 책을 쓴 것이 로마서의 배경을 이해하는 데에도 큰 도움이 되었다. 선교적으로 읽는 로마서에 관한 책을 쓰겠다는 포부를 가지면서 한 가지 목표가 더 있다면 헬라어를 공부해서 헬라어로 로마서를 읽는 것이다.

다니엘서를 선교적으로 읽으면
깊고 은밀한 일이 보인다

초판 발행	2020년 9월 15일
지은이	손창남
발행인	김수억
발행처	죠이선교회(등록 1980. 3. 8. 제5-75호)
주소	02576 서울시 동대문구 왕산로19바길 33
전화	(출판부) 925-0451
	(죠이선교회 본부, 학원사역부, 해외사역부) 929-3652
	(전문사역부) 921-0691
팩스	(02) 923-3016
인쇄소	송현문화
판권소유	ⓒ죠이선교회
ISBN	978-89-421-0451-2 03230

책값은 뒤표지에 있습니다.
잘못된 도서는 교환하여 드립니다.
이 책 내용을 허락 없이 옮겨 사용할 수 없습니다.

이 도서의 국립중앙도서관 출판예정도서목록(CIP)은 서지정보유통지원시스템 홈페이지
(http://seoji.nl.go.kr)와 국가자료공동목록시스템(http://www.nl.go.kr/kolisnet)에서
이용하실 수 있습니다. (CIP제어번호: CIP2020035236)